公司
樹立民治楷模

2020 年，国庆节的解放碑和重百大楼。（图片提供 / 罗大万）

人民解放纪念碑
1000万

1943 年，重庆民权路街景，图中宝元渝百货商店的商铺清晰可见。
（图片提供 / 重庆三代一生文化传媒有限公司）

重庆老商号——宝元通口述历史

《重庆老商号——宝元通口述历史》编辑委员会·编著

重庆大学出版社

图书在版编目（CIP）数据

重庆老商号：宝元通口述历史 /《重庆老商号——宝元通口述历史》编辑委员会编著. —重庆：重庆大学出版社，2020.12
ISBN 978-7-5689-2306-4

Ⅰ. ①重… Ⅱ. ①重… Ⅲ. ①商业企业—商业史—重庆 Ⅳ. ①F729

中国版本图书馆 CIP 数据核字（2020）第 269174 号

重庆老商号——宝元通口述历史
CHONGQING LAO SHANGHAO BAOYUANTONG KOUSHU LISHI

《重庆老商号——宝元通口述历史》编辑委员会 编著

责任编辑：张家钧 黄菊香 版式设计：王可汉 王 婷
责任校对：邹 忌 责任印制：邱 瑶

*

重庆大学出版社出版发行
出版人：饶帮华
社址：重庆市沙坪坝区大学城西路 21 号
邮编：401331
电话：（023）88617190 88617185（中小学）
传真：（023）88617186 88617166
网址：http：//www.cqup.com.cn
邮箱：fxk@cqup.com.cn（营销中心）
全国新华书店经销
重庆升光电力印务有限公司印刷

*

开本：787mm×1092mm 1/16 印张：19 字数：234 千 插页：8 开 1 页
2020 年 12 月第 1 版 2020 年 12 月第 1 次印刷
ISBN 978-7-5689-2306-4 定价：129.00 元

《重庆老商号——宝元通口述历史》编辑委员会

序言

弥足珍贵的老重庆记忆

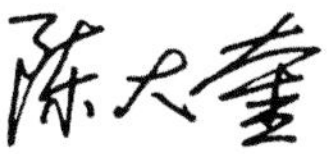

重庆地处长江与嘉陵江交汇处，自隋唐开始，逐渐成为川东地区商品流通中心，初步形成了川东交通运输和商业贸易中心的格局。宋代，重庆城的转口贸易已十分兴盛，城区一带“两江之商贩，舟楫旁午”，沿两江地区逐渐发展成为商业功能比较突出的商业区域。到明成化年间，重庆已成为“东川一大都会也”，是四川乃至西南地区的商贸中心之一。清中期川江航运兴盛后，稳坐长江上游水运枢纽地位的重庆，也和长江中游水运枢纽武汉一样，出现了一批商贸繁盛的集市、城镇，位于今渝中半岛的重庆“母城”更是百业汇聚。据清乾隆《巴县志》和清道光《重庆府志》记载，当时重庆“母城”“商贾云集，百物萃聚”，“水牵运转，万里贸迁”，“九门舟集如蚁”，“商贾之往来，货泉之流行，沿溯而上下者，又不知几”。重庆城的沿江地带，形成大片商业街区。

重庆开埠通商，特别是全面抗战爆发后国民政府迁都重庆，百业内迁，重庆的政治经济地位迅速上升。随着近现代航运业、金融业、工商业等全面发展，重庆一家名为宝元通兴业股份有限公司（编者注：后文简称宝元通）的商贸企业逐渐崭露头角并闻名于世，甚至可比肩知名民族工商企业民生公司。

宝元通创建于1920年，起初在四川宜宾，主要卖铁锅，做小五金生意。1924年，为扩大经营范围，创始人萧则可租下宜宾北街林家巷口小铺营业。1924年后扩大业务范围，向泸州（编者注：民国初，泸州改为泸县，但川南地区的人仍习惯称其为泸州）、南溪、江安、万县（今重庆万州）、嘉定（今四川乐山）、成都、重庆等地发展。

1927年后，宝元通由普通商店先改为宝元通百货商店，继而改为宝元通百货公司，其业务经营范围，由川南一隅，面向全川，远至沿海，进而跻身国际市场。1935年，宝元通将公司总管理处迁至今重庆渝中区，下设重庆、成都、贵阳、昆明、南京、上海、香港、加尔各答等十几个分公司和办事处，并先后创建和合办纺织厂、皮件厂、铸造厂、食品厂、茶叶厂、煤矿场、盐场等，投资62个工商、金融、交通企业，形成了自己的一套流通网络和渠道，以及独到的管理理念、经营模式，作为立足于渝中、鼎盛于重庆的民族资本工商企业而驰名全国、扬名海外。在当时重庆的《新重庆》《重庆指南》上有大量宝元渝和新生牙刷厂的广告。

1950年，新中国成立之初，宝元通申请并获准转为国营企业结算时，仍拥有资金400万元，成为国内最早一批由私营转为国营的民营企业。宝元通从创办伊始，便奉行“以服务社会为宗旨，以便利顾客为前提”的经商方针，在经营上重视商业信誉，讲究接待艺术，善于及时掌握商情变化，注重经济核算，推行民主管理；对职工的培养、教育、考核、任用、奖惩及福利待遇，有一套较为严格可行的办法。20世纪40年代形成的《宝元通兴业股份有限公司章程》（以下简称《章程》）、《宝元通兴业股份有限公司组织大纲》

（以下简称《组织大纲》）、《宝元通兴业股份有限公司股东职工公约》（以下简称《股东职工公约》），进一步明确其宗旨为“以百货贸易为过程，从事生产为目的，以发展民族经济为终极”，提出了“牺牲小我、顾全大我，发展事业、服务社会”的号训，凸显了“宝元通精神”。宝元通还积累了丰富的经营管理经验，这些经验都是弥足珍贵的，而在其基础上发展起来的重庆百货股份有限公司在创业之初也保留了很多宝元通的光荣传统。

1984 年 5 月，在改革开放的新形势下，在重庆市委、市政府的关怀和有关方面的扶持下，重庆市工商业联合会创办了“重庆宝元通经济服务公司”。该公司借鉴了宝元通的经营管理经验，吸收原宝元通的部分职工担任董事、顾问和业务骨干，以通商惠工、搞活经济、服务四化、富民强国为宗旨，奉行“客户至上、信誉第一、服务周到、手续简便”的经营方针，在服务广大百姓和经济社会发展的同时，宣扬城市辉煌的工商业记忆。

城市及其区域内集体的口述史，能让城市文明更显本真、鲜活、生动。“宝元通口述历史”是老重庆部分民众的群体记忆，也是这个城市记忆的一部分，和国泰大戏院（编者注：中华人民共和国成立之后曾更名为和平电影院、国泰电影院等）、解放碑、唯一电影院等一样，伴随着一代人的生长。对这个城市的理解，每个人都有着自己特殊的感情和意义，不可一一道全。但正是这些群体的记忆，才让这个城市有了根，有了源。

人民政协文史资料工作是富有政协统战特色的社会主义文化事业，是近现代史研究的重要组成部分，具有辅史学之证、匡史书之误、补档案之缺，以古鉴今、鉴往知来、多说并存、印证正史的独特作用，为坚持和完善中国共产党领导的多党合作和政治协商制度，推动社会主义革命、建设和改革开放事业做出了特殊贡献。渝中区政协坚持开展文史资料工作，紧扣重庆古城历史、军事政治、工商经济、文化建设等方面开展文史资料抢救、征集和出版工作，深入挖掘重庆“母城”历史文化资源，助力人文渝中建设，助推高质量发展，创造高品质生活。2020 年，本届政协文史工作在围绕中心、服务大局，专题化、系列化地编辑出版文史资料，创新编辑体裁的实践基础上，瞄准助力成渝双城经济圈建设，深入研究重庆老商号暨近现代民族工商业发展历史，以口述历史形式抢救性记录宝元通经营管理者、员工遗孀、“宝二代”（编者注：宝元通员工后代简称）或研究者的群体记忆。这项工作能展示近现代知名老商号文化，更好传承和弘扬重庆“母城”厚重的历史文化。既体现政协文史资料亲历、亲见、亲闻“三亲”特色，又充分发挥存史、资政、团结、育人的重要作用，其现实意义显而易见。

是为序。

目录
CONTENTS

成都：发展地觅迹

宜宾：创始地溯源

附　录

重要人物

经世史略

百年传承

对于企业的管理者来说，聚焦企业的历史，能够看得清过去，也能够更好地展望未来。陈霁凉作为宝元通曾经的管理者，既参与了宝元通的发展壮大，也是宝元通转为国营之后留守处的主要负责人。何谦作为重庆百货原董事长、现任总经理，带领着重百不断发展和进步。重百是宝元通转为国营之后的承续发展者。宝元通和重百历史的叠加，就是渝商百年发展史的见证。

我所知道的宝元通百货公司

作者简介：陈霁凉，宝元通老员工，曾任宝元通兴业股份有限公司副经理、经理等职，宝元通转为国营之后，任宝元通重庆留守处负责人。

宝元通百货公司自1920年开始合伙经营，至重庆解放后1950年转为国营，共经历了30年。其资金，开始仅有银圆840元，至1937年抗日战争全面爆发时已积累达一百余万元。后来虽然饱受国民党政府的种种摧残，到重庆解放后转为国营时，全部资产折合人民币仍有400万元左右。其业务，从经营铁锅、毛铁开始，逐渐扩大到以百货、匹头（编者注：匹头是指布或绸缎等剪好的成件成套的衣料）零售为主、兼营批发的多种经营，进而又投资工业生产，开办了纺织、印染、茶叶、皮鞋等工厂。其机构，由四川宜宾林家巷口的一家小铁锅铺，发展为宝元通百货商店，逐步扩大到江安、南溪、泸州、重庆、成都及昆明、上海、南京等地都有分支机构。抗战胜利前，宝元通就在印度设立了贸易机构，胜利后在中国香港也设立了贸易机构。

宝元通能够在30年的时间内发展得这样快、这样大，无疑在经营管理上是有其独特之处的。我曾在宝元通工作了18年，对它有一些了解，但由于自己的认识水平和工作经历的限制，不可能全面介绍出来。现在仅就自己所知，择要叙述于下。

“宝元通”的由来

宝元通是从1920年10月开始在川南宜宾县合伙经营的。最初两年，并没有挂出什么字号招牌，完全以私人名义对外营业。开始时合伙人为萧则可、萧雨笙弟兄及熊荫村、王镜初。次年初，熊荫村的大哥熊郁村（编者注：当时任宜宾隆茂洋行会计）也来入伙。萧则可原是宜宾一家锅厂的学徒，熊荫村是做匹头生意的，王镜初是宜宾的大地主，他们都是瓜葛亲戚。由于这种情况，他们刚开始经营铁锅，后来又经营匹头、百货。

合伙资金开始共为840元，其中萧则可出280元，其余四人各出140元。经营了一年多，业务发展很快，他们都感到若再继续用私人名义对外，于营业有诸多不便，当年年终结账时，便决定成立一个企业组织。某天，大家正在为给这个企业起个吉利名字而苦思不得时，适逢一个姓徐的亲友赌“红宝”回来，手上拿着一串押宝时用的筹码——制钱，每个钱上都有“元宝”或“通宝”字样，徐某就指着小钱向他们说：“做生意总望赚钱，就在钱上想招牌名字吧，我看就叫‘宝元通’如何？”（编者注：“宝元通”定名还有另外两种说法，见后文）就这样，合伙人一致决定以“宝元通”为企业的名称。当时用的号章，也完全仿照古钱形式镌刻。以后宝元通各地分店的命名，也均用“宝元”二字冠在各地简称地名之前，如宝元泸、宝元蓉、宝元渝、宝元昆、宝元申等。他们还特别选择了若干铸有“元宝”“通宝”字样的古钱，嵌在玻璃木框内作陈列品，高挂在宝元通的客厅墙壁上，以示对这一名称永志不忘。

六年经营，奠定了发展的基础

宝元通初期的业务经营，主要是由萧则可、熊荫村两人负责，王镜初只管理账务和银钱收缴。熊郁村仍在隆茂洋行当会计，他和萧雨笙两人都是在业务有了发展后才来参加经营管理的。当时的铁锅、毛铁，主要产于川南合江、泸州等地，萧则可、熊荫村常年穿着草鞋奔走在这一带，相互约定，每人每天只能开支旅费银二角。

不久，宝元通扩大了业务，兼营洋钉、铅丝等五金器材的贩运。这些货物都来自长江下游，萧则可首先跑到重庆采购，接着又追到宜昌、汉口，最后延伸到上海。宝元通为了不让别人夺去中间利润，一贯是尽量设法到产地去进货。这样，在第一个大结账期（编者注：1920—1923年，以后每隔三年为一个大结账期），资金就由原来的840元积累到3000多元。

1925年，川南一带土匪猖獗，乐山、犍为和犍属清水溪所产的毛铁都运不出来，一般铁厂积压很多存货，生产陷入瘫痪，而宜、泸一带又底货空虚，行市飞涨。萧则可抓住这一大好机会，不惜冒着生命危险，穿过重重匪区，抢先赶到上述产地去压价收购。他不仅顺利地订购了大批毛铁，而且大部分货款都获得一年的赊期，只交了少数订金。结果宝元通在短期内便获得了几倍的暴利。到第二个大结账期（编者注：1924—1926 年），它的资金又由 3000 多元积累到 10000 多元。是年农历除夕，宝元通通宵燃放鞭炮，大事庆祝。它对门的一家苏货店——姜荣昌也赚了很多钱，但还不能与宝元通相比，所以鞭炮只是放到半夜即止。这样一来，宝元通便扬名于整个宜宾市场，萧、熊、王等人的亲友对这几人更加另眼相看。当时就有宜宾的大地主朱树三要求入股 2000 元，但萧、熊等只承认他入股 1000 元，其余 1000 元作为长期存款，每年向宝元通支取利息。此例一开，不少人都步朱树三的后尘，希望能入一点股或存一点款，好分享赢利。于是宝元通又趁机吸收了一些存款，使营业资金更加充实，为企业的进一步扩展打下了稳固的基础。

之后，宝元通便逐渐扩大业务范围，从事百货、匹头的经营。开始时，宝元通都是小心翼翼的，如以线袜来说，每次只购进 5 打或 10 打作为试销。当时正值帝国主义商品倾销，“洋货”比“土货”便宜，川南一带又是富庶地区，因而试销业务蒸蒸日上，经营的品种和数量都不断扩大。至 1929 年，宝元通便在宜宾林家巷对面购地，新建宝元通百货商店，集中精力经营百货、匹头，至于原来经营的铁锅、毛铁及洋钉、铅丝等，都只作为附带的业务。

依靠经销洋货，赚得巨额利润

第一次世界大战结束以后，帝国主义的商品在我国大量倾销，宝元通自 1927 至 1937 年，资金由银圆一万多元积累到一百余万元，大部分是依靠经销洋货得来的。

宝元通自 1927 年起，首先在川南江安设立美明油行，经销美商美孚洋行的煤油。初期用户还不普遍，加以美孚洋灯的耗油量较大，因而推销颇感困难。为了打开煤油销路，使其适应广大农村用户的需要，宝元通特派专人到重庆订制各种精美的省油灯，运回去折本贱卖。于是，宝元通每卖出一盏省油灯，就增加了一家用油户，从根本上开辟了煤油的销路。那时美孚油的包装是木箱，每箱两桶，每桶 5 加仑，市价银币 5 元左右。每经销一箱，连扣佣及包装折价可获毛利三成，较之一般商品利润为高。宝元通尝到这个甜头以后，不久即设法获得了宜宾的美孚油经销业务。旋于 1933 年又承包了泸州美商德士古的煤油经销，这样就逐渐垄断了川南一带的煤油市场。当油价上涨时，它照原价报卖，利润更厚；跌价时，高价存油可以照低价结账，关了蚀本的门，又同样可得扣佣。这项业务直到全面抗战以后才发生变化，利润远不如从前。

宝元通创立以后，大量经销的帝国主义商品还有英商中国肥皂公司的力士香皂和日光、祥茂、白蜜高级肥皂（编者注：宝元通是四川的独家经销商，每年至少销售两万箱），以及英商颐中烟草公司的各牌香烟等。对于日本帝国主义的商品（编者注：当时国人称“仇货”），则经过换牌改装，冒称“国货”向广大人民推销，赚取了不少利润。“九一八”事变后，全国人民激于爱国热忱，各地都掀起了抵制“仇货”的运动。1936 年夏，成都市民因反对日本设领事馆而发生捣毁大川饭店的事件，成都卖“仇货”的商家亦在群情激愤之下多被捣毁，宝元蓉也在被捣毁之列。当时它被群众撕成碎屑的改装日货虽然不多，但连带波及所存英商百代公司唱片五万多张全被打得粉碎，损失确属不小。经过这次事件的教训，同时估计短期内有爆发战争的可能，宝元通才决定以后不再卖“仇货”了。

扩大经营范围，投资工业生产

1941 年以后，宝元通鉴于自己的经济实力已日益强大，而在当时战火蔓延、交通梗阻的情况下，经营商业又不时有遭受种种挫折和损失的危险，不如转向经营工业，既可避免虚盈实税，又可以巩固自己的事业基础和争取广阔的发展前途。因此，宝元通打出了“发展民族经济”的旗帜。1946 年宝元通正式改组为公司组织，总资本额为法币六千万元，并在公司章程第一章中明确提出了转向工业的经营方针。事实上，宝元通自发迹以后，便陆续投资经营了好几个工业企业，在早期就提出了“以经营百货贸易为过程，以达到发展生产事业为目的”的口号。

宝元通第一次投资工业企业的尝试，是抗日战争前夕在宜宾开办宝星染织厂，接着于 1938 年又在重庆开办了宝星染织厂。重庆宝星厂出产的各色各样印花绸缎，曾经风行一时，社会人士交相称誉［编者注：该厂于重庆解放前夕，在刘家台兵工厂（即第 21 兵工厂）大爆炸时全部被毁］。1943 年又在成都开办了宝星纺织厂，约有 3000 个纱锭，产量虽然不大，但设备新颖，与成都的申新、裕华并称为省垣的三家现代化纱厂。宝星纺织厂所产的提花线毯、毛巾等，都声誉卓著。最后，于 1948 年又开办了香港宝星纺织厂，1950 年始正式开工生产，有 10000 个纱锭。此外还有茶叶厂、皮鞋厂等。以上这些都是宝元通自己创办的工业企业。

至于宝元通投资经营的工矿企业就为数更多，主要有抗战前投资的合众轮船公司，中华人民共和国成立后经过清产核资，它约占轮船公司全部资产的六分之一；1943 年投资川南铁锅业托拉斯组织——联一实业公司，占股本百分之七十（编者注：由萧则可担任执行业务的董事长之一）；1946 年投资东原公司，经营铁矿及铁锅铸造，占股本百分之十；抗战中期投资重庆大川实业公司，经营石棉制品，占股本三分之一（编者注：由熊荫村担任董事长）；等等。

经营管理上的几点做法

宝元通成立后，业务发展极为迅速，资本积累很快，它在经营管理上自然有其独特之处。但追本溯源，这又和该公司领导人的经营思想有着十分密切的关系。

宝元通创办时的对内对外主要负责人是萧则可，他在经营管理上逐渐形成了一整套办法，归纳起来大致有下述几点。

一、以经理室为核心，充分发挥各职能部门的作用

从宝元通内部的组织系统来看，总管理处是公司的最高领导机构，实行集体领导，但事实上总经理是最高权力的执行人。具体执行业务的分公司，形式上由经理室负责领导，公司大事均由经理室会议解决。经理室会议除了经理、副理、襄理外，还包括各个职能部门的正、副主任，而这些人又都是公司职工。因此，似乎人人都可过问公司大事。

但实际情况却是总管理处的集体领导只是徒具虚名。据我所知，真正主持公司大计的，是另外几个在总管理处之上的内部核心人物，举凡人事升迁、业务方针、盈余分配等大事，都要由这些极少数的核心人物事先秘密商议，“煮熟”之后才公开出来。当时宝元通上下都称萧则可为“萧大帅”，莫不对他敬且畏，称熊荫村为“四老板”，称王镜初为“大老师”，职工对他们言听计从，可见这些资方才是真正掌握了公司的经营管理实权的。至于分公司经理室，它的职权范围毕竟有限，处处都要受到总管理处的牵制，只能在总管理处的支配下进行工作，而总管理处又不能不听命于总经理。所以这种所谓集体领导，其实质不过是笼络职工，推动其充分发挥工作积极性而已。

在具体分工上，经常是一位副经理专管内部事务，他的主要工作就是负责参加或主持营业以外的各种会议，处理来往文件信电和审阅各职能部门的日记和表报。虽然内务副经理以守办公室为主，

一般不参加外面的应酬，更不上市做买卖，但是会经常到基层了解情况和检查工作，使公司内部各方面的组织管理都完全服从于业务的需要，因此在很大程度上仍是总经理的业务助手。由于内外分工明确，经理室得以全面地掌握各方面的情况，在日常工作中，就可以紧紧抓住会议、表报、文书三个环节，来实现对文书、总务、营业、会计四个职能部门的领导。

宝元通公司实行经理、主任、组长三级管理制，会议也是分级召开。在分公司：有由组长召集的组务会，每周举行一两次；有分别由人事主任和营业主任召集的、组长参加的内务会和营业会，每周举行一次；有由经理室召开的经理室会议。在总管理处：有由各分公司经理及营业主任参加的每半年一次的业务会；有由全公司主任级以上的人参加的每年一次的店务大会；还有由各单位主要负责人参加的每年一次的主干扩大会；等等。

组务会议主要是汇报顾客意见，营业情况和组内成员在生活、工作等方面的问题，如果问题涉及的面比较广，或问题非组长所能解决，就提到内务会或营业会上研究讨论。营业会的主要作用在于沟通内外情况，介绍市场情况和短期展望，合理调剂各组库弃，使资金能用到最有利的业务上去。内务会议则是通过解决一些事务性的问题，减少阻力，增加助力，使全体职工都能为搞好营业积极工作。经理室会议主要是在一定时期内召开的综合性会议，包括店务大会和专业性的会议，如业务大会，主要进行工作布置和经验总结。由总管理处召集的会议，一般都带有总结经验、计划未来的性质。

总的说来，宝元通的会议名目繁多，难免旷日废时之弊，但从效果来看，值得一提的是，所有各级大小会议，都贯穿了提出合理建议的精神，无论大小问题，都在会议上提出，而且要求必须解决，不使问题积聚成堆。因此，如穿木板鞋上楼走动影响了别人的休息和睡眠，货栈里的猫儿由于没有固定的人喂养而跑了不少，诸如此类鸡毛蒜皮的事情，都曾作过专题讨论，公司必要的制度由此逐步建立起来。总管理处每次检查分支机构的工作，都必须参加基层会议和查阅各级会议记录。宝元通由于重视在会议上解决一个一个的具体问题，曾经提出过“唯大于微，图难于易，自近而远，自卑而高”的号召。

宝元通的表报也是相当多的，有一段时期还出现过画表成风、表多为患的情况，浪费了不少人力、财力，从而增加了公司的开支。后来经过研究改进，宝元通才把这种情况改变过来，但表报还是不少，并明确提出各种表报必须做到以简驭繁，不重不漏，使各职能部门能借助表报掌握公司实际情况，对业务起到“参谋”和“监督”的作用。

这里不便列举宝元通各种表报的名称和内容，只想着重谈谈最重要的会计表报是知何做到不仅账账相符、账货相符，而且账上存货也完全保质保量的。账账相符比较容易，因为内外双方都有账可查，不致错漏。但是账货相符和存货保质保量，却需要采取一定的组织和管理措施。宝元通的做法如下：首先，发货地于每批货发出时，立即以成本单通知收货地，成本单上必须开列货名、单价、数量、价款和总计以及一切缴用的数目，并附有装箱副页（编者注：即某号货箱内装的货名、数量、规格）。上述单据一式三份，由营业、会计、货栈各执一份，货尚在途中，各个部门都早已心中有数，各有准备了。其次，商品被提到货栈后，由会计股所属的货账组派人会同开箱清点，如有残损短少，以货栈实收数入账，残损者另归专人保管另行入账，短少者酌情处理。以后，无论货栈、门市，商品进出都必须分别记入进出账册，再由会计股集中货栈进货册、出货册、门市销货分录统计与批发所开发货票对照无误后，才记入存货总册，每一品种共有多少存货，其中门市若干、货栈若干，均分别记载清楚。同时办理存货总册的工作部门，还要经常到门市及货栈抽查，每月大盘点一次，如发现数目不符或有霉变残损情况，立即一面按实数调整存数，处理霉损，一面清查责任，及时解决。如此周而复始，就可经常做到账货相符，并保证了存货质量。再辅之以大概每年一次（编者注：多在秋季）的残次和过时商品拍卖，宝元通基本上消灭了“一年百货，十年底货”的现象。以1950年初的盘点为例，残次商品仅占存货总额的万分之一点五。

宝元通的文书处理有通关信、业务信、专信、经理室专信、汇报信等数种。

在物价平稳时期，宝元通一贯采取薄利多销的方针，这就需要加速商品流转，文书部门也必须围绕这一中心任务积极提供服务。特别是业务信这一环，简直可以说是宝元通掌握市场情况、因利乘便的一把“利剑”。平时除了紧急事件用电报或电话联系外，举凡目前进、销、运的情况和对后一步的看法，以及某地的竞争对手有什么货物运出、数量多少、价值多少等，都是业务信的重要内容。业务信的一个重要之处是要特别讲求答复的速度。以当时重庆、上海间的联系为例，一般要求在发信后的第四天就收到回信，因此自己的发信时间要与邮局的工作时间很好地配合起来，做到丝丝入扣。其他企业虽然也是通过信函来指挥业务，但由于对时速没有那样重视，消息就不如宝元通灵通。长期以来，宝元通很少有积压存货、呆滞资金的现象，情况掌握及时是起了重要作用的。

至于专信和经理室专信，各负有不同的使命。专信不必依照规定的信期寄出或答复。通关信七日一期。业务信三日一期，内容除谈业务问题外，还包括总务、人事、会计，多为一信一事，分类编号，内容略带机密性。经理室专信则系各分支机构经理室相互往来的机要信函，文书组不能拆阅。这两种文书制度，在尔虞我诈的旧社会里，都是有重要作用的。

如上所述，经理室由于分工明确，加强了对各职能部门的领导，从而在长期的经营实践中逐渐做到了责有攸归、事无废弛、分工合作、里外通气，对于推动业务发展起到了积极的作用。

二、极力培养“班底”，加强对职工的思想和业务训练

宝元通的职工大多是由见习生递升起来的，它从 1927 年起前后共招收了 1000 多名见习生，占全部职工总数的百分之九十。不但各职能部门的组长和主任，几乎是由见习生提拔的，而且在 30 个左右的经理、副理、襄理中，如黄凉尘、樊陶斋、黄君鹤、孙夑阳等 20 多人，也都是见习生出身。可以这样说，宝元通 30 年来的发展是和它的这个“科班”出身的班底分不开的。

宝元通很早就意识到培训“科班”的重要，所以煞费苦心地想出了一整套对见习生进行基本训练的办法。这种基本训练有两大内容：一是意志训练；一是业务训练。意志训练的最终目的就是，凡是进宝元通的人，头脑里永远只有一个宝元通，宝元通就是自己的终身归宿，别无二心。这一方面的情况，后面还会详细谈到。这里想着重谈谈业务训练的情况。

业务训练的内容：①一般商业知识，如有关商品的性能、商品的打包技术、算账、服务态度以及熟悉市场情况等；②会计；③国文。遇有某种特殊需要时，宝元通便开办各种专业训练班，如为了做国际贸易而开英文补习班，为了办纱厂而开纺织训练班，在通货膨胀时期还开办过经济补习班。

见习生先集中训练 3 个月，经过考试合格后即进柜台，用老手带新手的办法，边做边学，晚上关了门还要复习。有时老店员作为买主来考问见习生，例如有的商品名称很多，卡其布有人称斜纹布，有人又叫褡裢布，这些都不能被问“黄”了。打算盘，每人都要能打“六归七二五除”，并要做到快速确实；零售商品的金额，要能在包扎好货品后就立刻用心算说出来。总之，业务训练是结合实践进行的。见习生要想升级，必须经过严格的考试。如一年级升级考

试时，业务科目是考商品的质量和识别，有时便将不同纱支的袜子放在暗室中，要求见习生能凭手取出指定纱支的袜子。二年级升三年级时，则用同样纱支的各品牌袜子将其商标去掉，也要求见习生能从暗室中凭手取出指定品牌名的袜子来。

由于宝元通的职工绝大多数是经过严格基本训练的，且都曾站过柜台，所以他们都很熟悉业务，平时既能分工协作，业务繁忙的时候，会计、总务、人事等内务人员也都可以出来协助搞业务。经理、主任和人事管理人员，如要了解职工的勤惰和工作忙闲，只需亲自到门市去看一看便能够心中有数，即可以按照业务趋势配备人力，并把每个人应承担的工作量具体落实。例如分析门市售货记录和职务分配表，可以估算出鞋袜组每人每天大约平均成交多少笔生意，在每天“打涌堂”的时候，每人平均几分钟就应做完一笔生意，并且使店员知道，这种要求是合理的。经过这样的训练和安排后，店员的差错少、效率高，从而也加快了公司的资本积累速度。在旧社会，这种情况确实是宝元通胜过其他私营企业之处。

三、重视服务态度，从各方面树立商誉

宝元通十分重视店员的服务态度，所以见习生规则第一条就规定：“不得与顾客发生争执。”如果同顾客发生了纠纷，门市纠察就会将详细经过及解决办法记入当天的日记，属于售货员的缺点和过失的，由人事管理员记入此人档案，作为将来考绩时的一项重要材料，比较严重的还要给予处分。因此，宝元通的职工中，曾长期流行着这样的口头禅：“顾主就是我们的衣饭碗。”当时，对极少数有钱有势的顾客，店员无论怎样周到伺候，仍不免有时要忍气吞声，无法使其满意。但对于绝大多数的顾客来说，宝元通店员热情的服务态度，令他们感到十分满意，并与之建立了一定的感情。在宜宾、泸州两地，逢年过节时，就常有“长来往”（编者注：老顾客的俚话）请店员吃饭，或者送炒米糖来招待店员的。

店员与顾客的关系，表面上只是商品的买卖关系，似乎很简单。但是，要做到使顾客满意而去，二回又来，却不是很容易的。当时，宝元通的店员们曾经总结了几条必须遵守的服务信条：一、两眼落在工作上，不能东张西望、顾左右而言他；二、架上所有商品听凭顾主选择，翻乱了不买也一样和气送客；三、有问必答，即在百忙中也不能冷落一个顾主；四、认真替顾主考虑经济实用的商品。在抗日战争期间，常因货源阻绝，只愁买，不愁卖，一般的商店多自恃“奇货可居”，对顾主采取爱理不理的傲慢态度，宝元通公司领导人却时刻提醒店员要以此为戒，不能有“你不买算了，别人想买也买不到”的想法，就算卖“只此一家”的独门货，也同样要以和蔼的态度接待顾主。

在销售商品方面，宝元通基本上是采取“明码实价、包换（货）包退（钱）”的办法。它对任何一个顾主，都是同样看待，绝不看人说话。每笔交易的尾数，即使只值半个铜元，也一定要照收。这种不多要、不少收的办法，当初实行时，顾主也是有意见的，但时间稍长，顾主就都相信在宝元通买东西不会挨敲竹杠，甚至有些东西还稍便宜一点，货也不会有假的。这样的信誉传开以后，宝元通的业务蒸蒸日上，连住在乡下的人也托人来买货，住在城里的人就是叫小孩来买东西也不会吃亏。任何一个小孩子来买 3 个铜元一块的小肥皂，店员也一定是把商标完整的肥皂用宝元通自制的包货纸包好给他，使大人相信这是从宝元通买来的。农村来的乡脚（编者注：送农产品进城者）代购货物回乡时，往往一人就带了若干张货单，每张单子所买的品种多且数量零星，宝元通就给他一张单子一包货，并各附一张发票，而包货纸上又印有“包换（货）包退（钱）”的保证字样，乡脚自然放心，而委托的人也完全满意。

顾主的信任与否，在当时的“商战”中是成败的关键。宝元通往往能使滞销货变为快销货，就是由于获得了顾主的信任。例如在明星香水问世之初，川南一带本来已习惯用双妹香水，加之明星香水的优点是越陈越香，更使顾主不大相信，因而始终没有打开销路。由于推销新牌子货的利润高，宝元通就在门市上负责介绍明星香水的优点，顾主因信任宝元通，就很快打开了明星香水的销路。

这样，宝元通从和蔼的服务态度中得到顾主的称赞，又从商品的销售中受到顾主的信任，于是宝元通的商誉也跟着树立了起来，生意越做越旺，财源也随之而涌进了。

商誉是一笔无形的财产。宝元通常常是通过从各方面不断提高商誉后，再利用商誉来获取更大的利润。1936年以前，兰亭阴丹布在川南颇有销路，但厂家不愿在价格上和供应数量上满足宝元通的要求，因而宝元通便同上海华丰厂接洽，同时推销美亭阴丹布，着重为美亭阴丹布宣传，说它质量好，脱色包换。不到一年，美亭阴丹布在川南的销量大增，宝元通因此获得华丰厂给予较长银期和较低价格的优待。“八一三”上海战事发生时，宝元通所欠华丰厂的远期货款，相当于宜宾分店存货总价值的十分之一。宝元通之所以能够得到这样大笔的长期赊销货款来供自己营运，就是因为树立了良好的商誉。

同时，为了进一步达到获取更大利润的目的，宝元通还作过不少“狡猾巧诈”的宣传。1932年，宜宾分公司从上海寄来的一批永备电池中有一两个包裹被水浸湿了，宝元通便将被浸湿和受潮的电池（编者注：经过检验，有的电池只是光度稍弱，但完全可用）全部集中起来，故意当成渣滓陆续倒在轮船码头的垃圾堆上。有人捡去后发现电池仍可使用，就说宝元通干了傻事，连好电池也丢掉了。于是，宝元通便在出售永备电池时向顾主说：“请放心，电不足的我们已当渣滓倒了。”证之当时的传说，顾主果然信以为真，认为只有宝元通出售的电池才是保证足电的。此后，别家商店的永备电池的销量锐减，而宝元通的电池销量却大大增加。宝元通看到销售电池已取得顾主信任，便要求厂家在电池壳面上加印“宝元通百货商店经售”字样。厂家见销量大，也乐于照办。于是，别家没有印上这些字样的永备电池更加无法销售，只好向宝元通进货转卖。这样，宝元通就变成了永备电池在川南的独家经销处了。

还有一个小故事，也是在宜宾分公司发生的。抗日战争爆发前川南一带的银行不多，一般的地主、官僚多半把自己的钱存于殷实商家以生息。因此，宝元通也吸收了不少存款。1931 年，“川南王”刘文彩因家里宴客，临时叫人到宝元通去买味精，因所交的大洋是假的，被售货员拒收。这一下刘文彩认为扫了他的面子，便一链子将协理黄凉尘锁去关起，扬言要砍黄的头、关宝元通的门。虽经多方求情，黄被保释出来，但是否真的要关宝元通的门，一时间街谈巷议、谣言四起，令存款人顾虑重重。这时，宝元通就叫几个厨工各挑着银圆两三千元向存户逐户送还。大家看到宝元通竟有这样一长串银扣子招摇过市，莫不震惊于它的殷实可靠，不但存户不想取出存款，而且有的存户反而要求再存一点，以表示对宝元通的信任。于是，宝元通殷实可靠的商誉，更加广为流传。其实，宝元通何尝不知道经过疏通绝不会有关门的危险，之所以这样做，是因为宝元通要玩一套“欲擒故纵”的把戏，以欺骗别人，炫耀自己。这件事可以看出宝元通为了树立商誉，是很用心的。

四、提倡团结合作精神

宝元通自从开始招考见习生，有了自己的班底以后，一直就把发展企业的希望寄托在见习生身上。为了使大家为宝元通出力，宝元通曾大力宣传“劳资合作”。在 1946 年通过的《组织大纲》第一条中明确规定：“本公司根据社会进化原则，采合作方式，由股东与职工共同组织之。”具体做法主要是从下述三方面进行。

首先，见习生一经录取后，就被集中起来进行新生训练，由人事主任或襄理以上人员讲“意志课”，由老店员讲“业务课”，这两项都是宝元通每个职工的必修课程。

所谓“意志课”，实质就是灌输“劳资合作”的资产阶级改良主义思想，此外也讲讲公司的规章制度。由于宝元通创立后的不断发展，讲课人就向职工大讲：“我们的事业在发展，团体（编者注：公司内部自称）精神在扩大，宝元通的全体职工更应该努力工作。因为团体是大家的，团体发展了，就是大家都发展了，也就是团体发了财，所有的劳资双方都发了财。”宝元通所说的“团体精神”就是见诸于《股东职工公约》中的“牺牲小我、顾全大我”和“图事业于久大”等。换句话说，就是要求职工不要以目前利益为重，要“牺牲小我”，必须一切都为公司着想，要“顾全大我”，一辈子为宝元通努力工作，要相信越到将来越有利，“图事业于久大”。这不仅对新来的职工讲，还要在每月至少一次的职工大会上对老职工讲，并且鼓励职工们也来讲。这样，你也讲，我也讲，久而久之，就起到了深入人心之效。

同时，宝元通又培养了一些“活典型”作为榜样，其中之一就是樊陶斋。樊陶斋原是1933年考取的见习生，由于考绩的四大科目（编者注：意志、才能、工作、行动）年年都得第一，他在进公司的第五年（1938年）即被提升为宜宾分公司副经理，代理经理职务，工资也由每月5角增加到30元。5年中，樊陶斋的工资增加了60倍，职位提升到经理一级，这就使职工们都觉得在宝元通工作，只要自己努力奋斗，确实大有奔头。这种“活典型”的作用，当然比起单上“意志课”更使人心醉神迷。

其次，在生活上，宝元通不断提高职工的福利待遇，允许职工入股。宝元通职工的工资是特别低的，在1937年以前，见习生在第一年每月工资只有5角，第二年升为1元，第三年升为2元，店员的工资则为3元至10元，其他商店的工资一般都比宝元通高一二倍。但是，从福利待遇来看，宝元通免费供给衣着和日常生活用品，如牙膏、牙刷等；见习生升为店员两年以后，其家属便有资格入住宿舍，家属伙食费只收四分之一，上自父母，下至子女，以及 18 岁以下未就业的弟弟妹妹都可享受；免费供给医药，对残废、死亡的职工另有补助和抚恤办法，还修建了职工公墓；等等。

宝元通采取的这种压低工资、提高福利的办法，从公司的本意来看，只要你进入公司，就觉得一家人的生活都可以得到保障，自然死心塌地把公司作为安身立命之所，不再想另谋出路了。再从公司经营上的打算来看，宝元通的见习生，经过 3 个月的训练，就可以上柜台，工作能力抵得上甚至还能超过别家商店的普通店员，而所付工资却比别家商店少得多，福利支出还是“羊毛出在羊身上”。这种办法又是宝元通在“商战”中取胜的重要因素，如 1936 年重庆分公司宝元渝与中国国货介绍所互相杀价竞销上海立鹤牌搪瓷盆，结果是宝元渝赚了钱，国货介绍所折了本。后来中国国货介绍所的陈敦川质问黄凉尘：“宝元通为何要不顾成本杀价贱售？”黄说：“我们的店员 3 元钱一个月，你们的是 9 元，奥妙就在这里！”

关于职工入股，公司规定：凡是在公司工作两年以上的店员，年终考绩连续两年为乙等以上者都可加入股本，成为公司的在职股东。在公司处于发展壮大的时期，职工对“宝元通要越办越大”的宣传抱着莫大的希望，因而把自己应该分得的红利全部或大部分又交还给公司，以取得“股东”的资格。而且不少职工在入了股以后，还继续拿出钱来增加股本，这些钱不仅是在结账期分得的红利，有些还是职工本人另外的积蓄或工资。同时，宝元通还有一个规定：职工是否入股或加股，虽然各听其便，但严禁私人置产或在外投资，甚至存入银行也不允许，分得的红利如不愿入股或加股，就只能存入公司，而且要有正当支出方能动用。

由于上述情况，宝元通的绝大多数店员都成了在职股东。这样一来，公司的经济实力增强了，职工的积极性也较前提高了，公司的基础也更加巩固了。尤其重要的是，既然大家都走上了同一条路，都在“图事业于久大”，就会在很大程度上解除资方的后顾之忧，不需要费很大的力气来对付劳资纠纷了。

再次，力求做到人事公开，奖惩严明。宝元通一贯宣称用人是既不能私人引进，也绝不许徇情乱法，提升受奖全由考核决定。考核的内容包括“意志、才能、工作、行动”四个方面，根据平时汇集的资料进行半年一次的评比。资料的来源主要是依靠组长和门市纠察的日记，在日记中专设有“人事”栏，每天记录售货员在这四个方面的表现。组长以上和不属于门市售货小组的人员则由人事部门直接考核。经过这样的考核，职工就有可能一步一步地向上“爬”，一直“爬”到宝元通“九等三十六级”的顶峰。成绩特优者还可越级提升，前面提到的樊陶斋，就是其中的佼佼者。宝元通主任级以上的人也都是通过这样的考核逐步提升起来的。推行这种办法似乎给人这样一种印象：宝元通用人是大公无私的，凡是能力较强而又积极工作的，在宝元通必有出头之日；凡是考核成绩不好的人，绝无侥幸提升的可能，下焉者还有被默退或者开除出店的危险。正是由于这种印象，宝元通规定每年提出总盈余的百分之三十一点五分配给全体职工，在具体进行分配时才没有发生多大的困难，使大家基本上无异议。

从形式上看，宝元通的人事考核真是“执法如山”，丝毫不苟的。其实，这种考核只在中下层职工中实行，对于公司领导层的人说来，那就又当别论了。

宝元通对待职工的一套办法在一定时期内是起到作用的，但是，时间一久，矛盾就暴露了，人们越来越过不惯那种控制过严的生活，更多的人则是由于一方面自己已经学得了一些业务知识，另一方面又逐渐看清了公司所搞的“劳资合作”的实质，自己得不到多少实际利益，因此决心离开公司另谋高就，或者单独经营。据统计，公司前后共招收了见习生1000多人，到解放时全部职工不过350人左右，可见人事异动之大。我自己就是1932年公司第一届成批招收的20名见习生中的一员，到解放时连我在内只剩下两人，而我之所以没有离开宝元通，是因为我已经“爬”上了公司的领导层。

从穷途末路走上光明大道

自1945年抗战胜利以后，宝元通深受伪币不断贬值、税负过重、业务清淡、敲诈勒索的影响，公司人员多、资金少、开支大的困难处境，日益突出地显露了出来。这种情况不但使公司领导层感到处境险恶，就是一般职工也都人人自危，因此，“宝元通往何处去”就逐渐成为大家最为关心、热烈讨论的问题。

直到1947年，公司的主要决策人反复研究了时局的演变和公司的境遇，认为前途问题必须及时解决，于是在北碚温泉公园召开了秘密的主干扩大会议，仅有28人参加。经过一星期的反复研究，主要决策人基本上同意了这样一个看法：国民党一定垮台，全国一定解放，希望共产党来了后，能把公司的人员和财产全部接收。但是大家对共产党是否会许可这一要求，仍然充满疑虑，因为当时大家还不了解共产党对私营工商业的政策，错误地以为党的政策就是“剥夺”。

北碚温泉公园会议后，公司即派专人赴香港设法与共产党的地下组织取得联系，同时又在经营上勉力挣扎，使公司一息尚存，不致破产倒闭。1948—1949年，由于时局日益严重，公司处境更为艰难，从1949年起，由于人多事少，经常有30个人轮流休假。当职工对宝元通及个人的前途苦闷不堪时，公司负责人总以“山重水尽疑无路，柳暗花明又一村”一类的话来作暗示，勉励他们安心工作，不必忧疑自扰。

重庆解放后，宝元通很快就转为国营，不仅每个职工都被安排了适当的工作，有些人还被提拔到重要的领导岗位。公司经过清产定股，股东都得到了一定的定息，这是大家当初万万想不到的。而更重要的是，宝元通的职工在新中国成立后才真正找到了光明的出路，为祖国伟大的社会主义建设贡献自己的一份力量。

——原文载于中国人民政治协商会议全国委员会、文史资料研究委员会编：《文史资料选辑》（合订本第二十六册），文史资料出版社，1981 年。（收入有改动）

渝商典范，百年重百

作者简介：何谦，男，1967年10月生，四川巴中人，研究生，经济学博士，教授。历任重庆大学科技投资公司董事，德国麦德龙集团Linden（Giessen）公司管理人员，重庆大学经管学院市场系主任，重庆建设工业集团总经理助理、副总经理兼重庆建设摩托销售公司总经理，重庆商社集团副总经理、总经理、董事长、党委书记，重庆百货大楼股份有限公司董事长、党委书记。现任中国共产党重庆市第五届委员会委员，重庆商社集团党委书记，重庆百货大楼股份有限公司总经理。

脱胎于宝元通的重庆百货大楼股份有限公司（编者注：后文简称重百），在管理、服务以及反哺社会方面，一直延续着宝元通的优良传统，并在发展过程中，不断创新改革，正成为西部乃至中国商贸流通企业的典范。

续上宝元通，我们就是百年重百

今年我们开展了“百年重百庆”系列活动。为什么说是“百年重百”，因我们把 1920 年成立的宝元通，经过若干发展阶段到现在的重庆百货大楼股份有限公司，看作一脉相承的企业整体，历经了整整 100 年。

宝元通兴业股份有限公司是一家以经营百货贸易为主的民营股份有限公司，也是中华人民共和国成立后第一家主动由民营转为国营的民族资本企业。

从 1920 年进步青年萧则可与其亲友熊荫村等 5 人创立宝元通开始，经过 30 年时间，宝元通从一个贩卖铁锅、农具的小商铺发展成为辐射全国乃至东南亚，以百货贸易为主，兼具纺织、航运、银行、粮食加工业等多业态的企业，到 1949 年已成为西南地区最大的民营公司之一，总资本达 6000 万元。纵观其发展历程，有很多值得我们去总结和传承、发展的东西。

宝元通人思想境界非常高，从宝元通“牺牲小我、顾全大我，发展事业、服务社会”16 字号训就可以看出宝元通人的思想境界。

宝元通的合伙经营和“劳资合作”模式具有很强的生命力，当时就实行了员工持股，初具现代企业的股权架构模型，至今我们还在学习和实践。

宝元通“薄利多销、货真价实、方便顾客”的经营理念深入人心，是商贸行业的精髓。

百年老店，风雨立业

百年风雨，实在不易。1920—2020年，从宝元通创立到现在重庆百货大体经历了五个阶段。一是1920—1950年的民族资本时期，二是1950—1978年的计划经济时期，三是1978—1992年的改革开放初期，四是1992—2004年的股份制改革及对外扩张时期，五是2004年到现在的融入商社集团高质量发展时期。每个阶段，都有很多可圈可点值得总结回顾的重大事件，其中有10件事情在企业发展史上具有里程碑的意义。

一是宝元通总管理处的迁址，推动了宝元通快速发展。1935年初宝元通总管理处从宜宾迁至重庆，使宝元通在信息、货源、资金融通和批发业务等方面有了大幅提升，这可以说是宝元通业务面向全国更加广泛深入拓展的一个重要转折点。

二是重庆解放初期，宝元通主动转为国营，创造了全国第一。重庆解放前后，在萧则可、黄凉尘等管理层的积极推动和主动要求下，1950年1月，原西南财政经济委员会，根据中央指示，正式批准宝元通由民营转为国营，宝元通成功完成了作为民族资本商业的历史使命。同年2月在民族路241号原宝元渝处，西南区百货公司门市部开张，标志着重庆甚至整个西南，有了第一家国营零售商店。

三是"三八"商店时期，奠定了重百在重庆人心中的永恒记忆。1958年"大跃进"时期，因男职工都被抽调去大炼钢铁，剩下的全是女职工，因此经上级批准，将重庆百货中心商店更名为"三八"商店，这个名字一直持续到1974年底才改为"重庆百货商店"。

四是改革开放初期推行了一系列改革试点，为重百的后续发展奠定了坚实的思想基础，冲破了一系列体制、机制障碍。1978年3月，重百升格为县团级单位，与市百货公司脱钩，直接隶属重庆市第一商业局管理。

五是股份制改革，加快了重百向现代企业迈进的步伐。1992年11月，重庆市经济体制改革委员会作出《关于同意重庆百货大楼改组为重庆百货大楼股份有限公司并募集股份的批复》，以重百大楼独家发起，向社会募集资金，设立重庆百货大楼股份有限公司。

六是北碚商场的开业，吹响了重百向连锁经营方向发展的号角。1994年12月18日，北碚商场开业，标志重百第一次走出解放碑，迈出了向连锁经营发展的第一步。

七是重庆百货大楼与商社集团整合重组，为重百的快速发展提供了坚强后盾。2004年重庆百货大楼与商社集团整合重组，成为中国西部最大的商贸集团。

八是重百与新世纪整合，有效避免了同业竞争，提升了整体效能。2010年9月，商社集团旗下商社新世纪百货、商社电器注入重庆百货，搭建了百货、超市、电器三大事业部运营体系。

九是2015年商社集团旗下商社汽贸等五家全资子公司注入重百，实现零售主业整体上市。同年，重庆百货发起成立的马上消费金融股份有限公司、重庆重百商业保理有限公司的成立，标志重庆百货向主业衍生的新兴领域迈进。

十是商社集团混改对重庆百货做大做强产生了深远影响。2019年6月25日，重庆市国资委、物美控股集团、步步高投资集团和重庆商社集团共同签订“增资协议”，2020年3月31日，企业完成工商变更。集团成功混改，有利于重庆百货突破体制机制障碍，提升资源配置能力，实现产业协同，加快技术赋能，进一步增强重百的核心竞争力。

传承有序，精进服务

宝元通的管理和服务一直被广泛称道，现在的重百在服务方面，也借鉴了宝元通的优秀之处。

过去的宝元通提倡薄利多销。它既经营昂贵的外国毛呢，又经营廉价的沿条、鞋带；既卖 3 个银圆一块的檀香皂，又卖 3 分钱一块的小肥皂。周边商家一般毛利在百分之二十至百分之三十，宝元通只取百分之十至百分之十五，并一律明码标价，深得顾客信赖。现在的重百同样如此，为了获取价格优势，我们采取了一系列措施，如加大与战略投资者供应链采购协同力度，实行产地直采，整合各方资源，开展大型促销活动等。

宝元通讲坚持货真价实，讲究质量，注重商誉。为购进好货，宝元通从上海、天津、青岛等地直接进货，减少中间环节。重百也一直把商品质量当作企业的生命来抓，十分注重品牌的塑造。20 世纪 80 年代末，面对假冒伪劣商品的不断冲击，重百在全市质量工作会上向全市同行业发出维护消费者权益、遏制劣质商品流入市场的倡议，做到“六不”经销。20 世纪 90 年代初，为切实保护消费者合法权益，让消费者在重百大楼购物更放心、更满意，重百设立了 100 万元维护消费者利益基金，开展“悬赏让利捉劣行动”，成为全国商界首创。进入新千年，重庆百货业的首个“ISO9000”质量认证在重百诞生，重百、新世纪先后荣获中国驰名商标，与时俱进地完善《商品销售质量管理办法》《退换商品制度》《商品报验制度》等，通过科技赋能严把进货关、上柜关和售后服务关，保障商品质量，极大地提高了重百的商誉，到重百、新世纪购物成为市民高品质生活的象征。

宝元通注重方便顾客。我们现在讲提升服务质量，20 世纪 90 年代末重百率先在全市公开《服务承诺》，实行 30 日内不满意可退换货、免费送货上门等。此后，重百发挥连锁优势，率先推出异地退换货制。2010 年，重百组织的“绿叶情深”小分队，实施专项上门服务。重百还设立了爱心妈咪小屋、残疾人厕所、导购服务，以服务特殊群体，充分体现了重百对消费者负责到底的决心和强烈的社会责任。通过实施智能化创新驱动发展，充分运用大数据、智能化改造传统运营和管理模式，打造智慧零售，重百先后推出百货微商城“潮品馆”、超市“世纪购”和“邻里惠”、电器“世纪乡镇通”、汽贸“网约车”等新业态新业务，拓展支付宝、云闪付、微支付、刷脸支付等支付平台，加快SAP、智能物管、智能物流、自动补货等新技术应用，线上线下融合发展取得重大突破。仅2018年就实施创新项目29个，其中获国家奖励1个、市级奖励6个，申请商标445件、专利200余件。马上消费金融股份有限公司、重庆仕益产品质量检测有限责任公司荣获“重庆市优秀创新型企业”称号。

积极推进线上销售，各业态通过线上购物、直播带货、社群分享等渠道，积极探索购物消费新模式。2020年新冠肺炎疫情期间，超市建立社区抗疫服务站近1000个，利用“多点”、美团线上平台，实现销售8亿多元；百货开展“云逛街”、微信直播1200多场次，实现销售近2亿元；“重百创客”吸客33万人，累计销售同年7900多万元。目前，公司数字化会员近2000万。

宝元通管理严格。宝元通的号训是“牺牲小我、顾全大我，发展事业、服务社会”，要求每个员工不但要熟记号训，还要真正领会它的含义。在服务方面要求：顾客进门，售货员要礼貌相待，有问必答；若顾客挑选后仍不满意，售货员不能表现出不高兴，还应向顾客道歉；补零钱时绝对不允许顺手扔给顾客等。这些要求都非常细致具体。现在的重百也传承上述要求的核心精神。重百一方面注重对员工严格监督管理，从纪检、审计、财务等多渠道、全方位、常态化监管，坚决查处违规违法行为，形成了不敢腐、不能腐、不想腐的良好氛围和机制；另一方面也非常注重发挥员工的主观能动性，秉承重庆百货百年老店优良传统，厚植新世纪百货改革创新基因，提炼形成浓厚的“创业创新创效，共创共担共享”企业文化。

建立完善民主管理制度，重大问题充分听取职工意见或通过职代会进行审议。培育形成创新发展论坛、劳动竞赛观摩会、职工运动会等系列活动载体，开展先进基层党组织、优秀党员、最佳创新团队、最佳员工、三创之星等各类争创评选活动，充分展现企业员工的良好精神风貌，形成干事创业的良好氛围。

在增强企业内生活力方面：宝元通实行了劳资合作，员工持股。我们现在的市场化机制更加灵活，如推行干部任期制、“带目标带方案”竞聘上岗、业绩末位淘汰交流机制，试点职业经理人制度，近5年就有267名经营管理者得到晋升、74人被降职或免职，实现了干部“能上能下”。坚持业绩导向的分类差异化考核，实施高管个性化考核、差异化薪酬制度，做到绩效考核与绩效工资强挂钩，并将绩效强挂钩考核深入到基层场、店、柜、组，实现了收入“能高能低”。坚持“超值创造、超利分享”，推行超额利润分享、创新团队奖励，探索模拟股权、定额承包、控费奖励、店长奖励基金、创业创新基金、团购奖励等多种激励方式，全面激发基层活力。实施骨干员工持股计划，探索实施项目跟投制度，让经营管理团队拿出“真金白银”，同股同权同责，共同创造企业效益和价值。

未来，我们将秉承企业精神，恪尽企业责任，以“顾客需求高于一切”的服务理念，追求更高的客户价值，围绕“打造消费者最信赖品质生活服务商”的发展愿景，接力奋进，再续辉煌！

重庆："大本营"寻踪

宝元通创始于宜宾。经过10年发展，由于倚重重庆特殊的地理位置，公司创始人决定将公司的"大本营"迁至重庆，并以重庆为中心逐步扩张，辐射华东地区，甚至海内外。所以宝元通很多的重要会议都在重庆召开。民国时期的重庆杂志上，有多则宝元通的广告，当时在巴渝大地，这个企业可谓众人皆知。

重庆采访人物列表

采访对象	宝元通员工	人物关系
陈慧中	陈霁淙	父女
曹明芬	李伯渔	夫妻
石绍琼	周建帆	夫妻
周耀先	周耀先	本人
杨晓渝	熊晓凡	父女
刘仕均	陈霁淙	翁媳
曾爱兵	曾德修	父子
陈光沪	陈兴伯	父女
刘家三姐妹	刘运筹	父女
康俊翔	康佐儒	父子
饶清才	饶昌谷	父子
曹家姐妹	曹勋如	父女
周筱凡	周建帆	父女
陶晓毅	陶瑞传	父子
周础	周建帆	父子

【陈慧中】

陈慧中作为宝元通的“二代”，其父陈霁凉是宝元通重庆总管理处的主要负责人，并且负责处理宝元通转国营后的后续事务。她继承父亲遗志，一直致力于宝元通精神的挖掘和传承。在退休后的10年光阴里，她为宝元通花费了大量的时间、精力，也投入了不少经费。

一生的时光都给了宝元通

采访时间：2019 年 11 月 22 日

采访地点：重庆市渝北区海王星科技大厦

人物档案：陈慧中，1947 年生，现居重庆，原宝元通重庆管理处经理陈霁凉之女。

父亲出生在泸州，当时家里的兄弟姐妹很多，有 3 个男孩，有 5 个女孩。我爷爷是在衙门做书写记录工作的人，也不是什么官，我婆婆虽然年纪很大，但却是非常精明的人，整个家都是她在操持。由于我们家里人比较多，相对来讲生活条件就比较差。

贫苦出身，父亲初进宝元通

我父亲当时才 10 多岁就出去做事了，他是老七，因为前面的哥哥姐姐都不行，他就想出去做事挣钱，给人家做点事、做点买卖。他看到宝元通在招人就去应聘，那时候虽然他年纪还小，但是个子很高。宝元通的人说："你先试一下，我们看你能够做什么。"父亲当时回答说："我可以扫地。"

头几天他都在扫地。一天，他看到人家在上门板，商业店铺的门板很高很大很重，但他说："我试试看，看看我能不能上这个门板。”人家说:“你可能不行。”他还是要试一下。

他前两天抬门板很累，后来别人看他很认真，就说:“小兄弟，你来吧，现在没有钱，但是有饭给你吃。”

他说，“有饭给我吃，我就很高兴了，我家里人很多，我吃饱了就不吃他们的饭了。”他们看这个小兄弟很聪明，不偷懒，且门店负责人说这个孩子还可以做一些其他事情。于是他们就对父亲说，“你来学写字吧”。

就这样，父亲就去学写字了，开始也学得不怎么样，但是宝元通一直都有老师教，父亲的字也就越写越好了。他的领导后来就不让父亲去搬门板了，父亲便开始学着记账，这样父亲就正式进入了宝元通。

那时候没有“转正”之说，但是他有了一个归宿，而且他觉得自己能够发挥作用，能够有收入让家里人吃饱饭。从此以后，他就一步一步地在宝元通工作，不管是扫地还是做其他的劳动，还是做一些商业经营的事情，他都会认真做。所以在宝元通，他算表现比较好的，当学徒的时间也比较短，可能一两年的时间就被提拔了。

所谓提拔就是做店员，站柜台卖东西。因为那个时候宝元通已经在泸州地区有了一些小店，卖五金杂件、家里用的刀子、厨具等。随着业务范围的扩大，宝元通就开始有了百货的经营，开始做衣服、其他用具用品等。同时，由于我父亲一直肯学习，所以他在宝元通算是年轻的新一代中被提拔得比较快的。

宝元通扩大经营范围以后，每个地方都需要一些管理人才，我父亲也曾被安排到泸州下面一些小地方，就这样在宝元通做了很长时间。后来，我父亲成为中层干部，公司便安排他去管理一些事情，渐渐地他也开始做管理岗位的工作了。

跟随企业，父母迁来重庆

20 世纪 30 年代，宝元通从宜宾搬到重庆的时候，我父亲也跟着搬来了，而且父亲还成为重庆总管理处的总经理。跟父亲一起来重庆的还有小脚的婆婆，婆婆年龄比较大，我父亲当时的意思是为了保证他能安心地工作，就让我母亲留在家里做全职家庭妇女。那时我们家在火麻巷那边，那里也是宝元通家属住的地方。我们一搬到重庆就住在那边，那里离朝天门很近，走一刻钟左右即到。

当年宝元通的办公场所，就是现在渝中区陕西街附近，转为国营的时候，那里挂的名字叫花纱布公司，后来友谊商店又把花纱布公司接收了。前些日子，我去看过花纱布公司的原址，房子还在，但已经没有人住了。

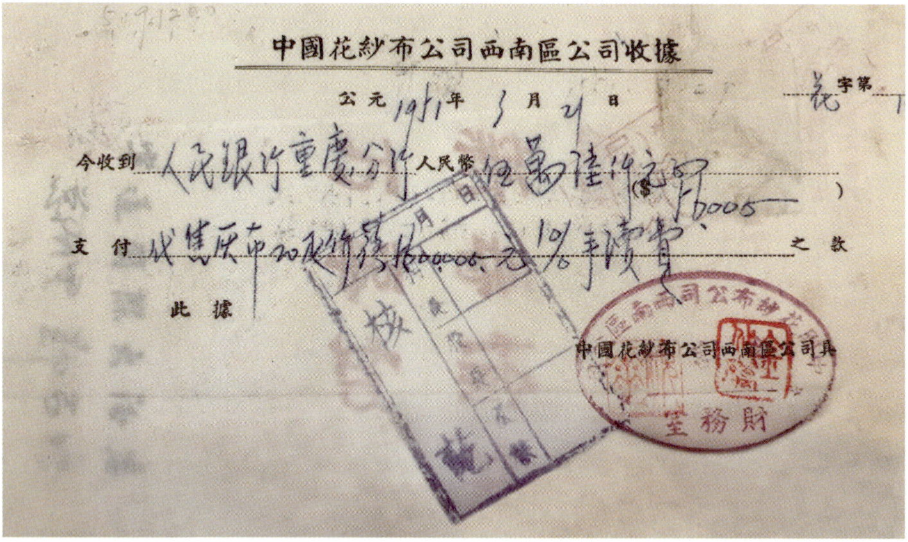
中國花紗布公司西南區公司收據
公元　年　月　日　字第
今收到　人民幣
支付　之款
此據
中國花紗布公司西南區公司具
財務室

中国花纱布公司西南区公司收据，该公司一度在宝元通商店原址办公。（资料提供 / 张真飞）

当时宝元通有好几个员工住在火麻巷，那是宝元通买的房子，四层楼，最高一层楼是放档案的，下面两层楼就是我们跟曾爱兵（编者注：曾爱兵是宝元通员工的后人）和萧雨笙的家。

1950 年初，宝元通把国内的资产全部交给了国家。由于宝元通在中国香港和国外的资产还没有收回来，所以不能把宝元通取消了，当时国家的商业部门便决定留下一个宝元通留守处，地点在下洪学巷 10 号，也算是宝元通办公的地方，有几层楼，很漂亮，父亲就是那个留守处的主要负责人。

之前，宝元通在重庆还有一个宝星染织厂，地址在今江北区刘家台，我父亲曾经兼任宝星染织厂的厂长。此外，宝元通还开办了新生牙刷厂，地址在大溪沟靠近河边那里。宝元通还开办有茶厂，在云南，现在这个厂还在。

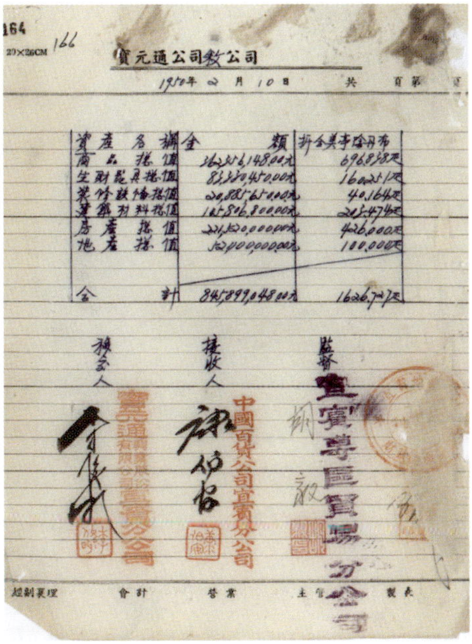
寶元通公司敍公司
1950年2月10日

資產名稱	金額	折合美(?)
商品估值	362,356,148.00元	696,838元
生財器具估值	83,320,450.00元	160,251元
[illegible]估值	20,885,650.00元	40,164元
建築材料估值	165,806,800.00元	263,474元
房產估值	221,520,000.00元	426,000元
地產估值	52,000,000.00元	100,000元
合計	845,899,048.00元	1,626,727元

移交人　接收人　監督

1950 年，宜宾宝元通公司财产移交清单。（资料提供 / 宜宾市档案馆）

重庆市工商行政管理局文件

证　明　书

宝元通兴业股份有限公司地址在重庆市市中区保安路一百七十二号，于一九五〇年主动申请交给国家，经西南财经委员会批准由中国百货公司接收，其主权属国家所有，该公司在香港全资建立的香港宝星纺织厂其主权和资产同样属于中华人民共和国所有。特此证明。

一九八一年四月

1981 年，重庆市工商行政管理局"关于宝元通主动交给国家"的证明文书。（资料提供 / 陈慧中）

宝元通在成都也有一个成都纺织厂，成都纺织厂是宝元通的纺纱、织布、印染基地，比重庆的厂规模大得多，我的两个姑妈都在那个厂里工作。另外，宝元通还有很多其他资产，比如宝元通在春熙路最热闹的地方也建了商场，这些商场在成都解放的时候都陆续全部交给了国家。

转为国营后，父亲仍然坚守岗位

宝元通交给国家后，原宝元通全部员工都加入中国百货公司西南区公司（编者注：这个公司后来逐步演变成重庆百货），只是待在西南区公司的时间有长有短，我父亲被安排在留守处。新生牙刷厂交接完以后，我父亲一直在西南区公司上班，后来上级就安排他重点去清理资产资料。

因为这些资料里面关系到宝元通的经营管理、留多少资产的问题，“文化大革命”的时候，这些档案都是我父亲用生命保护下来的。后来几辆车才把这些东西运完，然后交到档案馆去了，还有一部分交给了当时国营的百货站。

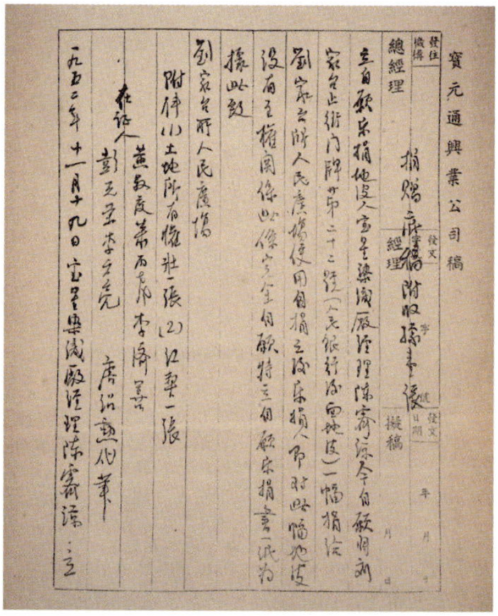
寶元通興業公司稿
總經理
經理
擬稿
捐贈底稿附收據壹張
據此致
一九五二年十一月十九日

1952 年，宝元通兴业公司捐赠底稿。（资料提供 / 陈慧中）

直到把香港的资产收回以前，我父亲都在重庆百货公司工作，职务是百货公司的副经理，工作地点在重庆两路口。20 世纪 80 年代，父亲退休的时候，我的家庭条件不好，做了许多年的临时工，刚开始我在重庆市第四十二中学校做代课老师。恰逢父亲退休，我就顶替父亲去重庆百货公司成为一名正式员工。我到重庆百货公司时是一名营业员，一步一个脚印、慢慢地做到了管理层。

香港在没有回归祖国的时候，宝元通的资产一直在那里。宝元通捐赠给国家的资产是包括香港这一块资产的，但是由于香港没有回归，所以一直没有实现香港部分资产的上交。1983—1985 年，我已在两路口百货公司做中层干部了，我还送过父亲去机场，他到香港处理宝元通资产，那时候父亲已经 70 多岁了。

同时，商业部在香港安排了两个国际律师，料理宝元通在香港的资产。因为在香港的资产快被人瓜分了，其中有两三个人是宝元通的后代，他们的资产是在香港最中心最好的地方，是一个规模很大的厂，开始不是一个很好的商业地段，但后来地皮很值钱了，所以这些人才起了歹心。

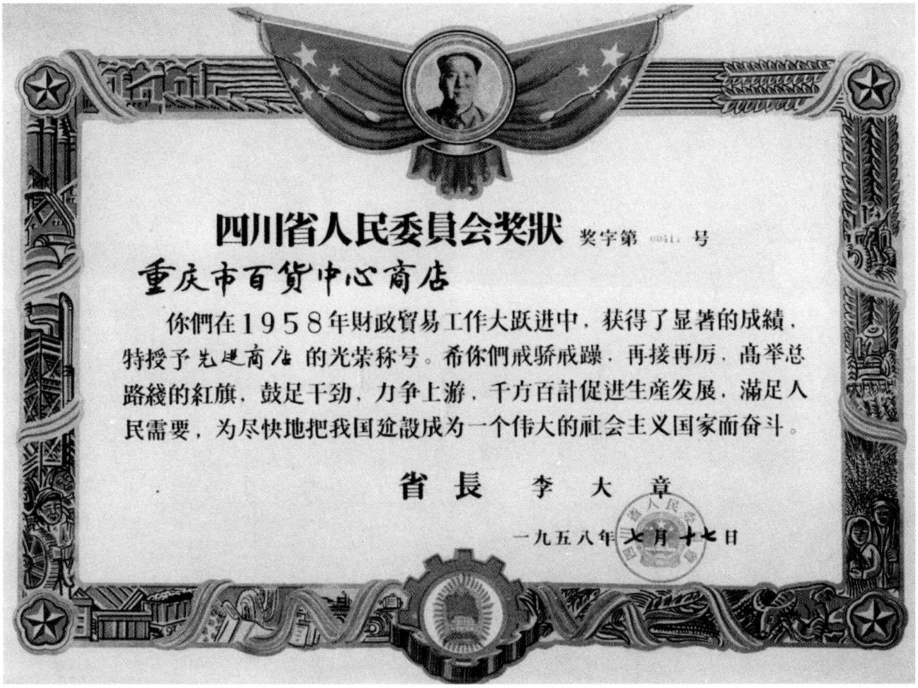
四川省人民委员会奖状 奖字第 [illegible] 号

重庆市百貨中心商店

你們在1958年財政貿易工作大跃进中，获得了显著的成績，特授予先进商店的光荣称号。希你們戒骄戒躁，再接再厉，高举总路綫的紅旗，鼓足干劲，力争上游，千方百計促进生產发展，滿足人民需要，为尽快地把我国建設成为一个伟大的社会主义国家而奋斗。

省長 李大章

一九五八年七月十七日

1958年，重庆市百货中心商店获得"先进商店"的光荣称号。（资料提供/重庆百货档案馆）

当时父亲去了以后，他们围着我父亲，希望我父亲不要收走香港的资产，他们愿意把我父亲留在香港，给他把生活各个方面安排好。我父亲说："首先，我是受国家之命，这不是我私人的事情，并不是可要可不要的东西。其次，我是受宝元通所有员工之命，在我们把宝元通交给国家的时候，我们已经明确表示要把境外资产交给国家，只是时机不成熟。"后来，因为有各级政府的支持，律师也查了很多历史资料，证明香港的资产是宝元通的，宝元通也没有在任何时候把资产转交或者送给他们。

在这种情况下，我父亲他们用了4年时间才把官司打赢，最后宝元通在香港的所有资产全部收归国家（编者注：详细经过可参考附录宝星纺织厂相关资料）。

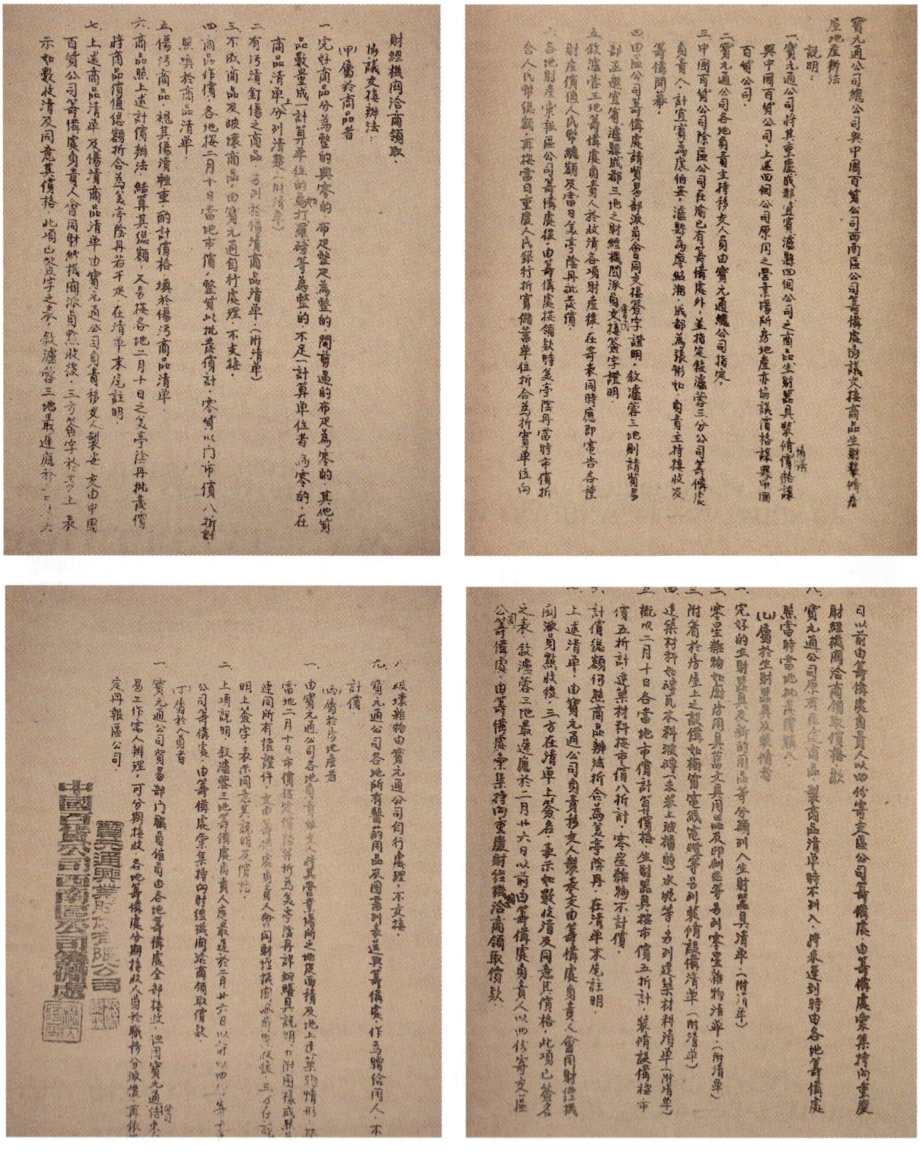

寶元通公司總公司與中國百貨公司西南區公司籌備處協議交接商品生財裝修房屋地產辦法

說明：

一、寶元通公司將其重慶、成都、宜賓、瀘縣四個公司之商品、生財器具、裝修傢俱，議價讓與中國百貨公司。上述四個公司原用之營業場所房地產亦協議價讓與中國百貨公司。

二、寶元通公司各地負責主持移交人員由寶元通總公司指定。

三、中國百貨公司除區公司在渝已有籌備處外，並指定敘瀘蓉三分公司籌備處負責人，計宜賓為庹伯安，瀘縣為廖鯤潮，成都為張彬如，負責主持接收及籌備開幕。

四、由區公司籌備處請貿易部派員會同交接簽字證明，敘瀘蓉三地則請貿易部區公司與宜賓、瀘縣、成都三地之財經機關派員會同交接簽字證明。

五、敘瀘蓉三地籌備處負責人於收清各項財產後，在寄表同時應即電告各該財產價值人民幣總額及當日美亭陰丹批價。

六、各地財產寄報區公司籌備處後，由籌備處按領款時美亭陰丹當時市價折合人民幣總額，再按當日重慶人民銀行折實儲蓄單位折合為折實單位向財經機關洽商領取。

協議交接辦法：

（甲）屬於商品者

一、完好商品分為整的與零的，布足整疋為整的，開剪過的布足為零的，其他貨品數量成一計算單位的（如打、羅、磅等）為整的，不足一計算單位者為零的，在商品清單上分列清楚。（附清單）

二、有污漬、釘傷之商品，另列於傷漬商品清單。（附清單）

三、不成商品及破壞商品，由寶元通自行處理，不交接。

四、商品作價，各地按二月十日當地市價，整貨以批發價計，零貨以門市價八折計，照填於商品清單。

五、傷污商品，視其傷漬輕重，酌計價格，填於傷污商品清單。

六、商品照上述計價辦法，結算其總額，又按各地二月十日之美亭陰丹批發價將商品價值總額折合為美亭陰丹若干疋，在清單末尾註明。

七、上述商品清單及傷漬商品清單由寶元通公司負責移交人製妥，交由中國百貨公司籌備處負責人會同財經機關派員點收後，三方簽字於其上，表示如數收清及同意其價格，此項已簽字之表，敘瀘蓉三地最遲應於二月廿六日以前由籌備處負責人以四份寄交區公司籌備處，由籌備處彙集持向重慶財經機關洽商領取價款。

八、寶元通公司原有在途商品，製商品清單時不列入，將來運到時由各地籌備處照當時當地批發價購入。

（乙）屬於生財器具及裝修者

一、完好的生財器具及新的用品等分類列入生財器具清單。（附清單）

二、零星雜物如廚房用具、文具用品及印刷品等另列零星雜物清單。（附清單）

三、附着於房屋上之設備如櫥窗、電燈、電話等另列裝修設備清單。（附清單）

四、建築材料如磚瓦、木料、玻璃（未裝上玻璃窗）、水泥等另列建築材料清單。（附清單）

五、概以二月十日各當地市價計算價格，生財器具按市價五折計，裝修設備按市價五折計，建築材料按市價八折計，零星雜物不計價。

六、計價總額仍照商品辦法折合為美亭陰丹，在清單末尾註明。

七、上述清單，由寶元通公司負責移交人製妥，交由籌備處負責人會同財經機關派員點收後，三方在清單上簽名，表示如數收清及同意其價格，此項已簽名之表，敘瀘蓉三地最遲應於二月廿六日以前由籌備處負責人以四份寄交區公司籌備處，由籌備處彙集持向重慶財經機關洽商領取價款。

八、破壞雜物由寶元通公司自行處理，不交接。

九、寶元通公司各地所有醫藥用品及圖書則表送與籌備處，作為贈給同人，不計價。

（丙）屬於房地產者

一、由寶元通公司各地負責移交人將其營業場所之地皮面積及地上建築物情形，按當地二月十日市價折為美亭陰丹詳細列具說明，另附圖樣或照片，連同所有權證件，交由籌備處負責人會同財經機關派員點收後，三方在說明上簽字，表示同意其說明及價格。

二、上項說明，敘瀘蓉三地籌備處負責人應最遲於二月廿六日以前以四份寄交區公司籌備處，由籌備處彙集持向財經機關洽商領取價款。

（丁）屬於人員者

一、寶元通公司貿易部門職員、僱員由各地籌備處全部接收，但同寶元通公司……易之作當人辦理，可分期接收，各地籌備處分期接收人員於職務分派後，再依……定丹報區公司。

中國百貨公司西南區公司籌備處

寶元通興業股份有限公司

宝元通总公司与中国百货公司西南区公司筹借处协议交接商品生财装修房屋地产办法。（资料提供／陈慧中）

意外事件，让我从成都到重庆

我和哥哥、妹妹，都是生在成都，长在重庆。

经过20年的发展，那时候宝元通的条件相对比较好了，宝元通的人都有钱了，他们就开始置业，但是当时多数人都在成都买的房子。我三个姑妈被安排在成都花纱布公司和成都纺织厂工作，家里其他家属也都安排了工作，他们没有固定住的地方，我父亲就在成都给他们买了一套房子，叫“上园”。“文化大革命”后期，那套房子被占了，我之前专门去成都看过，我们那套房子是一个独院，面积很大，像个庄园。

我很小的时候，父亲说婆婆一个人很孤独，就让我到成都陪婆婆。我就在成都华美女中读书，高中要毕业的时候，我断断续续在重庆和成都待过，基本上在成都陪我婆婆。

我成绩很好，后来上的是成都锦江中学，因为是新学校，所以运动器材全是新的。有一天放学，初一年级的一个学生荡秋千，秋千的绳子断了，正遇到我们几个同学拿着碗去吃饭，我拿手挡了一下，那个铁板打到我的头和眉骨上，骨头都被打碎了，全身的衣服都是血，当时他们都以为我没命了，还好学校马上采取了抢救措施，结果是脑震荡。

那时候是5月份，我就没有办法参加高考，后来父亲就让我回重庆了，当时我在学校是成绩最好的学生之一，老师对我寄予很大的期望，结果遭遇这种情况后就没有办法考试了。初到重庆，我没有工作，就去做了代课老师，一直到最后顶了我父亲的班到两路口百货公司工作。

接岗父亲，成为“二代”百货人

两路口百货公司，就是后来的富安百货，那时候重庆每个区都有这样一个百货公司。在我工作的时候，两路口百货公司的一个办公场地，某天半夜三更起火，当然我们书记受了一些处分，因为没有把安全做好。

房子被烧了之后就要重建，组织上就安排我作为修房子的指挥长，我从来没有做过这样的工作，也不懂，但是给我派来了一个在渝中区政府里做过工程的人。

后来有次我去美国学习，途中认识了富安百货的外资商人，他们这一帮人想到国内来经商，但是因为那时候没有开放，我就把这个事情提到市里去审。

当时重庆市工商局里有很多人都参加了讨论会，商议外资进来了会不会像狼来了把我们都吃了，最后市里还是同意了。那帮外资商人那时候拿了一百万美金来投资后来的富安百货，这件事情还上了报纸，是很多重庆人都知道的。

家风严谨，印象中的父亲

我父亲是一个非常好的人。首先他在工作上对我们要求很高，后来我在两路口百货公司当中层干部的时候，他已经失语了，说什么都要靠打手势，他隔三岔五就要来看我，来的时候他手里总是拿着一个章，原先我以为他来看我在不在岗，后来才知道，当时他比较放心不下我的工作。当我成为公司干部以后，他也要来告诫我，他拿着章跟我做手势，意思就是：“你不要把权力拿来自己用，这是国家给你的权力，这个章子不能随便给别人盖。”我觉得这真的是经过宝元通的管理和教育产生的思想，他们为国家、为自己的企业而努力，这是宝元通的企业文化和企业精神的传承。

我父亲觉得自己从吃不饱饭到了高管的位置，已经非常满足了，所以他们在各个方面都对自己要求非常高，对家属也有相应的要求，我母亲很少打麻将，子女每个人都有自己的长项。

我母亲刺绣很好，她把这些东西做出来，经宝元通同意后，商场会提供一个小柜子专卖家属做的东西。我结婚的时候，母亲给了我一个枕头，那是母亲亲手绣的。宝元通的企业文化值得深挖，对今天的企业是非常有用的。

【曹明芬】

曹老太太坚强乐观，虽然坐着轮椅过来，但是说起话来铿锵有力，和我们年轻人聊得火热。说起自己丈夫的往事，她也是历历在目。对于宝元通的管理制度、福利等的肯定，她是特别能理解的，因为她曾真实地经历过这一切。

宝元通培养了我家属

采访时间：2020 年 5 月 19 日

采访地点：重庆市渝中区日月光广场

人物档案：曹明芬，重庆人，其丈夫李伯渔是宝元通老员工，曾任成都宝星纺织厂会计。

我丈夫是宜宾人，公公叫李毅兵，曾在黄埔军校求学，只是他们老夫妻感情不好，后来离婚了。离婚那年，我的丈夫李伯渔刚刚小学毕业，父亲突然遭通缉，母亲又没有工作，一家人的生活就出现了问题。

家庭发生意外，进宝元通当学徒

弟弟和妹妹还在读书，我丈夫身为老大，被迫辍学，毕竟生存更重要，得找饭碗，找亲戚借钱总不是办法。当时他听说宝元通正在招工，就去投考，一考就考上了，最开始他的工作主要是倒茶水、倒痰盂这些杂事。

多年以后，我丈夫李伯渔特别感谢宝元通，因为宝元通不只是用人，还培养人，凡是招去的十几岁的娃娃，宝元通统统请教师教他们。那时候宝元通聘请外面的教师办了几个班，有英语班、会计班、国文班等等。那些年轻学徒，白天上班，晚上读书，所以他们完全是宝元通培养出来的。

我丈夫开始学的是国文，学了一手好字，还会写诗，国文班毕业就读了会计班，所以后来当了会计室主任，会计班毕业又读了英语班。

我丈夫很肯学，20 世纪 50 年代还进重庆广播电台办的俄语班学习过。在宝元通工作期间，他在多个班学习完成后，职务也提升了，于是做了会计，后来宝元通在成都设立宝星纺织厂，他就被调到成都去当会计。

我和李伯渔认识是在 1946 年，当时我父母四处拜托人帮我和妹妹介绍对象，我的姐夫是做生意的，认识很多宝元通的人，听说有个李伯渔是单身汉，娃儿很老实，就把我介绍给他。我的父母一看到他，就觉得他忠厚、实在，在一个单位能够做十几年，肯定是个好娃娃，就把我的终身给定了。

一视同仁，福利很周全

大家都知道宝元通待人很宽厚，我本人也十分佩服宝元通。举一个例子，在宝元通，“官兵”一致，你走到宝元通，找经理也好，找扫地的也好，你根本认不出来，大家穿的都是一样的衣服。每年他们统一发服装，有外套、衬衫等，还发牙膏、牙刷、洗脸帕等。

他们上班统一服装，根本不需穿另外的衣服。我和李伯渔耍朋友的时候，有一个星期天，他穿了身西装来看我，大家觉得很惊奇，因为平时他都穿制服，后来才知道，平时他不敢穿自己买的衣服，不是出来会亲友，在单位一律不准穿。

他们的衣服是公司专门定制的料子，质量好得很，后来我们结婚了，他的衣服没有穿烂的，就改给娃儿穿，当时宝元通在成都东大街，干部都放星期天，玩的时候大家耍得很高雅，听音乐、看话剧、看电影、照相，这些都有，生活很时尚。

曹明芬的婚纱照。(图片提供 / 曹明芬)

婚后我们就住在宝元通的家属区，在那里长大的人不在少数，宝元通的职工福利很好，我们结婚是在厂里办的，自己只出了一半的钱，操办我们婚礼的领导给我们找了一套房子，把房子的客厅隔一半给我们做新房，另一半隔成两个小间，给李伯渔两个妹妹住。当时宝元通给我们的新房子添了家具，床、柜子、一张八仙圆桌、一张书桌、凳子，虽不是很豪华，但居家够用了，后来李伯渔自己拿钱添置了一点漂亮的家具。

结婚当天，厂里给我们办的中餐，办席不要钱，权当给大家“打牙祭”(编者注：四川俚语，通俗理解为“吃好吃的”)，当时没有乐队，黄凉尘(编者注：宝元通的老员工，曾任宝星纺织厂厂长)厂长的女儿是个大学生，特意来给我们演奏《结婚进行曲》。当时，我们办了几十桌，闹热得很，还租了婚纱，当天十几部照相机给我们照相。

在宝元通，大家一律吃大锅伙食，但是菜完全是炒的小锅菜，职工不用拿钱，其他人不论是老婆还是保姆、亲戚这些，有一个人交一块钱就行，当时宝元通还有自己的幼儿园、医院。

重庆原宝元通公司转国营六十周年纪念部分同仁及家属留影（第一排右起第二位为曹明芬）。（图片提供／曹明芬）

初识宝元通，制度很严格

宝元通待人很好，但是制度很严格，年轻人没有结婚的一律不许在外面住宿，不许随便请假。

1949 年我跟李伯渔都快结婚了，记得那是一个星期六晚上，第二天休息，他就来找我，大家就灌他酒，当时我们关系已经明确了，也快要办婚事了，家里亲戚就不想让他回去，他坚决要回去，灌醉了怎么办呢？他的宿舍又在郊区，晚上又没有出租车，结果我们到处给他找车，最后找了辆黄包车把他送回了厂里。

还有一次，我印象也很深刻，就是他遭了一次处分。本来宝元通准备派他到香港去，结果被取消了。一开始，我问他什么事，他不说，后来我姐姐告诉了我。当时他们有几个耍得好的朋友，都没有到过舞厅，就约好了去看一下，结果被宝元通的领导知道了，就取消了他赴港的资格，理由是在内地你都不安分，到了香港那些花天酒地的地方，那还了得啊！

我一直觉得宝元通不光是教人做生意，还在管理制度上培养人，在学识上提高人，在思想品德上管束人。在宝元通，即使休假日也不准打牌，不准跳舞，查到了重则开除，轻则记过扣薪，所以说宝元通的人，都是规规矩矩的，连粗话都没有一句。宝元通还教育家属，要搞好家属的团结，定期开会。

2010 年，宝元通家属在重庆聚会留影。（图片提供 / 曹明芬）

20 世纪 50 年代初，我们回到重庆，回来之前我丈夫已经在重庆的宝星染织厂当会计主任了，后来几个单位还是多重用他的，成立重庆百货仓储公司时，还调他去筹办，最后他是在重庆医药公司干到退休的。

【陶晓毅】

得益于早年积累的丰富的工作经验，退休之后，陶晓毅像个飞人一样，辗转于全国各个地方忙“事业”。得知我们将进行宝元通口述历史采访的时候，他十分兴奋，抽出时间陪我们聊了很久。在百忙之余他还花了很多时间帮忙联系在北京和成都的亲戚，找寻关于宝元通的点滴记忆。

成都
重庆
宜宾
南溪
泸州
江安

再忆宝元通

采访时间：2019 年 7 月

采访地点：重庆市渝中区白象街药材公会

人物档案：陶晓毅，1953 年出生于重庆渝中区九尺坎 20 号，其父陶瑞传为宝元通老员工，在宝元通重庆分公司上班，其母萧壁辉为宝元通创始人萧则可的女儿。

我的外公萧则可，在民不聊生的旧中国能叱咤商场，把中国民族企业发展得兴旺发达，足以体现他的民族复兴精神、爱国主义精神和运筹帷幄的情商智慧，是一个真正的商界奇才。

我的母亲萧壁辉是萧家的大女儿，我父亲陶瑞传也是宝元通的一个职工，我们家算得上是宝元通世家。

耳濡目染，听到老人故事

我小时候，“宝元通”这几个字是耳熟能详的，我第一次见到外公是 20 世纪 60 年代初，我母亲带上我与姐姐到成都藩署街 38 号外公家，那是一座大致在明清时修建的院落，平时大门紧闭，时不时一辆美式吉姆车的到来，显示了院主人的神秘。院子里有一口天井，还有鱼缸、花台，使得庭院显得古朴典雅；檐牙高啄、雕梁画栋的堂厅与屋庐更显主人家的雍容和情致。

外公年轻时身材修长，气宇轩昂。由于我小时候很机灵，外公外婆、舅舅孃孃们非常喜欢我。外公年事已高，常常坐在椅子上闭目养神，我便给他捶背按脚，听他经常低吟的京剧《四郎探母》。“我好比笼中鸟有翅难展，我好比虎离山受了孤单，我好比南来雁失群飞散，我好比浅水龙被困在沙滩……”的台词我至今也难忘。

那时，因我年幼，对外公及宝元通的情况几乎没有什么概念。

随着年龄渐大，父母常常念叨宝元通的一些人和事，特别是近些年来宝元通元老们经常聚会，他们对过去的怀念与敬畏，渐渐使我有了一些新的认识。或许因我所学是汉语言文学专业，曾经多有记事的冲动，然而，因多种原因终未能如愿。

宝元通工作时期，陶晓毅父母照片（前排一二）。（图片提供 / 陶晓毅）

记得小时候，我父亲告诉我，他是宝元通的店员，我母亲是北碚相辉学院的“一枝花”，他们刚开始在一起时，外公并不同意，后来在很多人的劝说下，才同意了他们的婚事。邻居们都说我母亲文化程度非常高，可以看很多国外的书，大家都很羡慕她。

1946 年，陶晓毅的母亲生活照。（图片提供 / 陶晓毅）

宝元通转为国营之后，我母亲当时主要在百货站做调拨，后来她去了经营科，据她当时的同事说，我母亲可以两手的算盘对打，十分能干，而且在我的印象里，我母亲写的一手字确实漂亮，我父亲的字也非常有特色。

同时我父亲就转到了百货公司，好像是个科长，后来我父亲从百货系统出来就在重庆第二商业局上班。

如今我的二舅、六舅还健在，他们一个在成都，一个在北京，说起宝元通，他们的感触会更多，时间久了，现在我家里的老照片倒是有不少，对于宝元通的记忆很多都是从老照片想起来的。

商海沉浮，念念不忘家族史

我们这代人经历丰富，我也是一样，上山下乡，很多都经历过。我从乡下回到重庆，被安排到了部队的后勤部门工作，当时我就是一个炮兵，平时主要工作是做机器的清洁、清洗，后来通过自己努力，我被调到总指挥部的政治部宣传处，搞宣传工作。

转业回重庆时，我有三个选择，要么当老师，要么去无线电厂，要么去商业部门，可能由于家族遗传，我就选择了到商业部门。

记得那是 1971 年，一开始我被调到朝天门市场管理委员会，即原来的青年路那里，我负责做经济计划，一开始不会，我就学，后来又被调去搞业务。再后来有个偶然的机会，当时实行承包责任制，我就想承包朝天门那里一个大的商业宾馆，上级部门没有同意，我一气之下就辞职“下海”了。

“下海”之后，我在很多公司干过，还当过一两年领导秘书，还做过房地产开发。现在我帮朋友做一家投融资公司，长期在全国各地考察，今天一个城市，明天一个城市，天南海北到处飞，我也快忘了宝元通的事。

1950年1月29日，重庆市各界人民代表会议合影（前二排右起第十二人为陶瑞传）。（图片提供／陶晓毅）

几年前，我认识了二姐和曾大哥（编者注：分别是陈慧中、曾爱兵），把我的兴趣又“燃”起来了。我常想，我经常发表文章，经常写一些东西，为什么不把我家里的历史写出来，我看到很多子孙后辈都在写，我觉得自己有必要参与对这段历史的记录，况且这件事情，于公来讲，对国家，对重庆人文历史有贡献，于私来讲，也是对父辈的一种追述和纪念。

现在，我在父辈留下的私人资料中，尽量去查阅，把我知道的宝元通尽量发掘出来告知后人，对我来讲，在我离开人世之时也就无憾了。这也是后来我对宝元通有了更深层次的认识，为什么撰写《亟待弘扬的宝元通精神》的原因。

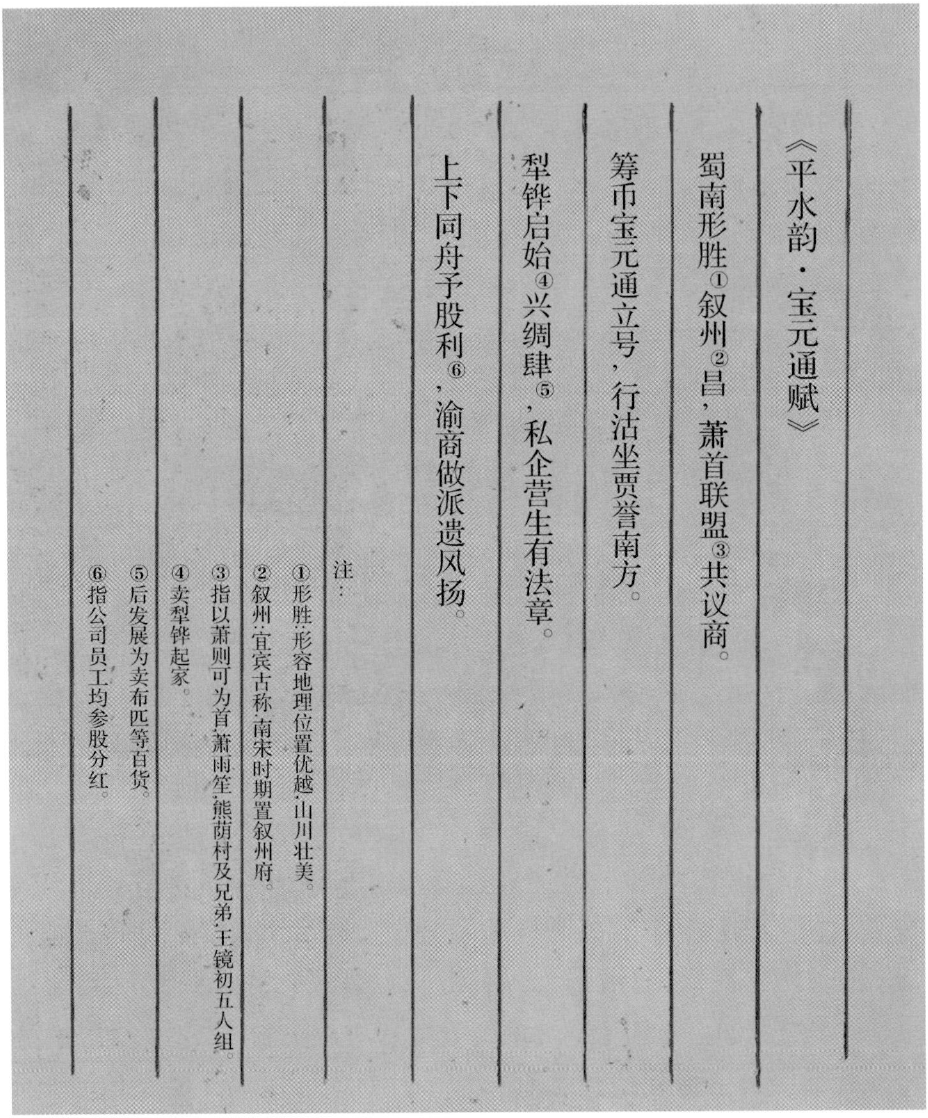

《平水韵·宝元通赋》

蜀南形胜①叙州②昌，萧首联盟③共议商。

筹币宝元通立号，行沽坐贾誉南方。

犁铧启始④兴绸肆⑤，私企营生有法章。

上下同舟予股利⑥，渝商做派遗风扬。

注：

①形胜：形容地理位置优越，山川壮美。

②叙州：宜宾古称，南宋时期置叙州府。

③指以萧则可为首，萧雨笙、熊荫村及兄弟、王镜初五人组。

④卖犁铧起家。

⑤后发展为卖布匹等百货。

⑥指公司员工均参股分红。

2020 年 8 月，陶晓毅为宝元通写作的一首小诗。（资料提供 / 陶晓毅）

链接

亟待弘扬的宝元通精神

陶晓毅

什么是宝元通精神？探究宝元通30多年的发展历程，掩卷沉思，在那民不聊生、“长夜难明赤县天”的旧中国，宝元通却能应运趋生，把民族工商业发展到极致，靠的就是以振兴中华民族工商业为己任，服务苍生，团结一致，众志成城，砥砺前行的一种宝元通精神！

中国民族工商业是中华文化的瑰宝，它蕴含了中华文化的根本，正是它们催生了中国的民族资本主义，带动了中国经济的发展。一个国家要想繁荣富强，靠的是什么？靠的是一个民族的精神，我国的民族工商业的发展史正是这种民族精神的集中体现。

因此，发展经济，振兴中华，弘扬宝元通精神是我们“宝二代”当下的一项重要任务。注重信誉、精进发展、劳资合作、职工当家、按劳分配、以企业发展为己任的宝元通精神，是企业发展的终极信念和丰厚精神资源，是一种具有凝聚力的精神力量。这种凝聚职工、动员职工、激发职工创造力的精神力量，正是宝元通企业发展得风生水起的核心价值观。

宝元通是一个怎样的公司，企业文化有哪些特点？其战略和发展为什么高瞻远瞩又超速度？古人云，以铜为镜，可以正衣冠；以古为镜，可以知兴替；以人为镜，可以知得失。今天，我们重温历史，探秘宝元通发展沿革，以先人之风光巨事，激励后人，才能情怀始终，不忘初心、牢记使命。

1920年由我外公萧则可先生领头开创的宝元通，以350两白银从事铁锅、土锅、小五金等商品的贩运销售，经过短短23余年的悉心经营，仅1947年其资产就达到了264.41亿元（其中生产事业就占31.7%），并在宜宾、重庆、上海、成都、昆明以及香港、新加坡、缅甸、印度、巴基斯坦等地区和国家建立了分支机构。中华人民共和国成立后，宝元通又积极协助党和政府，主动把宝元通企业的全部职工和资产交给了人民政府，对当时宣传贯彻党对民族资本主义工商业的政策和切实推动工商业全行业转为国营起到了积极的作用。

个人拙见，宝元通发展的精髓大致有以下几个方面：

一、注重信誉，薄利多销

宝元通公司成立初始：

1. 重视商业道德。门市售货实行明码实价，童叟无欺。重视商品质量，负责包调包换。严格把好进货质量关、验收关。要求做到商品损坏（伤）、生锈、虫蛀、霉变、污迹、疵点、规格不合不上柜。实事求是讲质讲量。不准扣斤少两随意抬高物价。

2. 信守承诺。对外签订的合同，无论价格涨落，均严格按照合同执行，先货后款。

3. 重视以“服务社会为宗旨、便利顾主为前提、经营贸易为过程，发展生产事业为目的”的经营导向，以至于当时就发展有30多家委托代销点。

二、运筹帷幄，打破格局

宝元通从商品贩运到租用铺面经营再到成立公司，非常注重资金营运和资金积累。

纵观国内外市场，审时度势，布局区域界线，打破守地经营，拓展销售区域，以泸州为基地，不断发展省内及省外甚至国外分支机构，建立多渠道多网点，扩大了信息和物资的交流，大胆拓展区域贸易、国内贸易和国外贸易，把国内外资金统筹结合运用，加速了资金周转使用率。

三、有限股份，均平秋色

宝元通公司创建的经验中，首先提倡“去私克己”，倡立“牺牲小我、顾全大我，发展事业、服务社会”十六字号训。实行民主管理。制定《股东职工公约》，并建立了店员代表大会作为公司的最高权力机构。最主要的是它有一整套有限公司的股份制度。

宝元通公司的股份制具有以下主要特点：

1. 拒绝外资。这一条在宝元通的公司章程中就明确地写着，不是中国的公民，就不允许持有宝元通的股份。这就成功地排除了外资对公司的渗透和掌控。

2. 巧妙地避免了官僚资本、地主资本的进入。宝元通是怎样做到的呢？主要是通过员工持股，股金来自员工在公司劳动所得。例如，当时川南有位类似刘文彩的大地主，垂涎于宝元通的发展，找到宝元通公司总经理，要求入股。总经理回答：“先生，您有时间和精力来站柜台吗？”这样，官僚、地主、士绅豪门加入宝元通便无门可入。

3. 宝元通的股票不上市，这样，职工持股后，便不会成为炒股者，而不论股票涨跌，大家都同甘共苦。

4. 平均股权。一般“有限公司”是指公司出现问题，只承担有限责任。而宝元通的“有限”，除了上述这点外，还自己赋予了两个限制：股权限制，即平均股权，反对一人独大、垄断公司；发展限制，即将业务主要限制在兴业范围内，并发展相应的实业。

公司创立之初，5位创始人共持有公司百分之百的股权。因为，公司坚决执行股权持有数量的限制，而以德高望重的萧则可先生为代表的5位创始人，带头遵守限股规定，因此，在公司结束时，他们所持的全部股份，在公司总股额中的比例，已在百分之十以下，而职工持股数总计高达百分之九十以上。

5. 劳动创造股金。宝元通的股金来自全体员工。员工大多是从社会上招聘的，经考试录取后，从最基层做起，工资逐步提高。

员工从工资中拿出一定数量入股。不能从公司外带资金进入。同时，宝元通保证了员工人人都有知情权、参与权、分配权，极大地鼓励了持股的均衡性和劳动的积极性。

总之，宝元通的股份制，保证了公司的长治久安、持续发展。

四、规范管理，杜绝贪腐

为保障公司正常经营发展，杜绝腐败发生，宝元通制定了诸如《章程》《组织大纲》《股东职工公约》等。首先强调主管人员与领导人员要以身作则，要“身教言倡”自觉遵守纪律和制度。在股权设置上，限制股权、分散股权，防止个人股份膨胀、拥资垄断。对全体职工不仅规定了若干条件，对包括创办人在内的职工股东的股额也实行了严格限制，即个人持股不超过公司总股额的百分之八点三。对少数非职工股更是严格审查，防止了官僚资本和个人资本对企业的控制。

同时，在分配制度上，宝元通实行了股东红利、职工红酬、公积金、公益金盈余分配上的3∶3∶2∶2制……以上所列，在当时的历史条件下，企业发展过程中，没有高层腐败，没有行贿受贿，没有假冒伪劣，没有特权，人人平等是难得且仅有的。

总而言之，宝元通致力于把“开放、合作、共赢”作为企业发展的重要基石。它提出，围绕客户需求和管理领先持续创新，与业界伙伴开放合作，聚焦构筑面向国内外的信息渠道，致力于发展合作经济的道路，持续为客户和全社会创造价值，成为当时历史时期领先的企业供应商，成为消费者喜爱和信赖的终端品牌，充分体现了宝元通的企业文化理念及经济性价值观所在。

当下，中国的经济建设正处于发展的转型时期，发展民族工商业，借鉴“前人之经验”弘扬光大宝元通精神，以期激发斗志，是我们后人实现“中国梦”而不懈努力之举。“幸生天下无事时，承先人之遗业”，宝元通精神永载史册！

2020 年 6 月 8 日

【石绍琼】

虽然时间过去了太久，但是石老太太对于过往的回忆还是那么清晰。从自己的家事说到在宝元通工作的老伴的印象，以及和老伴曾经一起奋斗过的青春、后来养育的儿女子孙，这种回忆是幸福的。如今住在歌乐山养老院的石老太太，最好的陪伴就是自己带来的两大箱照片。

宝元通的大家庭

采访时间：2019 年 12 月 18 日

采访地点：重庆市沙坪坝区歌乐山老年休养院

人物档案：石绍琼，宝元通老员工周建帆的夫人，曾随周在汉口生活，后回重庆，住在宝元通位于弹子石的家属区内。

我的出身挺好，在今天的石门大桥附近，现在还有一个石家花园，当时石家是比较大的家族。现在还有不少亲戚在国外生活，我们以前的老房子现在修成了徐悲鸿的展览馆，盘溪书画院那一带以前就是我们的老房子。

我爷爷有三个儿子，我是老大的长女，但是那个时候女孩不兴读书，所以我书读得不多，18 岁就经人介绍，嫁给了周建帆，说他是个老实人，当时我们结婚还是办得比较时新，还拍了不少结婚照片。

为了爱情，移居汉口

结婚之前，我对周建帆的工作并不是很熟悉，结婚后，从他的同事口里才知道一些，在抗战期间，他带了几个同事到江西，为的是把那边的瓷器、铁锅等货源运到重庆来。

当时很辛苦，他们还得冒着生命危险，那个时候日本人不准把任何物资运到重庆来，但是他们要想办法运进来，日本人到哪里来了，他们就把货物装船，准备逃离。你在东，我就在西，这样绕开日本人，等日本人走以后，再慢慢把货运到重庆来。从老同事反映的情况来看，他们的工作确实做得很好，没有损失一件货物，当他们把货物运到重庆时，重庆的同事们对他们都很佩服。

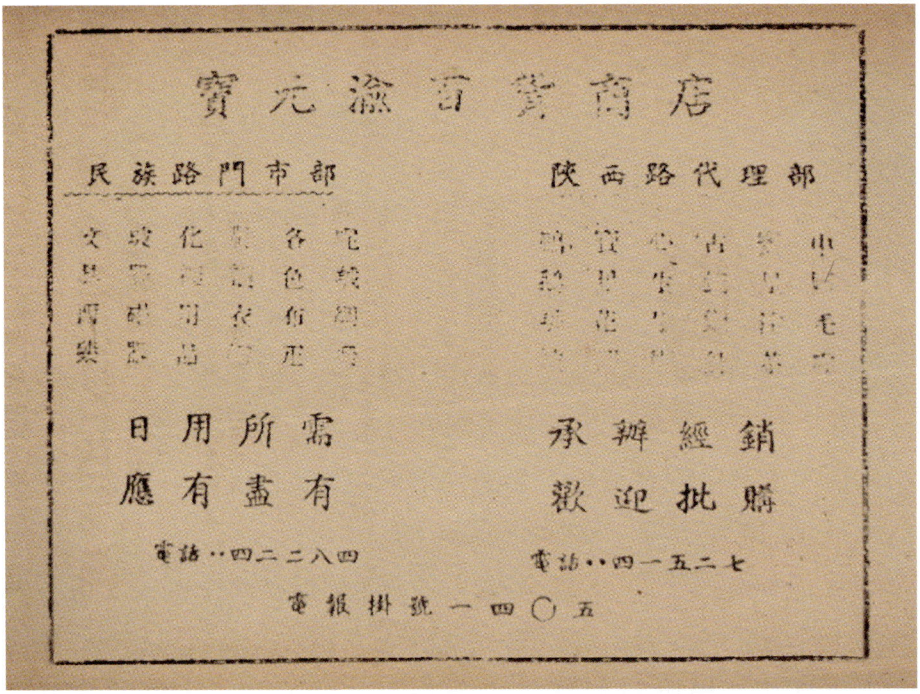

1942 年，《重庆指南》中的宝元渝百货商店的广告。（资料提供 / 张真飞）

我们结婚后，我就跟他一起到汉口，在那里生活了近两年。在汉口时，他还是继续以前的工作，主要是出去搞运输，当时宝元通在香港还有一个宝星纺织厂，他还要保障那边的生产。那时还没有解放，据他回来讲，工作很辛苦，赶火车像逃难，日本人来了，他们就要跑，火车上面什么动物的屎尿都有，只能在里面踩，为了逃命，为了生活，他都吃得苦。

在汉口的时候，很多宝元通的员工，因为照顾不到家属，就纷纷回到重庆，有的职工还去了香港，我一个人在那里，也想办法回重庆。当时我幺爷爷就是民生公司一艘船上的船长，他安排车子把我送到码头，结果我到码头没有找到他，原来那艘船已经出事了，他后来找另外的船把我送回了重庆。

辗转回渝，开始新生活

回到重庆后，我们就搬到了宝元通弹子石的宿舍。那时候人年轻，我们什么都不懂，可是对宝元通的印象还是很深。我们刚搬到宿舍时，就分了一大间房子，老大、老二、老三都是在那里生的。

当时宝元通的宿舍设施很齐全，有托儿所，宿舍的制度很正规，外面那些邻居的孩子都很羡慕。我们的伙食开得很好，吃饭时每一个宿舍都有一两间房摆桌子，宿舍的大人、孩子都出来吃饭。

那个宿舍当时叫陈家花园，原来是一个军阀的公馆，花园很大，那个军阀因为赌钱输了，就把房子卖给了宝元通，后来被宝元通用作员工宿舍，大家住着心情很愉快，周围邻居关系都比较好。

当时，我们两地分居，他继续在忙江西、汉口的工作，他回来报账，账务人员张起嘴巴大吃一惊，觉得这么多年，怎么就花这么点钱，一定很节省。

我老伴很老实，做什么事情都踏踏实实，他们的生活费用之所以这么少，是因为他一点不往自己腰包里放，都是用好多算多少，领导和同事都很佩服他。

宝元通转型，工作新变化

新中国成立前，有一天他回来和我讲，宝元通内部专门派了一个人从香港绕到解放区，找到了邓小平，说只要解放了，就把宝元通的所有财产都交给国家。

重庆解放以后，宝元通弹子石的宿舍里，来了好多解放军办各种学习班，我因为要生老三，就没有继续学习，当时学习完了就可以安排工作。我是生完孩子后，1951 年 9 月 19 日才去报到的，那个时候的工作是在百货商店里，就是后来的重百，我在那里当售货员。

当时的百货商店只有两层楼，下面卖文具，上面卖布匹，我那个时候主要负责卖文具，后来成了收银员。我很老实，工作踏踏实实，与同事关系都很融洽，大家都互相关照。

1958 年，石绍琼生活留影。（图片提供 / 石绍琼）

后来，我们搬到了五一路，这么多年都住在这样一间房子里，一家人就这样过，从来没有让单位多分点房产。

20 世纪 50 年代，宝元通转型后，老周被分到当时的第一商业局。当时，第一商业局是管食品的，第二、第三商业局管百货，他管过那时唯一的酒家，后来他又去九龙坡的一个仓库工作，在那里一直工作到 1965 年。

1965 年的一个星期天，他没有回家休息。他们的库房在火车站外面，他穿越铁轨时遇到了火车，他就退到另一边，结果两边都有火车，就被火车车厢挂倒了，受了伤，撞成了脑震荡，一直卧床，就没有再去上班。

近 30 年来，宝元通的老同事们经常在公园聚会。老伴负伤以后，我一直照顾他，这些同事就没有怎么往来了。我自己的工作是来来回回的调整，一会儿在百货公司，一会儿在百货站，当时百货公司主要是零售，百货站主要是批发，最后转到了百货站储运科，就是搞运输、发货、押运这些，照着单子提货，然后发到分公司、商场。那时百货公司有很多分公司，有的设在南桐矿区（编者注：1955 年由四川省南川、綦江两县及贵州省桐梓县所置。1993 年改名为万盛区。2011 年 10 月，经国务院批准，重庆市调整设立重庆市綦江区万盛经济技术开发区）、北碚等很远的地方。

我在百货公司的时候，搞过收款工作，当时重庆刚解放，有一次新币换旧币，只有我一个人没出差错，结账时清清楚楚。

我们家的开支一直靠我和老伴的工资，没有其他外援，一直勤勤勉勉地工作，这可能都是宝元通留给我们的精神财富。

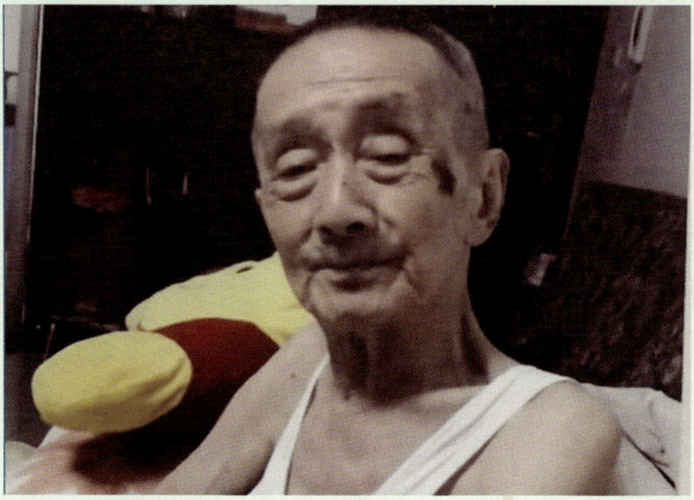

【周耀先】

作为曾经宝元通的一分子，回忆起这段工作经历，周耀先觉得很荣耀。在既往的历次采访中，他多次表扬了宝元通的用人制度、行事方式、经营策略，认为即使在商业发达的今天，宝元通的做法依旧是值得学习借鉴的。

亲身经历的宝元通

采访时间:2020 年 8 月 15 日

采访地点:重庆市渝中区中山四路

人物档案:周耀先,1930 年出生,曾在宝元泸、宝元渝工作,宝元通转为国营之后,还曾经在留守处工作过一段时间。

我自在泸州入了宝元通,工作勤勤勉勉,后随组织安排,来到重庆工作,对于宝元通一路的发展经历,自己算是亲历者。

解放碑的宝元通

早在 1935 年的时候,宝元通就将总公司从宜宾迁到重庆,1946 年 5 月正式成立宝元通兴业股份有限公司,当时重庆既有总管理处,也有宝元渝商店,还有新生牙刷厂、宝星染织厂等宝元通的子公司。

新中国成立前,位于抗战胜利纪功碑即今“解放碑”旁的宝元通公司。(图片提供/重庆百货档案馆)

当时的宝元渝商店是一楼一底,但只有一楼营业。重庆宝元通的经理是陈霁凉,陈霁凉之下是负责财务、业务、人事、运输等的几个管理人员，下面又分了布匹、鞋帽、化妆品、毯巾等小组，整个百货公司四十余人，人员并不多。

商店位置就在今天“解放碑”（编者注：今重庆市渝中区“人民解放纪念碑”简称）新世纪百货附近，那个时期解放碑一带的百货公司很多，除了宝元通，还有国货公司、华华公司等，各家公司的经营范围和经营方式各有特色，当时宝元通的广告很多，社会声誉很好。

最后的留守处

1950 年 2 月，宝元通开始转为国营，过程还是很艰辛的。因为公司还有很多资产需要处理，面临很多善后问题，所以成立了“四人组”留守处，陈霁凉代表资方，徐建成代表经办人员，曾德修是会计，我就代表职工，继续处理宝元通的一些后续工作。

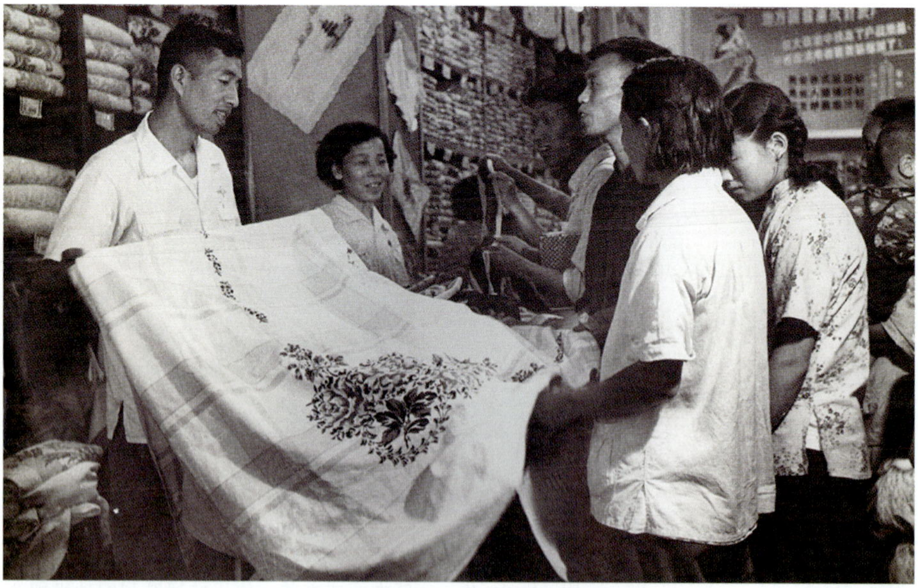

20世纪70年代，重庆针织厂员工工作场景。（图片提供/重庆百货档案馆）

我虽然在留守处，但主要的精力还是在太平门的火麻巷做社区工作，1952 年，我就到了西南区百货公司，做过针织厂的驻厂人员。针织厂为百货公司加工汗衫、背心、棉毛衫等商品。后来我也在百货站、针织站、纺织站干过。20 世纪 60 年代初，重庆成立财贸干部学校，我开始接触教育系统。到 20 世纪 70 年代，商业部又在重庆办财贸学校，我正式进入学校，后被调入重庆工商大学直到退休。

重视员工培训

我是在泸州进的宝元通，在泸州经过了 3 个月的"前期训练"。这个训练是集中举行的，新学员一起过集体生活，大家学习礼仪、商品知识以及基础会计等。

到了重庆之后，我当时是在化妆品组以及毯巾组工作。化妆品组的销售范围很广，涵盖花露水、香水、雪花膏、胭脂、牙膏等商品，当顾客在橱窗中挑选之后，我们需要做进一步的商品讲解，确保客户满意。

当时我们住在黄家垭口或弹子石的宿舍，从经理到职员都一视同仁地生活。宝元通规定职员不能在外留宿，差不多 10 点钟必须回宿舍。业余时间，公司会请老师给大家上课，让大家免费学习京剧、会计、英语等。公司还要对员工进行爱国主义教育，推荐很多好书给大家看，传播先进的思想，所以员工要走歪门邪道基本上是很难的。

【杨晓渝】

对往事的回忆，往往是酸楚的，但也会有偶然甚至意外的惊喜。杨晓渝在整理父亲的遗物时，无意间发现一份关于宝元通的文件，而这份文件，就像打开一段往事的钥匙一般，带着她走进了宝元通的世界，也走进了自己家族的璀璨世界。

无意发现家族辉煌史

采访时间:2019 年 12 月 25 日

采访地点:重庆市渝中区白象街药材公会

人物档案:杨晓渝,1950 年 1 月 3 日生,是重庆名门望族杨芳龄家族的后人,因父母离异,随母亲改嫁,进入宝元通创始人熊郁村之子熊晓凡之家。

我对宝元通的了解,都是从继父留给我的资料里发现的,没想到在民国期间,重庆还有一个如此厉害的民族企业。

遗物中发现珍贵史料

1953 年,我母亲嫁入熊家,如今想来简直是一个奇迹。当时我母亲离婚以后,机缘巧合地认识了熊晓凡,也就是我的继父,他们两个恋爱没多久,我母亲就嫁到了熊家。

父亲是一个文艺青年,高高大大的,人又帅,专门写小说等文学作品。当时我们住在老重庆宾馆附近,那时宝元通的熊家不止他一个在重庆,他还有一个大哥在,大伯住在其他地方,另有个大孃孃住在临江门,小时候我们经常去耍。

我跟继父一起生活的时间并不多,我幼儿园、小学都是住读,中学三年是走读,很快就遇上了“文化大革命”,我参加了宣传队,走遍了大半个中国。1969 年时我就到农村,当了 10 年知青。

我对继父家庭的情况并不了解，直到继父去世后，我们清理他遗留下来的资料的时候，发现还有几份宝元通的珍贵资料。我研究了一段时间，才知道了宝元通的一些事情和继父家族的事情。

这些材料有的是关于宝元通经营方向的会议资料，有的是宝元通的企业运营章程，其中 1985 年四川商业厅的宝元通研究材料最为珍贵，当时他们特意邮寄给我父亲，让他提修改意见，这份档案一直保存得很好。

其实，继父健在时，并没有和我们说过任何有关宝元通的事情，我对宝元通的了解，是在我发现了这些资料以后。我准备在去世之前，把这些资料捐赠给图书馆或档案馆。

宝元通初创

1920 年 10 月，四川宜宾人萧则可，约了堂兄弟、姑表兄弟萧雨笙及熊荫村、熊郁村、王镜初等 5 人，集资 600 两银子合伙做土铁、铁锅、小五金生意。

他们往来宜宾、泸州之间，从“跑江边”生意兼小铺面买卖开始创业。当时没有招牌、没有字号，由萧则可、熊荫村负责到产地进货，常是搭船去、走路回，在沿江场镇一路把货卖出去。这叫“勤跑、快销、短转转”，由于货真价实，信誉很好，生意一直红红火火。

后来他们看到外国人跨越数万里来中国通航蜀道，做大生意而一二十年不衰，反观中国之所以落后于西方各国，皆源于工商实业的不振，由此，他们产生了“实业救国”的理想。有了共同信念和追求，五人精诚合作，兢兢业业，生意很快就发展起来了。

他们在宝元通最初生意的基础上，增加了煤油、香烟等代销品种。随着利润增多，他们又开始在宜宾、南溪、江安等县开门市试销百货、布匹，很受老百姓喜欢，生意很兴旺。

后来，他们在南溪、江安设立宝元通的分支机构，创立宝元南号、宝元江号；又在上海设庄号专门采购百货、布匹，扩大货源，提高商品档次。

很快发展起来的宝元通，又有了新的经营想法。他们观察到工商业发达的国家，因人私其财，资本家渔利剥削，结果是贫者日贫、富者日富，贫富不均。如果宝元通也这样，按旧式合伙生意，少数人牟利，即使达到发家致富的目的，终究难免钩心斗角，四分五裂，不可能有长远的发展，也不利于国家，不能造福社会。

正是深感于“以少数人牟利之企业，终不可期其久大。欲以实业救国之举，而见诸于行事，措诸天下”，1927 年，宝元通提出“有饭大家吃，工作共同干”的合作口号，并将“牺牲小我、顾全大我，发展事业、服务社会”作为宝元通号训。

他们对新员工提出了“若为发财而来，你就错了”的口号。公司还正式规定宝元通职员：不许私人买田地，置房屋；不许做私生意发财；不许向号外存款、打会；不许私人买卖黄金、美钞。公司鼓励职工忠于团体事业，保证一心一意为企业、为民族经济的壮大而努力工作。

有了这样“大公无私”的企业理念，宝元通在“发展事业、服务社会”“发展民族经济为终极”的奋斗目标下，企业突飞猛进。

在重庆发展壮大

20 世纪 30 年代，宝元通开始扩展经营规模，从川南一隅走出去，在泸州建立起宝元泸号，又在重庆、成都、乐山等地都设立了庄号，经营规模越做越大。宝元通还制定了与经营规模相适应的“宝元通第一个组织大纲”：确立“根据社会进化原则，合作方式，由股东职工共同组织之”的原则。到1934年，宝元通成了川南工商界之翘楚，为继续发展壮大奠定了雄厚的基础。

1984年，重新恢复的重庆宝元通经济服务公司批发营业厅和售货大楼。（图片提供／张真飞）

1935年，国民党中央势力渗透四川，结束了多年军阀割据的局面，实行了全国统一的币制，东南沿海城市的工商业、金融业相继在重庆设立机构，四川和全国市场日趋紧密。宝元通抓住这一有利条件，在重庆建立起宝元通总管理处，将企业发展的重心从宜宾转移到了重庆。

重庆总管理处建立后，他们又迅速开拓重庆百货批发市场，派人到沿海一带考察生产企业，扩大进货渠道，与天津、青岛、上海等地10多家大型国货厂商及英商中国肥皂公司、百代唱片公司等签订产品经销代销合同，成为西南和四川独家经营的总经销商。

1936年，重庆宝元通的产品就占据了全川的主要百货市场，还远销云南、贵州。由于经营规模越做越大，他们改变过去单纯依靠自有资金经营的方式，开始向中国银行等办理押汇、抵押借款，充分利用银行资金，增加宝元通业务营运种类。

在扩展商业企业规模的同时，宝元通走出了一条“经营贸易、发展生产”的新路子。1936年，宝元通开始投资东源公司开发铁矿，实行矿、产、销三结合；还投资合众轮船公司，建起产、运、销流通渠道。此后，宝元通出现了前所未有的新气象。到1937年全面抗战爆发前，宝元通的业务范围从川南一角，已扩展至四川各地，进而跨入沿海及海外市场，基本建成了工贸结合的产、运、销为一体的大型工商业企业。

抗日战争全面爆发后，重庆成为战时首都。宝元通面临全国市场环境的急剧变化。非常时期，宝元通凭借大后方优势，对企业整体进行大手笔撤并新建，对商业企业，采取紧缩内地、开辟外线业务营运的举措。在省外建“号”，在国外成立“宝元通印度贸易公司”，就地展开购销业务，加速资金周转，同时为国内大后方采购货物。

因大后方物资供应困难，宝元通又加快生产企业发展步伐。1943 年成立了“宝星兴业股份有限公司”，我爷爷熊郁村任总经理，专门负责扩展企业生产。正是宝元通在战争环境中挣扎图存，在日机狂轰滥炸的后方坚持营业，又有公而忘私、不怕牺牲的数百位职工在火线边缘组织抢运商品，最终保障了大后方宝元通的商品供应，让宝元通在险恶的战争环境中不仅生存下来，还有所发展，贸易业务不降反升，从国内市场扩展到国际市场。

1943 年 10 月宝元通成立国外贸易机构，到缅甸、印度去做生意。1944 年，宝元通还制订了国际贸易人才“布在战时，用在战后”的用人计划。1945 年 3 月，成立了“宝元通印度贸易公司”，进一步开展国际贸易业务：联络英美厂商，探询南洋贸易；联络国内南洋侨商，购买物资内运（进口）；对外出口中国生丝、麝香。

1945 年 1 月，我爷爷熊郁村病逝。1946 年 5 月，宝元通又改组成立了“宝元通兴业股份有限公司”，经国民政府经济部批准立案，正式取得法人地位，完成了从原始积累向现代股份制企业的转型。按公司组织大纲规定，宝元通最高权力机构是股东职工组合的代表会，是劳资一体的组织。此时的宝元通已是全体员工所有制。

抗战胜利之后，他们又在香港设立宝元通发展国外贸易中心，开展与印度、英国、美国等的国际贸易，结束印度贸易公司，资金全部转移至香港。到 1946 年底，香港宝元通发展国外贸易公司因采取了“稳扎稳打，随机应变”的对外贸易战略，它很快成为信誉卓著的企业。

此时，宝元通又提出“以经营贸易从事生产为业务，以发展民族经济为目的”的目标，确立“根据社会进化原则采用合作方式”的组织形式，继续倡导“牺牲小我、顾全大我，发展事业、服务社会”的团体精神。

1947 年，宝元通开始进入京沪市场，在南京设立了分公司，又将宝元通上海分公司扩建为批零兼营、进销结合的机构。为适应业务重点转向华东的需要，宝元通扩大成都分公司为川西贸易业务的重要据点，收缩江安、南溪、昆明、贵阳等地分支机构，以集中人力、财力逐步向全国大城市扩展。

尝试跨国贸易

在扩张国内市场的同时，宝元通不断开辟国际市场，在香港建立对外贸易公司，开展与印度、英、美各国的国际贸易，将对外贸易的重心从印度转移到香港。1948 年，宝元通在巴基斯坦设立分公司，在广州设立办事处，把国际和国内贸易联系起来。由于宝元通在国内外市场信誉卓著，资金周转得到香港、上海的商业银行的支持，为宝元通加快国内外市场的拓展提供了资金保证。

1948 年，国统区货币迅速贬值，使宝元通业务经营遭受重重困难，人心惶惶。危难之际，宝元通为求得企业广大股东精诚合作、共渡难关，总管理处先后多次函告各分支机构，阐明团体应付当前危局及对未来的筹划，以稳定人心，携手共渡难关，使“现在拖得过，将来站得起”。经过总管理处的努力，各地分公司的骨干都坚守了岗位，职工中的不安情绪逐渐趋于平静。

1949 年 5 月某日，宝元通在重庆举行记者招待会，第二天《世界日报》报道说："宝元通是一个根据'经济社会化'的理想而成长起来的民族企业，在它事业内部是民主的、劳资一体的、平等的、事业公有的，可谓完全符合民有、民治、民享的原则。其中没有个人的权威和利益，只有事业的目的与理想。"

【刘仕均】

刘仕均是陈霁凉的儿媳妇，性格比较细腻，善于记录，加上公公晚年给她讲了很多关于宝元通的事情，在我们的采访对象中，刘仕钧对于很多细节的回忆，是极有意思的。

陈老头的宝元通生涯

采访时间：2020 年 6 月 1 日

采访地点：重庆市渝中区白象街药材公会

人物档案：刘仕钧，宝元通"二代"的家属，是宝元通重庆总管理处经理陈霁凉的儿媳妇，负责照顾陈霁凉的晚年生活。

我们都叫陈霁凉为陈老头，他在家里排行第七，从小生活在江安，他小时候身体不好，命运多舛，好几次差点被病魔夺走生命。

淘气的少年慢慢长大

因为父亲死得早，家里孩子多，陈老头的母亲只能靠给别人浆洗缝补补贴家用，维持生活。

陈老头的大哥在一个衙门里头当文书，他的大嫂是一个又矮又胖的女人，他的人生转折点就是因为他的大嫂。

十来岁时，陈老头的母亲看到他长大点了，就说把他送去当学工，学做狮子头筷子，他死活不去。后来他母亲就找到江安宝元江的熟人，把他送去那里的门店当学徒工。

一开始，当学徒工，就是扫地、打扫屋子，他那时小，有点贪玩，晚上就睡在店里，门槛旁边搭一个小的门板，可不晓得怎么回事，门槛被耗子咬了很大一个洞，晚上附近的狗习惯朝着那个洞拉尿，有时候溅得陈老头一身。

我记得陈老头晚年回忆，那时店里老板娘经常喊他给她倒痰盂，还要带娃儿，有时他就朝娃儿的屁股打一巴掌，娃儿一哭，她母亲就赶快来抱过去，陈老头就这样偷懒。

后来，老板娘就不安逸（编者注：四川俚语，即不高兴）他，说他偷懒调皮，准备另外请人。

可就在那一天，陈老头家里发生了一件大事情。他的邻居跑来找他，“陈老七，你们屋头发生了大事，你大嫂跟你母亲吵架打起来了，你母亲气得要去上吊”。

陈老头开始反思：自己的母亲跟大嫂两个关系不好，气得要上吊，我以后还想孝敬我母亲，如果老板开除了我，我该怎么去孝敬我母亲呢？

从那一刻，他就有了一些想法，他买了一张小的白毛巾，写下了“勤奋”二字，挂在蚊帐的竿竿上面，第二天他就开始发奋了。当时天气很冷，他打了一桶水，去擦洗柜台、擦屋、扫地、下门板，很快就做好了，然后他就拿起毛笔开始练字。

总之，从那以后他每天早起，在其他人还没有上班之前，他就把所有清洁做完了，还抽空练字，老板一看，觉得这个娃儿很不错，突然变乖了，像变了个人，又勤快又踏实，觉得可以好好培养，第二个月就给他多发了 2 角钱的工资。

他自然很高兴，拿到钱就买了自己最喜欢吃的芝麻块、花生块，还给他母亲一点钱。从那以后，他开始当店员，从基层一步一步得到重用和提拔。

年纪轻轻被信任

当时宝元通，除了宝元江，还有宝元蓉，这期间，还有个经历再次让陈老头得到老板的重用。

那是老板第一次喊他去担银圆，从江安担到宜宾，中途需要坐船，刚上船不久，客舱就喊吃中午饭，老板们都去吃饭了，他就负责照看银圆，坐在箱子上面，中途也有像今天送快餐的前来叫卖，他说不吃，别人就说，你这么多钱在下面，随便拿一块来买饭吃撒，结果他死活不愿意。

等老板们回来了，他还是没有吃饭，老板也说，别人送饭来了，你不晓得在底下摸一块银圆出来付饭钱。他说：“不，我等你们回来了来，你们给我钱，我就吃。”

老板看到他这个人做事踏实，认真负责，就慢慢提拔他，后来让他去上海的分公司宝元申当副经理，当时没有正经理，所以上海的业务都归他负责。

在上海的时候，他开始学英语，他在上海的经历中，有一件小事情我觉得很好笑。

当时宝元通的上海公司所在地是租的，分楼上楼下，楼上是宿舍，楼下的一层是一个人资本家的家，资本家的太太喜欢打麻将，一打就通宵达旦。陈老头他们晚上要睡觉，楼板是木板，根本不隔音，楼下的麻将声影响了他们睡觉。

于是，他就跟老板的太太商量，意思是你们打麻将可以，但是你们打到 12 点钟就不能再打了，因为我们都要睡觉了，我们每天早晨 8 点钟就要起来上班。

结果那个太太根本不听，还说这是她的屋子，她要怎么玩就怎么玩。为了解决这个问题，陈老头想了一个办法，第二天早晨他给每个人发一双木板鞋，拿一个纸篓当篮圈，然后开始喊立正、稍息，走起正步，穿起木板鞋跑步，几天之后，楼下的资本家太太实在受不了他们的“吵闹”，就来打饶命拳了，保证以后打麻将只打到晚上 12 点钟，这样大家就和解了，这说明陈老头在处理工作时，是非常有脑壳的（编者注：四川俚语，即聪明）。

员工就是股东

晚年，陈老头听别人说丰田汽车公司制度好，他就会说还不是跟到宝元通学习的。

宝元通股东管理极具超前性，员工进入宝元通的第一天，就成了宝元通的股东，他们所有的人都是股东。

当时宝元通的企业里面，哪怕总经理，都是跟职工一样统一穿“麻麻”制服。

员工进入公司后，每个月发工资就要扣一点股本金，比方说你发 10 块钱，就扣 3 块，这 3 块作为入股的资金，员工的工作年限越久，股本就越多，宝元通的制度是把职工和公司的命运拴在一起的，要想公司好，大家都要做好。

他们还有自己的住房分配制度，经理、科长、一般员工都是按级别来分配的，一旦分了房子，你就可以拎包入住，家具都是配套好了的。

吃饭也很有特色。他们吃饭的时候，14 岁以下的娃儿不收钱，14 岁以上的包括家属收一半的钱。

为了管理好家属，他们还做了很多工作，把所有的家属组织起来，给她们编号，让她们参与工作。当时宝元通主营百货业，公司里面什么都有，你要打毛衣，那么你就领毛线；你要打被套，就领被套的材料，什么都不会的公司还有书籍或者培训班进行指导，慢慢这些家属都有了一技之长，会做些有用的产品。

这些家属做好了东西，宝元通给她们做专柜，专门卖家属的手工艺品，家属挣到钱，宿舍里的生活氛围也就更好了。

每到年终的时候，大家分红发钱，还会发卡，比方你是一百块，就发一百块的卡，卡是可以拿到宝元通百货商店里去买东西的，所有的商品全部打 8 折。

宝元通的制度非常好，以至于我工作的重庆机电公司，20 世纪 90 年代改制的时候，还曾派信息处的处长来找陈老头，想吸取宝元通的管理经验，后来四川大学也专门派教授来采访，把收集来的宝元通的经验收入学生的教材。

一视同仁的制度

宝元通公司奖惩严明。他们公司的制度，不像我们现在，依赖打卡查岗，他们更多是比技术、本领。

20 世纪 70 年代，重庆百货商店内，热闹的丝绸销售场景。（图片提供 / 重庆百货档案馆）

陈老头经常走到丝绸馆，看到售货员他就喊到问，你们哪样好卖？哪个花色好卖？哪种材质好卖？他认为业务熟悉程度最重要，有时候还要考试，考试内容很特别，营业员背过身去，他拿起缎子，剪一刀，撕下去，然后问这是什么料子？营业员必须背到说，一旦某人的考试合格了，第二个月就会涨工资。

宝元通规定，员工之间，互相不准问年龄，不准问工资。陈老头很能干，后来在重庆担任刘家台宝星染织厂副厂长，刚去的时候，他就听说有包工经常把原材料偷出去卖，陈老头一去，把所有外出要搜身的这些制度全部取消，而是从源头上进行控制。

他加强了领料和收料的控制。领料时，每天你要做多少，你就领多少，实际上就是严格控制领料、发料；收料时，检查质量、数量，两者一对，就没人敢在中间偷原材料了。

宝元通当时对质量控制也是相当严格的。对员工来说，全部是一等品，没有二等品，你达标了，给你发奖金；如果你做的东西是二等品，那么最多就是领回你那份工资；你要是做的东西是三等品，还要倒扣你的工资。

当时他的六哥没有做什么事，就来宝星染织厂挑水，那时挑一担水回来倒在缸子里，记分员就发一块牌子，他的哥哥偷懒，不挑水，跑去睡觉，还去硬要牌子，说他的弟弟就是厂长，逼人家多拿两块牌子给他。

某天，陈老头在厂里巡察时发现了这件事情，他走到哥哥睡觉的地方，把皮带扯下来就打他，边打边说："你在屋头是哥哥，在厂里我就是打的工人，你要偷懒，你再这样不改，马上把你开除了。"

宝元通的制度非常严格，凡是宝元通开除的人，任何百货公司都不敢用。

【曾爱兵】

曾爱兵一直从事企业管理工作，对宝元通的了解也比较透彻。他对宝元通的了解大多来自这十几年来辛辛苦苦地访谈和收集的资料，他还曾想过办一个“宝元通商学院”，让更多人了解宝元通的经验。

生活在宝元通

采访时间：2020 年 7 月 27 日

采访地点：重庆市渝中区白象街药材公会

人物档案：曾爱兵，宝元通“二代”，1938 年生，父亲曾德修是宝元通总管理处四大部门之一审计部的副经理，宝元通转为国营之后，在重庆百货站工作。

我父亲和许多人一样，是以见习生的身份进的宝元通，从被萧则可他们招进去当见习生开始，他到过宝元通公司很多部门，调到重庆的时候，当时宝元通公司总管理处有四大部门——审计部、业务部、人事部等，我父亲是审计部副经理。

初识宝元通

父亲刚进入宝元通时，只是一个学徒工，工资 5 角钱一个月，还得上下门板，俗称“liao 门板”（编者注：即“扛”的意思）。当时店铺的大门是由一块块木板组成的，开店门时要一块块地撤下来，关店门时又要一块块地镶上。

父亲很勤奋，没多久就当上了店员，父亲是师范学校毕业生，进入商业行业后发奋自学，学会了会计和审计，并在公司内逐级提升，经过努力，最后父亲在公司内当上了审计部副经理。

在宝元通，一旦你转正成为正式职工以后，公司就从你每月的工资中扣除一部分作为入股的股金，这是公司的政策，即让每个职工都成为股东。不仅如此，公司正式职工的生活福利好，吃穿不要钱，又有工资，年底还可分红。每个职工只要努力工作，升迁都有希望。因此，他们都有为公司努力工作的决心。当然，公司对职工的要求也是很严格的，不准营私舞弊，不准贪污受贿，甚至不准加入任何党派。

我父亲是宜宾人，在进入宝元通工作后才结婚的，我就是在宝元通宿舍里面出生的。我 3 岁到重庆，“九二火灾”过后，我们就从下半城宿舍搬到了黄家垭口宿舍，即今天渝中区中山一路的中苏文协旧址，重庆解放那年我 11 岁。

我对父亲本来印象不深，但是现在有很多可以回忆得起来，工作稳定之后，我就经常想搞明白，父亲他们的宝元通到底是怎么回事？以前我经常找宝元通的一个副总经理和他们审计部的经理了解情况。

大概是在 10 多年前，我就开始深入了解宝元通，收集宝元通的资料，去档案馆找，或是上网查，还访谈了一些健在的老先生。有一天，我得知宝元通要搞一个庆祝活动，就是转向国营 60 周年纪念活动，地点在花卉园，他们邀请我去。我去了才知道，当时有很多宝元通老员工还在，当然也有很多是他们的子女来参加的，当时的组织者是张邦汉，我就问他哪来的钱请客。他告诉我是李清法出的钱。李清法是原宝元通的一个经理，他给了两万块钱来组织这个活动，后来我跟李清法通过不少电话，也问了他不少宝元通的事情。

我还发现宝元通的钱不是剥削来的，是通过劳动挣来的，重庆解放后全部送给了国家。当然国家开始还是分股息给宝元通的股东们，但是分了一两年后，公司在经营中遇到一些问题就没有分红了。

小时候我还去过宝元通的办公室，当时宝元通公司的总管理处建在今渝中区陕西街，在我们宿舍火麻巷口向朝天门方向斜对过去二三十米的地方。公司的临街是一个大的门面，门面上写着“宝元通兴业股份有限公司重庆分公司”十几个大字。

在这个大铺面的右面，有一条有门可开闭的巷子。沿巷进去10米左右上20多步石梯，进门后就是宝元通的总管理处了。这里面的建筑，像是将一所庙宇改建而来的，建筑面积有2000多平方米，应该说总管理处是比较低调的。

我印象最深的是公司的客厅，大致有30多平方米，里面放着一圈沙发。客厅正中的墙上挂着一个玻璃木框，里面嵌放着一个硕大的铜钱，上有“开元通宝”四个大字，因为公司得名于此，便仿造成了这件艺术品，它仿佛成了宝元通的图腾。

宝元通的幸福生活

宝元通全资办了一些工业企业，父亲曾带我去参观过公司在重庆创办的新生牙刷厂和宝星染织厂。

新生牙刷厂在今天渝中区黄花园巴蜀中学附近，当时那一带很荒凉。那时整个社会上使用的牙刷都是用牛骨头和猪鬃做的，用牛骨做柄是非常麻烦的，要将牛骨切割、打磨，打磨车间的空气里充满了牛骨头难闻的气味。工人的劳动条件极艰苦，我见到的工人都戴着口罩、两鬓苍苍、十指发白。

宝星染织厂建在江北刘家台，主要是给丝绸印花。这里的劳动条件比新生牙刷厂好得多了。当时到江北过江很麻烦，要坐小木船。我们到工厂后，时间很晚了，厂里中午请我们吃了一餐饭。这顿午餐使我终生难忘，因为它比所谓的“忆苦思甜”饭还难吃。主人端上来的是一碗糙米饭，又黄又黑，里面还夹杂着砂粒。这是我第一次看到工人过着这样艰难的生活。

无论从哪方面讲，我都是宝元通养育的，我儿童时代的活动范围非常狭小，不管是在宜宾还是在重庆，总离不开宿舍和公司这个圈子，因此现在来回忆，除了这些，还有什么比这更值得记忆的呢？

1939 年,《重庆指南》中的宝星染织厂广告。(图片提供 / 张真飞)

大约在 1942 年，我 4 岁左右，许多事才开始存留在记忆中。当时，我们居住在宝元通总管理处宿舍，坐落在打铜街下面路口与东水门街相对接、向朝天门方向走几步的陕西街火麻巷内。宝元通公司在重庆有三处职工宿舍，另外两处在南岸弹子石和储奇门附近的羊子坝，“九二火灾”后，又新建或租赁了一些办公室。

我们的宿舍是一座西式的三层砖木结构楼房，楼房里住了十多二十家人。这些住户全是宝元通公司总管理处的职工，我家住在宿舍楼右面的三楼，有两大间和一个大阳台。

宝元通公司后来的董事长邦星垣，总经理黄凉尘，经理伍衍之、李清法、陈霁凉等人的家都安置在这座宿舍里。

宝元通生活福利很好，对职工吃穿都管完。生活用品，诸如家具、衣服、鞋子，甚至被盖、床单、牙膏、牙刷，公司一应俱有。其员工上至董事长、总经理，下至普通店员，都穿深麻色中山服。照相有特约照相馆；看病，公司有医生，外面有指定医院；理发有指定理发店；每月要发电影票，经常发京剧票，夏天还要发游泳票……住宿舍不要钱，在外租房公司有补助。宿舍的管理非常好，专门请有厨师为全宿舍的职工和家属做饭，厨师的手艺很好，每顿饭都美味可口，一摇铃就吃饭，开水也专门有工友送到家中。

宝元通的发展壮大

宝元通在重庆建立分公司后，借助重庆的地域优势，发展越来越快，重庆就叫宝元渝，成都就叫宝元蓉，泸州就叫宝元泸，南溪就叫宝元南，万县就叫宝元万，上海就叫宝元申……1946 年宝元通向国民政府申报，建立公司，成立了宝元通兴业股份有限公司，就统一叫宝元通公司，然后成都就是宝元通公司成都分公司，重庆就是重庆分公司，当然重庆还有总管理处，相当于今天的集团公司总部。

宝元通公司重庆分公司的营业部在解放碑，总管理处在陕西街，重庆分公司也在陕西街。1935 年宝元通变成了股份制的公司，尽管遇到战争，从 5 个人 840 块银圆开始，到 1952 年 2 月转向国营的时候，30 年间资产增加到了 400 万人民币，人员有 1400 多人，营业部门职工 300 多人，还有工业运输部门，比如宝星染织厂、新生牙刷厂，还有下关沱的茶厂，另有泸州联一公司（主要生产铁锅类物资）也有宝元通的股份。

宝元通的业务就是从经营铁锅开始的，逐步扩大到以零售为主、兼具批发的多种经营模式，进而投资到工业生产和交通运输，开办了纺织、茶叶、皮鞋等工厂，投资了轮船公司。它的机构由四川宜宾的一家小铁锅厂，发展为宝元通百货商店，逐步扩大到南溪、泸州、重庆、成都以及省外的昆明、上海、南京等，部分机构抗战胜利以后，还发展到了印度。

中华人民共和国成立后，私营企业都是通过进行社会主义改造而融入国营体系的，宝元通公司却不是这样。重庆解放后，宝元通公司经与当时西南区最高当局商谈同意，整体转向国营，由民营企业集团转变为国营企业。

这样，宝元通在重庆、成都、宜宾、泸州等地的贸易机构就改变为国营百货公司，上海、南京两地的贸易机构，交给了华东区百货公司，改为国营。宝元通经营的纱厂和投资等，分情况作了适宜的处置。经营了 30 年的宝元通奔上了新的征途。

早在 1950 年初宝元通的部分业务就拓展到了其他国家和地区。当时，宝元通就作出决定，把香港、印度、巴基斯坦的资产，全部拿回来无偿送给国家，国家就指定华润公司来接管，这些资料都查得到。

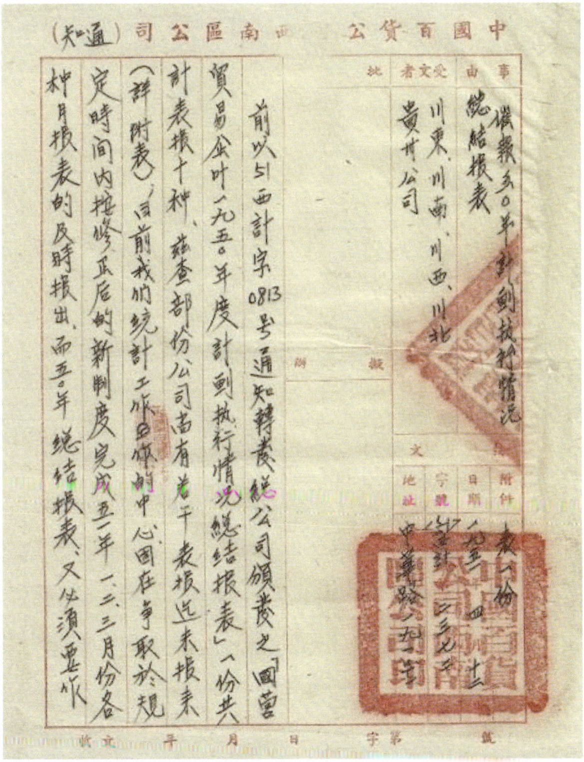
中國百貨公司西南區公司（通知）

事由：擬報五〇年計劃執行情况總結報表

受文者：川東、川南、川西、川北、貴州公司

附件：表一份

前以51西計字0813号通知轉奉總公司頒發之「國營貿易企业一九五〇年度計劃執行情况總結報表」一份共計表報十种，茲查部份公司尚有若干表報迄未報来（詳附表），目前我們統計工作正依照中心因在爭取於規定時間内按修正后的新制度完成五一年一、二、三月份各种月報表的及時報出，而五〇年總結報表又必須要作

20 世纪 50 年代，中国百货公司西南区公司（接手宝元通后成立的公司）的通知。（资料提供 / 张真飞）

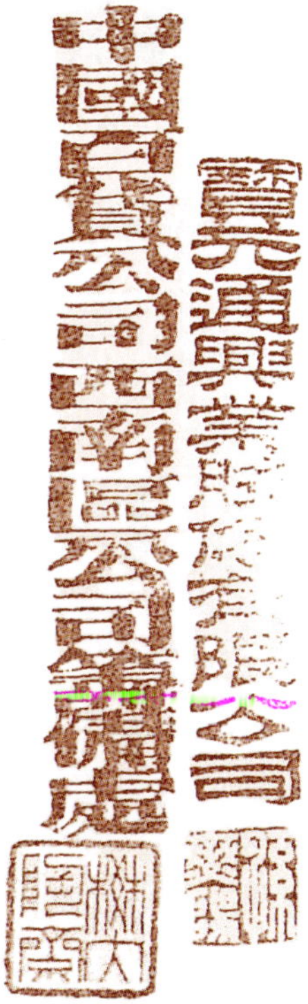

中国百货公司西南区公司筹备处章、宝元通兴业股份有限公司章。（资料提供 / 陈慧中）

1950 年，中国百货公司西南区公司学习班结业纪念合影。（图片提供 / 曾爱兵）

排	刘成宗。	冯裕新。	龚泽良。		杨志荣	刘运筹。	王 [illegible]。	徐敬之。	吴桐文。	包敬雪
	肖 俊。	史明树。	赵绍尧	張樹杰。	李惠林	熊继輝。	胡忠孝。	李旺民。	廖养吾。	刘引白
	王益垣。		谭 机	康伯安。	王伯丛。		黄富成。	萧明喜		
排	熊培根。	周汝谐	陳寒良。	周大鸿。	徐定丰。	王楠舟。		郑培基。	戴叔驹。	罗伯高。
	黄 德。	包秋如	李德成。	谷声核。	[illegible]	張恒芝	張邦汉	王其武	陳顺华	魏慈南。
	姜仲初	赵文杰。	周德尧	陳永标	古旺良。	顾静舟。	罗元甫	唐清沅。		
排	廖运湘。	易仲邹。	周建帆。	黄孝谊。	曾德修。	彭伟先	汪石甫。	李彦达。	萧伯昇。	王正桓
	陳兴柏。			樊陶斋。	文光伦。	董泽云。	曾诚德。	徐一非。	陳昌凯。	苄元白
	易光楠。	李克强	李清[illegible]	周[illegible]先	黄君鹤。	伍云甫。	戴溶江。	瞿树臣。		
排	饶昌谷。	徐樊伯。	黄凉康		黄 伦	張[illegible]如	陳宗繁。	卢仲黄。	魏祥冠	郑灼忠
	易运文	邱荣辉	黄思明	萧雨声。	熊荫村。	萧则可。	黄朗斋。	陶瑞传	張礼敏	曹勋如
	高 曜	杨灿文。	王秋成。	范达培	卢维濃。	康佐如。	郑星垣。			

说明：此相[illegible]51年前宝元通接向（由民营转向为国营企业即参加革命工作）时所摄，[illegible]

行总大多数同仁参加。王其武保存此照片至今。徐陳以德、陳永标、陶瑞传[illegible]

1950 年，中国百货公司西南区公司学习班结业纪念合影座位表，其中加“。”者，都是宝元通的老员工。（资料提供 / 曾爱兵）

1950年2月，宝元通公司正式转向国营。解放碑旁的公司招牌换成了“重庆百货公司”，这是重庆市乃至西南区的第一家国营百货公司。

新中国成立初期，宝元通虽已转为国营，但还有很多事情没有结束，比如说解放之初，宝元通只把商业部分结束了，工业部分比如成都宝星纺织厂、重庆宝星染织厂等都没有交给国家，香港的宝星纺织厂，还有南洋的公司都没有交给国家。宝元通早期投资了很多企业行业，于是就设置了一个留守处，负责人就是陈霁凉和我的父亲，我父亲是会计。

到1957年全国公司（除香港外）都上交完了，陈伯伯可能职位高，被调到了百货公司，我父亲则被调到了百货站，当了一个搬运工人，但是工资还不少。

【陈光沪】

采访的过程中，陈光沪有些无奈，因为经历几次搬家后，很多老照片都无法再找到。对于父母的记忆，对于宝元通的记忆，虽然陈光沪还能说一些，但是记忆已经不那么深刻，很多只能停留在脑海中和周边伙伴的回忆之中。

事业兴则家兴

采访时间：2020 年 6 月 29 日

采访地点：重庆市渝中区白象街药材公会

人物档案：陈光沪，1950 年出生，是宝元通的"二代"，其父亲陈兴柏为宝元通老员工。

关于父亲在宝元通的工作经历，小时候听他们说起，我总感觉那是一段很骄傲的经历，因为他们反复说过很多次。

小时候的记忆

父亲 16 岁的时候，被从江安带到宜宾做学徒，然后就在宝元通上班，一直待到重庆解放后。父亲是做采购工作的，经常到处出差。

在我的印象里，宝元通当时的职工福利还是很好，大家吃的是伙食团，住的是统一的房子，家具也是统一提供的。

我有点记忆的时候，经常听父亲说起，他在宝元通有 6000 多块大洋一直没有取，为什么我父亲有那么多股份呢？后来长大了一些才知道，宝元通是有股份制度的，管理制度很先进，从你进去成为正式员工后，每个员工都有相应的股份，每年年底都会分一次红，每年分的钱，你可以取走，也可以再次转为股份，我父亲属于后者，多年都没有拿出股份，都放在宝元通存起的，以至于达到6000块之多，但是后来转为国营后，一直没有取出来。

随父辗转多处

我们小时候，都是随着父母到处搬，最早我们也住过弹子石的陈家花园，后来搬到今渝中区的寺前巷（编者注：今重庆市渝中区较场口石灰市附近），再后来，就搬到今渝中区十八梯轿铺巷20号，那里后来也叫商业局宿舍，虽名义上是商业局宿舍，但宝元通的老人住得最多。

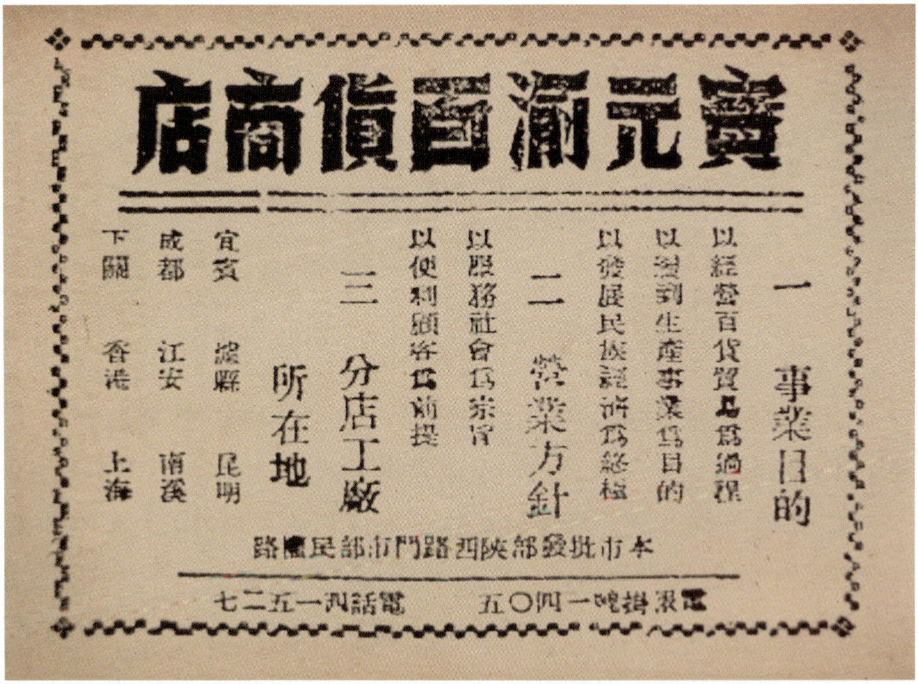

1941年，《重庆指南》中的宝元渝百货商店的广告。（资料提供 / 张真飞）

其间，我们也曾经住在渝中区中苏文协那个房子，当时我很小，据我母亲说，我就是在那里出生的。

宝元通转为国营之后，我父亲去了当时的重庆市工会工作，他的事情还是很多，平时工作非常忙，后来他被调到商业局，那时的商业局分为第一商业局和第二商业局，父亲在第二商业局，他管饮食，后来又被调到重庆市市中区饮食服务公司，再后来就去了重庆市供销社当负责人，一直到退休。

1951 年之后，我母亲也去重百上班了，当过售货员，也做过库房管理，一直在重百工作到退休。我们家一共姊妹 6 个，我和幺妹两个因为父辈的工作关系，都在重百工作。

20 世纪 80 年代，重庆百货商店内场景。(图片提供 / 重庆百货档案馆)

我们住在十八梯的时间最长，后来姊妹都结婚了，才相继离开。记得住宿舍的时候，日常是敲钟吃饭，生活待遇很好，那个时候还流行一首歌曲：“百货公司生活好，天天打牙祭，不是炖鸡，就是炖髈……”

我们小时候经常听到这些歌谣，因为整个十八梯外面的人的生活并不怎样，只有住在轿铺巷宝元通宿舍里的人生活才相对优渥。我们吃得好，住得也好，统一的家具，还有一个篮球场，整个宿舍区域配套很完整，厨房、球场、会议室等一应俱全。当时有一个大的伙食团，食堂一直到严重自然灾害过后才拆的。

【刘家三姐妹】

受父亲对待家庭态度的影响，刘家三姐妹一直很团结，在采访的时候你一句我一句地讲述着父亲曾经的故事以及父亲对她们一生的影响。显然她们对宝元通心有敬畏之情，因为宝元通是父亲一生的精神支柱，曾经也养育了这个大家庭。

老实的父亲

采访时间：2020 年 6 月 15 日

采访地点：重庆市渝中区白象街药材公会

人物档案：刘家三姐妹，刘家萍、刘家碧、刘家琦，父亲刘运筹，江安人，是宝元通的老员工。

我父亲叫刘运筹（编者注：本文主要采访对象是刘家萍），1917年出生，他最早是从宜宾的江安农村走出来的，后来只身在宜宾谋生。

穷苦出身，考进宝元通

不晓得打工了几年，有一次，父亲在宜宾街上看到一个广告，宝元通在招见习生，他就去参加考试，并且被录用了，他就这样进了宝元通。

刘运筹先生的结婚照。（图片提供 / 刘家萍）

从考进宝元通，父亲就一直待在那里，直到宝元通转为国营后，他才转到了后来的重庆百货公司。

在宜宾当见习生的时候，父亲就和母亲认识了，不晓得多少年后结的婚，并带母亲来到重庆。记得父亲说，他当学徒的时候很刻苦，并且很有上进心，凭借着自己的聪明才智，慢慢做上了会计和其他管理工作。

他才到重庆来的时候，在今江北刘家台，当时宝元通在那里有一个染织厂（编者注：即宝星染织厂），他就在那里工作，也住在那里。

新中国成立后，刘运筹先生在宝元通工作期间的照片（第二排左起第一人）。（图片提供／刘家萍）

大姐出生的时候是 1949 年，父亲从刘家台划船过嘉陵江到对面的大溪沟医院，大姐就在那里出生。

父亲在染织厂工作的时候，经常到全国各地出差，曾经去过河南郑州采购过棉花。记得他说有一次去采购棉花，身上带了很多钱，当时战火纷飞，采购计划被打乱了，后来他的任务就是把钱带回来，在当时的环境下，带钱乘坐火车是很不安全的，为了把钱保护好，他整夜都不敢闭眼，直到把钱安全送回来原原本本交给老板。

事后，老板还专门表扬了他，说如果不是老实人，早就会编

“打仗的时候钱遭别人抢了或者在火车上被偷了”等各种理由把钱私吞了，但是父亲没有做这样的事情。

进了宝元通，过上好日子

父亲小时候家里特别穷，当时他是走到宜宾去的，带了一床棉絮，身上仅有的一点钱还是找家里的亲戚借的。但是进了宝元通，尤其到重庆工作之后，父亲的收入逐步提高，家里的生活条件也慢慢改善。

大约在 1949 年前，我们全家就搬到了今南岸弹子石的陈家花园，后来又搬到法国水师兵营住过一段时间。

20 世纪 60 年代，刘运筹先生全家福。（图片提供 / 刘家萍）

儿时的记忆已经模糊，但是我记得弹子石这边的陈家花园，住宿条件相当好，伙食也很不错，那里有我们小朋友最喜欢的花园和玩具，氛围很和谐，住在一起的人感觉像一家人一样。

大概在 1950 年前，我们家一直请起保姆的，可见那个时候宝元通的福利非常好，因为当时我们屋头只有父亲一个人工作，后来听说是因为宝元通的股份制，父亲每年都有分红，这样才让我们小时候衣食无忧。当时，我母亲生活很幸福，饭后就打点小麻将，母亲真的像过去的富家小姐一样，年轻时很漂亮，家里有不少首饰，还有很洋气的旗袍。

宝元通转为国营之后，父亲就转到了政府的财贸系统工作，后来被聘为科长，那时我们很小，有点印象的是那个委员会的章。

同时母亲也到重庆“三八”商店上班，从在那里当售货员开始，一直工作到退休，我就是接我母亲的班进重百的。

链接

父亲身上的宝元通精神

刘家萍

我的父亲刘运筹（1917—1993），20世纪30年代初期，在宜宾考入宝元通兴业股份有限公司，担任见习生，也就是俗称的学徒。后父亲随公司总部迁移，从宜宾到重庆，进入宝元渝，直至中华人民共和国成立后宝元通移交国家。他在宝元通工作近20年，算得上是资深员工了。

父亲有幸，踏入社会的起点就是宝元通。父亲在这里学技艺，长本事，终生在百货业打拼、工作。感恩宝元通的培养，父亲才能养家糊口、生活小康，并抚育我们六姊妹。他更在这里学会了做人，不仅工作上勤勤恳恳，更是在为人上清清白白，对家人尽为夫为父之责，对社会担正直善良之任。他的人生跌宕起伏，即使在最艰难的岁月，依然保持了为人底线，光明磊落，不负天地良心。

家中有一张发黄的老照片，是80多年前，父亲正值青春年华时，在宜宾的公园里与5个同样年轻的店员的合影。他们衣着相同，统一白布短袖衬衫，一改人们头脑中店员都是长衫大褂的印象，颇有"五四"后的民国风尚。这种服装就是当年宝元通的工作服，从这个式样，折射出宝元通的现代理念。宝元通的"劳资合一""优升劣下"等企业管理制度，激发了员工极大的热忱，也促进了父亲努力读书学习，提升业务素质和文化程度，他的钢笔字，书写得潇洒有力，就是个证明。回忆他生前不多的叙说，我们还得知父亲一些工作点滴。

他出徒后，被安排到公司的业务部门，经常到外地出差，非常辛苦。由于埋头肯干，业务能力提高，父亲得到宝元通上下的一再肯定，是公认的业务尖子。我们不清楚他在宝元通的具体职级，只知道宝元通移交国企时，1951 年他 34 岁，正是意气风发之时，被聘任为储运科副科长。职责所在，激发了父亲的工作热情，他每天早出晚归，一心扑在工作上。为了保证江边仓库的货物安全，在洪水时节，他总在现场日夜守护，寝食难安。对他长年的废寝忘食，家人从劝告到无奈，最终是习以为常。工作上的苦和累，他并无半点宣扬。他的这些所作所为，不仅是职责所在，更像是本能的习惯，他是把宝元通当成了自己的家，凡事都竭尽全力用心去做。我想，这就是宝元通的店风店德在他身上的体现吧。

面对后来的人生变故，他不可能没有“负能量”的想法，但是面对现实，他只能追求“正能量”的生活。换工作后，他依然勤勤恳恳，从大处着眼，从小处做起，恪守“辛苦是自己的，成绩是别人的”的理念，多做少言、和善乐助，与基层员工和谐共处，赢得了信任和认可，都说他是个好人和能干人。他的这些想法和做法，都与他早年在宝元通受到的教育和熏陶有关，无论台上台下，无论当官为民，始终低调做人踏实做事。可以这样说：宝元通的精神伴随和支撑了他一生的信念和实践。

父亲的这种信念和实践，潜移默化地影响到后代，我们无论是当工人还是做干部，无论是顺风还是逆境，学会了拿得起、放得下，在平凡中坚守人品，在勤奋里收获成功，在努力中奉献社会。追踪溯源，这些品德都是宝元通精神的传承。

【康俊翔】

采访康俊翔的时候，他刚刚出医院不久。但是得知我们要重新整理宝元通的相关资料时，他十分迫切地来到现场。虽然他的声音很小，但还是为我们讲述了一些他对父辈的记忆和自己对宝元通的点滴印象。

受荫于父，辗转百货多个岗位

采访时间：2020 年 6 月 29 日

采访地点：重庆市渝中区白象街药材公会

人物档案：康俊翔，1947 年出生，曾在重庆百货工作，其父康佐儒是宝元通财会人员。

我是 1947 年出生的，宝元通转为国营的时候我才几岁，所以很多记忆都是从父亲的聊天和亲戚的谈话中得知的。

儿时的记忆

我最初的印象是，宝元通是从宜宾发脉（编者注：四川俚语，“发起”的意思）下来的，最早都是宜宾人，然后到重庆来成立宝元渝，并成立总管理处。宝元通的重心在重庆定了下来，招了很多人。宝元通一步一步做大做强后，又在各地成立了很多分号，主要有宝元蓉、宝元渝还有宝元南，另外在武汉、南京都有分号，之后还有香港、印度等分支机构。从父亲的话语中可以听出，宝元通鼎盛的时候，还是发展得非常不错。

父亲搞会计工作，他也是从宜宾下来的，宝元通的用人制度非常好，只要你有本事，都容易被重用。我父亲从当学徒开始，慢慢到搞会计工作，那时宝元通的管理很民主，很多干部包括一些高层和中层的管理人员，都是从基层提拔起来的，宝元通很讲求任人唯贤。

我的父亲一直勤勤恳恳、任劳任怨地工作，对事业尽心尽力。否则，宝元通也不可能让他当财会负责人，那时候叫财会科长。

宝元通陆续转为国营之后，父亲就从宝元通出来了，但是整体工作还是和财会相关。一开始他在西南军政委员会下面的机关工作，后转入西南军政委员会贸易部。但是他后来的工作一直是东调西调的，父亲从西南军政委员会贸易部出来后，最后是在医药站工作到退休的。

20世纪50年代，宝元通部分老员工留影（前排左一是康佐儒）。（图片提供／康俊翔）

母亲也很能干，重庆解放的时候她还没有参加工作。宝元通转入国营过后开始招人，她便报名参加了考试，被录取后先后在重庆“三八”商店、重庆百货等工作过，最后在重庆百货工作到退休。

百货“二代”

我当知青回来后参加工作，也是因为父亲的关系，被分到了重庆百货公司。我干过许多岗位，从商店保管员到仓库保管员，再到保卫干事……其间，我在经营组也做过几天。

20 世纪 90 年代，重庆百货商店内摆放着琳琅满目的商品。（图片提供 / 重庆百货档案馆）

宝元通转为国营以后，重庆百货系统内部工作很复杂，当时体系很庞杂，有管区县的，有管重庆市区的，管整个重庆市的叫重庆市百货公司，管区县的叫重庆市百货站。当时四川达县都在管理范围，后来经过几次合并转型，才慢慢有了现在的重庆百货。

我上班的时候，百货公司要管零售和批发，管零售主要是管重百大楼、友谊商店和群林市场。后来这些业务陆续都分出去了，我们就只剩批发工作，批发又分很多层级，包括大百货批发部、小百货批发部和文化用品批发部。

20 世纪 80 年代，重庆友谊商店外观。（图片提供 / 重庆百货档案馆）

小时候，我经常听父亲说起宝元通，但是印象最深的是宝元通的福利，吃饭是大锅饭，每天一桌，大家自己坐好，早上供应稀饭、馒头、花生米等。

在当时来看，重庆的宝元通应该是最大的“宝”字号。在整个公司的机制上，那时的宝元通已经很先进了，虽没有董事会，但有经理负责制度，而不是简单的家族式管理。

每个员工都是股东，生养死葬宝元通都会安排好。进宝元通的时候给你安排宿舍，宿舍就是按照级别来安排的，所有的家具都给配套好，去世的时候还提供公墓。

【饶清才】

饶清才接受采访的过程是很幸福的，因为周边的人都在夸他的父亲，他父亲在宝元通和后来的重百都是很出名的医生。拿他自己的话来说，父亲的医术未必高明，但是医德极好，无论是在之前的宝元通还是在后来的重庆百货，大家都很爱戴他的父亲。

忘不了宝元通的家具

采访时间：2020 年 6 月 29 日

采访地点：重庆市渝中区白象街药材公会

人物档案：饶清才，宝元通“二代”，其父饶昌谷是宝元通及后来的重百很出名的医生。

对于宝元通的事情，我记得最清晰的就是收回香港宝星纺织厂的事情。

收回宝星纺织厂的斗争

当时香港的宝星纺织厂，有一个叫张有为（编者注：宝元通的老员工）的伯伯，他原来是重庆宝星染织厂医务室的，是父亲的好朋友，在香港期间，他和厂长关系处得不好，被香港的厂长赶回了重庆。我听父亲讲的，主要是香港的厂长看到新中国成立后宝元通集体转为了国营，自己起了歹心，想把厂私吞了，这自然遭到张伯伯反对，两个人立场不同，张伯伯才落得此境地。

重庆解放后，宝元通设置了一个留守单位，陈伯伯（编者注：陈霁凉）就是全权负责的代表，那个时候他经常来找父亲耍，张伯伯从香港回来的时候，就向陈伯伯汇报了香港的整体情况。

事情的背景很简单，因为新中国成立的时候，在香港的公司不可能交给国家，那个时候宝星纺织厂有个公司就在香港，当时宝星纺织厂的厂长姓杨，他想要侵吞香港的宝星纺织厂，改成自己名下的公司。可大家都知道这本来是宝元通的财产，他只是1946年宝元通派出去的，后来这个事情被反映到中央，政府就派陈霁凉去把宝星纺织厂收回来。当然，收回来时已经是20世纪80年代的事情了，当时是原宝元通领导即后来商业部领导樊陶斋出面，才最终解决了这个事情。

父亲的生活

我父亲是宜宾人，职业是医生，小的时候听他说是陈伯伯把他们带到重庆的，是从宜宾那边招见习生过来的，大概在1938年，那时我父母已经结婚，我是在重庆出生的。

20世纪50年代，中国百货公司重庆分公司中心商店外观。（图片提供 / 重庆百货档案馆）

一开始，我父母住在弹子石陈家花园，我的名字也是在那儿取的，婆婆见我出生的时候，有人挑柴来卖，就取名一个“材”字。我印象中的陈家花园，有很长一坡梯子，栀子花特别多。

当时的陈家花园，在如今弹子石广场附近，后来我们搬到了弹子石老街附近。由于我们家人多，三个表姐加我们一共就是8个娃儿，在弹子石老街住不下了，就搬到了十八梯百货公司宿舍住，住了十几年，住在一起的宝元通人很多。

宝元通转为国营后，父亲就在重百上班，一直工作到退休。我父亲的整个职业生涯，一直当医生。无论宝元通员工也好，还是重百这些老职工也罢，提起我父亲，都很敬重他。他工作确实态度好，舍得出力，再远都去出诊。当时打针这些很费力，只要别人跟他约好，晚上再晚他都跑过去为病人打针。记得当时父亲有一个专门的针盒，长方形的，把针消毒后放在里面，我只要看到他拿那个东西，就知道他要去给别人打针了。

我小的时候，就常常听父母说起宝元通，印象最深刻的就是宝元通福利很好，家具房子全部为员工配齐。宝元通的集体宿舍，配的柜子、写字台都是一模一样的，确实不错。我对宝元通宿舍记忆最深刻的就是我们屋里那个老家具，用了好多年都不坏，我们都参加工作了，家具都还能用。

【曹家姐妹】

联系采访曹氏姐妹的时候，她们坚持要选一个我们好找的地方。她们自从搬离宝元通宿舍之后，距离城区就相对较远。为了不给我们添麻烦，她们折中选了一个地点。采访的时候，她们还给我们展示了一些她们父亲留下的物件和写的东西。

“牺牲小我”的父亲

采访时间：2020 年 7 月 10 日

采访地点：重庆市渝中区三峡古玩城

人物档案：曹速辉、曹敏，其父曹勋如，1920 年出生，四川省宜宾市泥溪人，为宝元通老员工。

我们（编者注：本文主要采访对象是曹速辉）的家庭氛围很好，从我们兄弟姐妹的名字就看得出来，我叫曹速辉，“速”是我的字辈，但是妹妹叫曹敏，还有个弟弟叫曹波，就显得时尚一些，活泼一些，没那么呆板。

从学徒做起

我父亲是四川宜宾下面一个县城的，十二三岁的时候，去宝元通当学徒，据父亲回忆，他是考进去的，3000 多人只录取 100 人。

和众多宝元通的员工一样，父亲当学徒一开始就是抬门板，开店的时候，去把门板取下来，关店的时候，要去上门板。父亲很勤快，换了很多工作岗位，他先在匹头组，就是卖布，过后又在五金组，就是卖些小东西，如小零件、指甲刀、剪刀等，再后来又在皮货组做过。

在宜宾工作十来年后，1945 年底父亲被调到南京，父亲先过去工作，母亲生了我才去的，我儿时在南京待了一年多。抗日战争结束后，宝元通的很多人开始返回各个地方，很多有家眷的就留在了重庆，没有家眷的就到香港或其他地方去了。

在这样的背景下，我的父母就到了重庆，到 1949 年左右，当时我已经有了一点记忆，我们住在捍卫路，宝元通在那里的宿舍很好，分成前院和后院，院子很大，里面还有一个托儿所，我先在那里上的托儿所，后来才上的观音岩附近的"景德幼儿园"。

当时宝元通在重庆有很多宿舍，所以我们也经常搬来搬去，在捍卫路住了一段时间，又搬到十八梯的响水桥去，再后来又搬到轿铺巷 20 号。

记得在宝元通宿舍的时候，全部人吃的都是伙食团，一敲钟就吃饭，才搬到轿铺巷的时候，也是如此，后来才是自己交伙食费。交费方式很科学，每天上报用餐人数，头一天下午 3 点钟以前，你家里要吃些什么菜，写个单子，投到信箱里面去，第二天食堂就照你的单子给你弄出来，你自己去端出来吃，到月初发工资的时候，直接从工资里结账。

乱世求安稳

我们一家在轿铺巷 20 号住了很长一段时间，之后，我就到云南当知青去了。

1965 年我高中毕业后，就去了云南橡胶园，那时叫农场。当时这种异地知青讲"串联"，后来家里给我搞了串联证，我有机会跑回重庆耍了一段时间。再回到云南后，我以为再也回不到重庆了，但是 1972 年我们那边发大水，橡胶园突然被淹了，我们连队就撤到另外一个连队里面去，那个连长考虑到我是重庆的，就让我写了一个申请调职的材料交上去，但因为跨了省，不能调动，我最终以退职的方式回到了重庆，那是 1972 年，比起我们同批次的知青，我算是回渝早的。

20 世纪 70 年代，重庆“三八”商店内店员工作场景。（图片提供 / 重庆百货档案馆）

回来之前，我父母就害怕乱世不安全，全家就搬到井口那边去了，父亲去了井口重庆农药厂上班。

宝元通转国营之后，我母亲在后来的重百上过班，主要是卖布，妹妹曹渝后来接了她的班。妹妹曹渝是在重庆出生的，1969 年当了知青，1970 年她被招到当时的重庆百货站上班，那里面有很多人都是原来宝元通的老员工或亲属。

宝元通转为国营后，父亲在重庆百货商店、重庆“三八”商店都工作过。他在“三八”商店时主要负责联系服装加工，后来遇到运动，就出来了，辗转几个铁加工厂、铁合金厂后，被调到了重庆农药厂，一直在那里工作到退休。由于父亲工作能力强，退休后，厂里又把他返聘回去搞采购，有一阵子长住兰州，给厂里搞化工原料。我从云南回来之后，一开始也在重庆农药厂做临时工，后来才转正，并一直在那里工作到退休。

父亲口中的宝元通

小时候经常听我父亲说，宝元通制度很严格，不准赌博。年轻人没有结婚以前，不准抽烟，所有的员工必须像兄弟姊妹一样，比如娃娃喊父母一辈的同事，都是喊什么父亲、什么母亲，你姓什么，就喊什么父亲、什么母亲，不像现在这样喊伯伯、叔叔，所以给人的感觉是家庭氛围很强，亲情很浓。

父亲在 20 世纪 80 年代的时候，还把以前宝元通的章程给我们看，其中有一条“牺牲小我、顾全大我”，给我留下了深刻的印象。像宝元通这些号训还是很好的，我觉得现在的企业都适用，如果一个企业没有向心力，怎么搞得好呢？

父亲在家里很豁达，那时候家里 5 个娃儿，他在睡觉，我们就在旁边闹，实在吵狠了，他就自己出去走一下。我父亲一辈子没有与人吵过架，他的忍耐力很强，家里的一些麻烦事情，他觉得都不重要，只有家庭和谐最重要。

父亲曾经和我们说，宝元通里面学习氛围很好，你愿意学习的话，企业会给你提供一定的机会，像我父亲只是在私塾读了 3 年，没有多少文化，进了宝元通之后，学了不少知识，字也练出来了。

20世纪80年代，重庆百货商店员工融洽的学习氛围。（图片提供/重庆百货档案馆）

父亲90岁后，给我们每个子女都写了一把扇子，买的白扇子，然后在上面写字，主要写的是他对我们的要求。

父亲去世之前，他把我们喊在一起，说了很多话，主要意思是“谢谢你们了，你们一直照顾我，你们今后要团结，家不能散”。

父亲一生很勤劳，八十几岁了，还给我弟弟买菜。当时弟弟做馆子生意，不要他撑着买菜，他非要买，他说身上有担子，人才活得有奔头。

再续前缘

父母老了以后，还经常参加宝元通的聚会，一开始他们都是自己去的，本来我父亲走路就很厉害，母亲摔跤了后，我们才陪父亲去参加聚会，那已经是本世纪初了。

宝元通聚会活动经常都在花卉园里面开展，当时的聚会还是很亲热，特别是一些年纪大的，有些走不动的，由保姆、儿女陪同来，大家坐在一起，也没有什么正事，就是摆谈一下，一看到宝元通老人，大家都笑嘻嘻的。宝元通成立 90 周年的时候，每个人还发了一个杯子，据说是萧则可的后人拿了两万块钱，专门给川渝宝元通的老员工做的纪念品，我父亲还自己交钱，又多做了 5 个，我们子女一人一个，我那个杯子至今还保留着。

你们看到的宝元通成立 90 周年的纪念照片（编者注：详见本书 46 页）里，拄拐杖的就是我母亲，旁边那个就是我父亲，我父亲虽然个子小，但是他既没有高血压，也没有糖尿病。

父亲一生还有一个最大的优点，就是在外面不管哪个对他有什么意见，回来以后一点不抱怨，情愿自己吃亏，也不要别人吃亏，他经常给我们说的一句话就是“牺牲小我、成全大我”。

【周筱凡】

周筱凡是个朴素的女人，也是个孝顺的女儿，在对其母亲的采访过程中，她一直细心地问着母亲的各种感受，照顾着母亲的情绪，说起父亲时，她脸上的表情不经意间流露出思念。

重百里的“宝二代”

采访时间:2020 年 6 月 29 日

采访地点:重庆市沙坪坝区歌乐山老年休养院

人物档案:周筱凡,宝元通老员工周建帆的二女儿,出生于宝元通位于弹子石的家属区内,后因为母亲的工作关系,进入重庆百货工作。

我出生在宝元通弹子石的宿舍,对那里有很好的印象,小时候我在那上托儿所,大家一起耍,印象中有各种各样的玩具。

那是 20 世纪 50 年代,托儿所里就有小吉普车,院坝涨了水,船还可以在里面摇。我们还自食其力在花园里种玉米等。后来我们一家搬到了五一路,我三弟(编者注:后文的周础)就是在五一路出生的,再后来我们全家又搬到了自力巷 8 号。

儿时的宝元通宿舍

自从宝元通转为国营以后,父亲就没有在商业系统工作了,他最早转行到重庆市食品公司,最后被调到重庆市食品公司九龙坡库房。父亲出事的那天,母亲去照顾父亲,我们几姊妹就在家里挨饿。

那个时候,母亲在重庆百货公司上班,就在现在的重百那里,当时只有一层在营业,楼上是他们宿舍。

晚上百货公司关门后,母亲和她的同事们还要收拾货柜、加货，需要做了清洁才能回家，我们就经常守在那里等她下班。

记得当时的百货公司在邹容路这边，主要卖纸张、学习用品，那个时候面积没有这么大。

20 世纪 70 年代，重庆百货商店内员工正在打扫清洁的场景。（图片提供 / 重庆百货档案馆）

那时的解放碑附近，还有唯一电影院、和平电影院、五一电影院等，另有一个实验剧场，非常热闹。百货公司的食堂就在解放军剧院隔壁，我们长期在那儿吃饭，当时是凑满一桌就进去吃，小时候都免费，后来我们长大了才开始买饭票。

一直在重百待到退休

1966 年，重庆百货公司就准备招我们上班，我母亲不同意，觉得我还小，所以我是当了知青以后才去上班的。

20 世纪 70 年代，重庆百货商店外观。(图片提供 / 重庆百货档案馆)

20 世纪 60 年代，重庆“三八”商店及重庆市市中区百货商店外观。(图片提供 / 重庆百货档案馆)

1971 年，我就被招回了重庆，先去了重庆市政公司，后来单位把我调到伙食团，工作不久，恰逢重百扩建，要大量招人，内部子女愿意来的优先，就这样我被调到了重百，1972 年开始正式上班，一直干到 2000 年退休。

这期间，我一直在服装部工作，负责卖童装直到退休。1971 年是重百发展的新起点，那时候重庆百货大楼扩建，几层楼同时营业，而这之前重庆百货公司还被叫作重庆“三八”商店。

我到重百的时候，只有宝元通的后人才知道重百的来源，后来的年轻人都不知晓宝元通的故事。

【周础】

周础的爱好很管用，他凭借着自己对摄影的爱好，重新翻拍了家里的很多照片，毕竟这些老照片是父母青春的记忆。而通过翻拍这些照片，他也加深了对自己父亲和宝元通的理解。

翻拍家中老照片

采访时间：2019 年 12 月 18 日

采访地点：重庆市沙坪坝区歌乐山老年休养院

人物档案：周础，宝元通老员工周建帆的四儿子，出生于重庆市渝中区五一路，后因为母亲的工作关系，进入重庆百货系统工作。

当年我们知青下乡都是跟父母单位走，1978 年我被重庆百货公司招回来，进入大集体。我最早上班的地方叫作四鞋专业商店，就在今天的较场口附近。

那时我当知青回来以后，很多单位都成立大集体，四海百货也属于集体性质，不属于国有性质，主要卖皮鞋、布鞋、凉鞋、胶鞋，生意特别火爆。当时卖皮鞋，我们进的货都是来自新华皮鞋厂、六一童鞋厂、明月皮鞋厂，商店场地施展不开，还要借隔壁的位置来摆货，因为买鞋的人太多，十分拥挤。

后来，我又进了两路口百货公司，但是我没有在两路口百货公司本部上过班，都在“外围”，一会儿在服装公司上班，一会儿在通信公司上班，后来又进入富安百货。2005 年，富安百货撤销，两路口百货公司支撑不了，我们就下岗了，就在外面漂泊。其间，我有个朋友在江北大石坝永辉超市当主任，让我到那里帮他管理食堂，这样我就在那里一直工作到 2017 年才退休。

1983 年，我在四海百货上班的时候，和一个朋友住在一起，他喜欢美术，当时较场口有一个明志新闻学校，晚上没有事，他就报名学美术，受他影响，后来我也去报名，学了一学期美术，主要画素描。当时还有一个摄影班，我觉得这个好耍，可以到处走，第二学期，我就又报了摄影班，那个时候学摄影的很少，因为要洗照片，成本比较高，当时工资也低，老婆还是很支持我，我最先买了120 双镜头的相机，现在都还保存着。

周础翻拍的母亲于 1958 年在海孔幸福茶园（位于今重庆綦江区）与同事的合影（左二为石绍琼）。

我那个时候的老师现在属于老前辈了，原来在重庆艺术馆搞舞台设计，叫陆志浮，还有一个《重庆日报》的编辑叫罗昌林，我们有很多摄影朋友。来读明志新闻学校的很多同学没有坚持下去，我一直坚持，感觉背起相机还多拽（编者注：重庆方言，即很得意）的样子。

我母亲比较时新，年轻的时候拍了很多照片，我后来找到一些损坏的照片，慢慢给她修复，20 世纪 90 年代他们宝元通老一辈聚会，我就去给他们拍照。我对父亲的第一印象是他很严格，因为他对我们要求很高。小时候，他一天到晚都喊我们练字、打算盘，我父亲算盘打得好，字也写得好，我们没有争气，没有练出来。

我父亲小时候，读过私塾，还很博学，他属于高度近视，眼镜取了以后什么都看不到，他的眼镜中间薄，两边很厚。他给家人的另一印象就是老好人。我父亲是抱养到周家的，本身不姓周，而是姓冉，他十二三岁出来当学徒工，一直忙于工作，直到出意外前。

成都：发展地觅迹

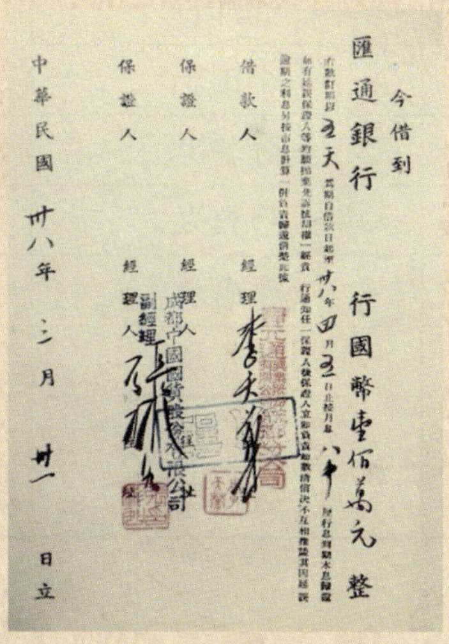

今借到

匯通銀行 行國幣壹佰萬元整

借款人 經理

保證人 經理人 成都市國貨公司

保證人 經理人 副經理

中華民國卅八年二月廿一日立

成渝从来是一家，在宝元通企业的发展过程中，也可以管窥一二。宝元通旗下的宝星染织厂在重庆、成都都设有厂，两个厂的员工也经常相互调动。成都的宝元通公司的员工不在少数，宿舍都有两三处，公司创始家族的子嗣仍有在成都居住的。

成都采访人物列表

采访对象	宝元通员工	人物关系
萧平辉	萧则可	父子
萧星辉	萧则可	父子
朱玲	朱德卿	父女
龚世达	龚师古	父子
李志贤	李国忠	父子
陈慧明	陈霁凉	父女
曾祥芝	曾繁兴	父女
李家姐妹	李有森	父女
唐智东	唐直忠	父子
王志蓉	王松华	父女
张静蓉	张锡荣	父女

成都

【萧平辉】

萧老的身体不是特别好，经常在微信上给我们留言，关注宝元通口述历史编纂工作的推进情况。他自己也回忆了很多儿时的往事：一半是自己年少时辗转成渝两地求学的经历；一半是生活中对父亲的记忆。

父亲影响了我的一生

采访时间：2020 年 7 月 10 日

采访地点：重庆市渝中区中山四路

人物档案：萧平辉，宝元通创始人萧则可的二儿子，现居成都。

1937 年 7 月 8 日我出生于四川泸州，即“七七事变”的第二天。为了躲避日机的轰炸，我家从城里搬到乡下，一旦听到钟鼓楼发出的警报声，大家就惊慌地跑到附近的防空洞里躲起来，待几个小时或更长时间，解除警报后，人们再精疲力竭地拖儿带女回家。

儿时的父亲

战争让很多学校被毁，很多孩子也不再上学，但是即使在抗战十分艰难的情况下，父亲也坚持要我上学。

当时离我家约有半里路的条件较好的一户易姓人家，请了一位姓白的女老师在家给孩子们上课，在我大约 6 岁时父亲就将我和三妹德辉安排去易家学习，放学回家后父亲还要检查我们的学习情况。那时正是抗日战争惨烈之际，现在回想起来，觉得父亲当时对抗日战争胜利是抱有信心的，因此对子女的成长也决不放松，为我们在抗日战争胜利后返回城里进入正规小学学习打下了基础。

抗日战争胜利后，我家迁回城里，我进入川师附小读书。我不是一个用功的学生，因此父亲对我丝毫不放松。记得有一天下午，我和同学逃学到外面玩，没想到班主任发现后让同学放学后到我家报告，说我下午未去学校。父亲知道后把我严审一通，我要赖不认账，他老人家怒气不消，立即安排家人第二天陪我去学校和老师对质，我怀着极度忐忑的心情到校后，没想到老师不在，家人顺水推舟放我一马，回家禀报说找不到老师，之后就不了了之。这事我印象极深，从此再不敢逃学。

小时候，父亲很少给我买什么东西，但有一件东西是我毕生难忘的。那就是有一年父亲去重庆开会，给我们带回一套当时新出的《小学生文库》，按内容分门别类，大约有 100 本，这套书引发了我极大的阅读兴趣。我放学后经常翻看不同内容的书，学到了许多有趣的知识，提高了我读书的兴趣，让我终身受益。

20 世纪 30 年代的萧则可先生。（图片提供 / 萧平辉）

1949 年暑期，我小学毕业时，父亲要我报考当时泸州两家知名的中学，即桐荫中学和峨眉中学，并督促我准备考试。我没有辜负他老人家的期望，在桐荫中学考了第一名，在峨眉中学考了第六名，父亲十分高兴，并为我选择了桐荫中学。他对我说，桐荫中学的校长阴懋德是泸州一位受人尊敬的很有办学经验的教育家。

同时，父亲还要求我住校，锻炼我的独立生活能力。那时我刚满 12 岁，心中其实不愿离家住校，但在父亲的督促下就硬着头皮去了。后来回想这事，是他老人家对我的严格要求，让我从小开始得到独立生活的锻炼。

在校期间，可能是他老人家见我还能比较快地适应住校的独立生活，在一次和我摆龙门阵时对我说，等你读高中时，如果条件许可，把你送到美国去读书，学好了回来做事。这话对我来说很突然，我也不明白去美国读书会是什么情况，但开始明白父亲对我的未来有比较高的期望，因此记得很清楚。

重庆读过书

1950 年，父亲主要在泸州工作，但也参与成都宝元通的部分工作。暑假期间，母亲让我去重庆，当时父亲在重庆开会，我到重庆和父亲在一起，没过几天他老人家就对我说，既然来重庆了，正赶上各中学暑期招生，你就去报考一下重庆的学校，如果考取了，就转学到重庆来读书，这里的学校比泸州好，你会有更大的进步。

说实在的，我在泸州桐荫中学住校一年，刚适应了一下住校生活，又要我独自远离泸州到重庆读书，过更加远离父母的独立生活，心中并不乐意，但又明白他老人家是为我的将来着想，而且也知道我不可能改变他已定了的主意，也就服从了。他老人家还亲自为我选定了三个报考学校，分别是重庆清华中学、重庆南开中学和重庆树人中学。

他对我说，这三个学校都是重庆的好学校，都正在登报招收新生，你立即去报考初中二年级的插班生，抓紧准备，争取考上。父亲当即就托人带我去报了名。老实说，当时正值暑假，报名后很快就考试，我哪有准备时间。再说来到一个陌生环境我也没有准备条件，所以我是在完全没有准备的情况下匆忙去应付了三场考试。好在我心态较好，考上考不上都不要紧，心中没有压力，谁知就是在这种没有压力的情况下才能充分发挥，结果是被三个学校都录取了。

父亲知道后十分高兴，但问题又来了，三个学校选哪个呢？父亲征询朋友意见并考虑之后告诉我选清华中学。他说，清华中学和南开中学都可考虑，但据他了解，南开中学在沙坪坝，距城中心近，交通方便，富家子弟较多，学风差些，而清华中学则位于长江南岸土桥，距城中心较远，比较偏僻，交通不便，富家子弟较少，学风好些，因此选学风好的清华中学。我对这些情况一无所知，只是服从决定，立即返回泸州办理转学、转户口和准备衣物行李等一应事宜。等到我再返回重庆赶到清华中学时，学校已经开学上课了，老师和同学们都很热情地帮助我安顿下来，我很快融入了这个新的集体中，迈出了我一生中具有重要影响的一步。

1958 年，萧则可先生在成都时拍的全家福。（图片提供 / 萧平辉）

在回顾我一生的时候，我总结了几个十分重要的关键节点，其中第一个重要节点就是从泸州转学到重庆读中学，对我的人生态度和价值观念的形成都产生了重大影响，这影响一直持续到晚年。我在这里不是想说我自己，我想强调的是，这极其重要的第一步是父亲他老人家按他的人生观和价值观亲自安排并把我送上路的，我深深地怀念和感谢他老人家。

我在清华中学学习5年半后，1955年暑期高中毕业，面临大学志愿的选择，这是我人生的第二个重要节点。这时又体现了父亲对我的期望，更体现了他自己的生活态度和价值观。

自我成长

不少人认为他老人家创办宝元通公司是他和同僚们值得自豪的成就，但从我幼年到青年，他没有对我说过一句要我继承他的事业的话。我中学寒暑假回家探亲，首先是要向他呈上本学期的期终考试成绩单，这件事每次都令他十分满意。其次就是我们摆龙门阵时会谈到我长大后干什么工作。

在我的记忆中，每次谈到这个问题时，他老人家都表示，你们这代年轻人要去干点国家最需要的事，才有发展前途。我问国家最需要的是什么？他的回答是国家最需要的是发展重工业。我问什么是重工业？他的回答是冶金工业和钢铁工业。多次谈到这个问题后，我才逐渐理解他为什么对钢铁工业情有独钟，那是因为他青年时期接触过铸锅行业，对钢铁铸造行业有些了解，进而对钢铁工业对一个国家的重要性有自己的看法，认为一个国家必须建设自己强大的重工业，特别是钢铁工业，国家才能强盛，所以他很希望我投身钢铁冶金行业。

当我高中毕业要申报大学志愿时，他就很明确地建议我选择钢铁冶金。我当时对这个专业并不了解，也没见过钢铁厂，只知道当时的苏联提出建设共产主义的几个重要工业生产目标，目标之一就是钢铁年产量达到6000万吨。当时我们国家学习苏联建设社会主义的经验，鼓励青年人投入重工业特别是钢铁工业建设，和父亲的观点完全一样，于是我接受了父亲的建议，考入了重庆大学冶金系，被分配到钢铁冶金专业学习。这是我的第二个人生重要节点，我这里想要表达的是父亲他老人家年轻时创办宝元通是从做买卖开始的，后来随着资本的扩张逐步认识到实业的重要性进而涉足一些实体行业，中华人民共和国成立后他更看到了实业救国和实业强国的必由之路，因而鼓励我进入冶金行业，这一点更充分地体现了他的远见。

在此之后，父亲他老人家对我的期盼和自己为国家做贡献的愿望时时提醒和鼓励着我，将一生都献给我从事的工作，为国家尽了自己微薄之力。回顾这一生，有苦难，有欢乐，有付出，有收获。一句话，来此世界走一趟，不虚此行。感谢父亲他老人家给我指引的这条“冶金之路”。

成都

【萧星辉】

我们通过微信联系了萧星辉先生几次，回忆起他的父亲，老先生难免有些伤感。他对于父亲创办宝元通的事迹很是骄傲，在那个战火纷飞的年代，父亲打破传统的运营模式，开创了一个跨国性的工商企业。

我的父亲“萧大帅”

采访时间：2020 年 7 月 9 日

采访地点：重庆市渝中区中山四路

人物档案：萧星辉，宝元通创始人萧则可的六儿子，现居成都。

父亲是个很伟大的人，惭愧的是我以前并不了解。

小时候我的胆子小，加上父亲忙于工作，和子女接触交流较少，留给我的印象是严厉多于温和。父亲具体做过什么工作我也不清楚。记得小学时每学期结束后父亲都要开个家庭会，叫上学的子女自己做个总结，基本上我都紧张得要哭一场，20 世纪 60 年代我住校后和父亲的接触就更少了。唯一一次见到父亲高兴是我接到大学录取通知书的当晚，有几个同学知道后来藩署街打听。父亲特意和同学摆谈，喜形于色，我想这是我这辈子很难得地让父亲高兴的一回。

直到我退休后，包秋如老先生（编者注：宝元通的老员工）邀请我参加成都宝元通老人的聚会活动，我才逐步了解到父亲的英明之处：一个杰出的人，不在其官大官小，也不在钱多钱少，而在于他走在了社会发展的前面，起到了示范作用。

父亲这辈子主要做的一件事就是办宝元通。父亲少年就成了孤儿，在姑母的照应下长大。1920 年父亲邀约堂表兄弟共 5 人集资创业，从最初“跑江边”的摊贩行商逐渐发展成为总部设在重庆，分支机构遍及我国的西南各市和上海、南京、香港、印度、巴基斯坦、缅甸的大型企业集团。

新中国成立后，宝元通的 LOGO。（资料提供／张真飞）

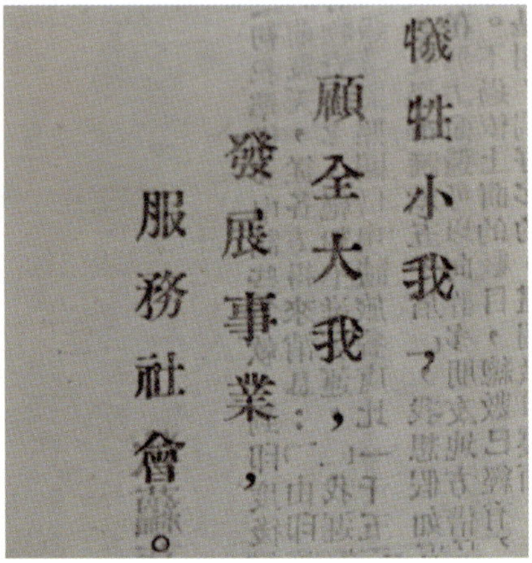

宝元通号训。（资料提供／宜宾市档案馆）

父亲的事迹，2001 年出版的《四川省志 · 人物志》如此评价：“有远见卓识，有组织能力，处理问题果断公正。”我觉得更重要的是他的无私。父亲从创业开始就提出“有饭大家吃，工作共同干”，以后发展为宝元通“牺牲小我、顾全大我，发展事业、服务社会”的十六字团体精神。他以身示范，将宝元通改制为职工全员持股的规范的集体所有制企业。为防止个人操纵企业，规定限制个人持股比例，发起人也不例外。宝元通实施职工民主管理，总经理由职工直接选举产生，最高权力机构由股东职工组合的代表会产生。宝元通实行高福利待遇，办有幼儿园、宿舍、食堂、医务室等，免费提供给职工和家属，子女上学也有补贴，职工死亡有公墓。总之，只要加入了宝元通，全家衣食无忧。

所以也有人说宝元通是“划地为域的好人社会”，它实行真正的股份制，是贫穷落后的旧中国独一无二的“奇葩”。

新中国成立后，宝元通转向国营的当天的同仁合影（前排左起第十五人即萧则可，他旁边是公司的其他创始人）。（图片提供 / 重庆百货档案馆）

父亲作为宝元通的创始人，获得了社会各界的认可，2011 年中国社会科学院近代史研究所编纂的《中华民国史人物传》把父亲的传记也列入其中。父亲离开我们许多年了，不仅我们子女后代，还有许多宝元通的老人和及其子女仍然怀念着“萧大帅”。

成都

【朱玲】

可能是因为军人出身的缘故，老太太的话语不多，但是却难以抑制自己对宝元通的情感。她吃过苦，因此十分感恩今天的生活。她在最艰难的日子里受到宝元通重庆总管理处陈霁凉的关照，并认陈霁凉为“干爹”。除了采访之外，老人单独执笔为我们写了一段关于宝元通的回忆。

此生不忘宝元通

采访时间：2020 年 7 月 20 日

采访地点：四川省成都市锦江区刘家大院

人物档案：朱玲，1940 年出生，后曾参军，其父朱德卿是宝元通的老员工，英年早逝，朱玲一家备受宝元通的关照。

我家祖籍是宜宾北溪的，朱家在那里是个大家庭，父亲是在宜宾进的宝元通，但是过世得早，1945 年就走了，从此我们的生活冰火两重天。

模糊的记忆

因为当时我很小，对于宝元通的记忆只是偶尔听母亲说的一些事情，如今我已 80 岁，能够记起来的已经不多了，我父亲去世之后，我母亲二十几岁就开始守寡，当时我们应该是住在宝元通的宿舍里面，但是后来搬到了宜宾市的桐子街。

我长大一点才知道我父亲文化水平还挺高，在宝元通里面是管医药的，而且主要工作是去国外进西药。当时我还很纳闷：解放以前他就去国外进西药，宝元通得有多先进？后来我还问了几个人，才得知这一切是真的，因为父亲的工作关系，他接触的人太多，难免抽烟喝酒，身体就整垮了，这个也可能是他早逝的原因之一。

父亲去世以后，宝元通每个月都给我们生活补贴，那个生活补贴对我们来说影响是很大的，因为那是我们家庭唯一的经济来源。宝元通转为国营之后，我们的生活补贴就慢慢被取消了，当时的生活还是比较苦，有时候到晚上还没吃上早饭，以前我母亲是全职家庭主妇，这个时候，母亲没有办法，只能逼自己给人家缝衣服、织毛衣，靠这些挣点钱来维持生活。

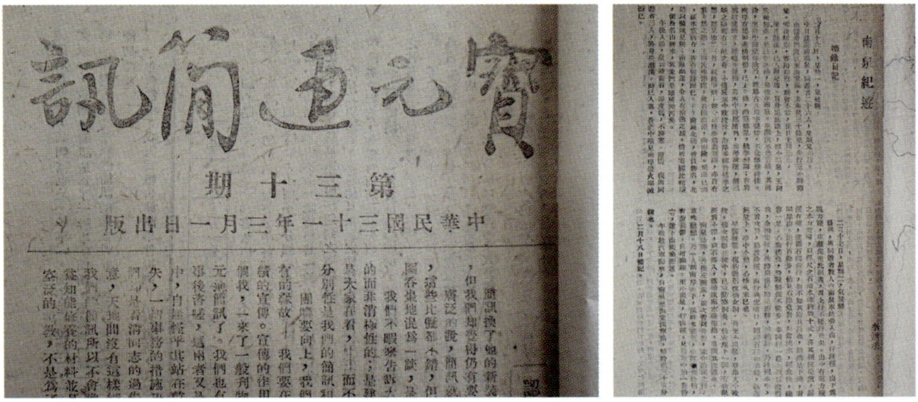
寶元通簡訊
第三十期
中華民國三十一年三月一日出版
南泉紀遊

《宝元通简讯》中显示，该公司曾组织员工到南泉春游。（资料提供 / 宜宾市档案馆）

自立成长

尽管家里条件不好，母亲还是坚持让我读书，但是我读的是技校，当时我成绩还不错。为什么读技校？因为读技校不用交学费，还管吃，1958 年技校毕业以后，我就参加了工作。

当时我们国家大炼钢铁，我的第一份工作是在宜宾清溪沟煤矿，后来不炼钢铁了，我就被调到宜宾市翠屏公园工作，后来又被调到人民公园，我在人民公园入的党，那个时候我的主要工作是接待外宾。

“文化大革命”开始时，我就去了东北长白山片区参军，在部队管后勤，负责油盐柴米酱醋茶这些生活物资，1972 年以后，我就从部队转业到了地方，在宜宾一个三线厂工作。

我的婚后生活是比较辛苦的，虽然我有三个子女，但是我老伴的哥哥去世得早，有一个没有人管的孩子，我从他 7 岁的时候，就把他从农村接到了部队，管他读书，然后给他找工作，给他娶媳妇。

勤勉工作

我老伴以前不管家里生活和日常开销，所以我更加辛苦，曾经一度打了三份工，那是 20 世纪 90 年代末的事情。在三线厂上班一个月才四五百元钱，在宜宾上班一个月八九百元钱，在成都则月收入上千，我当时给他们做兼职的会计。

后来我准备把成都的工作辞了，但是老板坚决不允许，成都那个单位是专门印刷五粮液的商标，在我之前的会计乱整账，工商局把执照没收了，我去了以后把执照拿回来，并且把财务理顺了。当时我的收入还不错，陆续又购买了一些股票，其中一家公司股票清算居然赔偿了我一些物业，这样才让我的老年生活衣食无忧。

对我来说，我很感恩宝元通的教育，我一生有两个榜样，宝元通是榜样，我母亲是榜样。我从小就养成了团结友爱的习惯，之前我没有参加过宝元通老员工或其子女的聚会，是因为去年我偶然碰到了陈惠中，她的父亲陈霁凉跟我父亲曾经是同事，从小她父亲就很喜欢我，把我收为他的干女儿，陈老对我们家一直是挺照顾的。

成都

【龚世达】

龚世达，一位文质彬彬的老先生，继承了祖上的职业，长时间在教育系统工作。对于父亲曾经工作的宝元通虽然记忆不深刻，但是至今仍保存着父亲的一些重要物件，如长期挂在父亲房间的一幅字，那是父亲的好友在他80大寿时送给他的生日礼物，落款中的人只有一两位还健在。

重庆
宜宾　南溪　泸州
江安

字里行间的深情

采访时间：2020 年 7 月 24 日

采访地点：四川省成都市锦江区刘家大院

人物档案：龚世达，1951 年出生于成都，其曾祖父曾经是成都知名教育家，父亲龚师古受过高等教育，辗转宝元通泸州公司、重庆公司等，后在成都百货系统工作到退休。

现在说起来有点可惜，因为父亲是 2015 年去世的，当时他 95 岁，在他去世之前，脑子十分清楚，他对宝元通的记忆很清晰。

宝元通的高才生

“如果父亲现在还在世，或者早两年我有这个意识的话，对宝元通的材料就会有很多鲜活的东西，只怪自己原来没有这个意识，只是有时零星听他摆过（编者注：四川俚语，即聊过）一下。”龚世达一边看宝元通的材料，一边和我们说道。

我知道父亲曾经在宝元通工作，至于他怎么去的宝元通，都是看了《我闻见的衍之先生》这篇文章后才了解到的。他说他大学毕业后教过书，当时宝元通在外的声誉很好，他听说过宝元通，再加上后来有人介绍，他才去了宝元通。

父亲留下了一些资料，比如宝元通的同事的一些照片，他在世的时候也说了一下那些人的名字，当时我也没有认真记录，所以现在这些人名，还要通过宝元通的后人来共同辨认。

2010年，成都原宝元通老人合影。（图片提供/龚世达）

伍衍之何许人也？为什么伍衍之先生介绍我父亲去宝元通？看了文字我才知道，因为伍衍之是我曾祖父的学生，我曾祖父是成都当时比较有名望的老师，叫龚道耕，字向农，伍衍之的祭文里面都提到他是龚先生的学生。

我曾祖父是四川大学、华西大学的教授，做过国立成都高等师范学校的校长，成都高等师范学校就是合并成四川大学的三所学校之一。伍衍之是我曾祖父比较得意的一个学生，算是很有出息的，所以他也经常到家里来，他们师生经常交谈，在对我父亲的回忆文章中也印证了这些。

后来我父亲读书的时候，伍衍之在他们学校当老师，但是没有给他上过课，在他的回忆文章里写道，他一直把伍衍之视为他的老师，父亲对他的学识、人品非常敬重。

经伍衍之的介绍，父亲最初在泸州宝元通工作，他们还在泸州共同生活了一段时间，后来父亲去了重庆。我以前还听父亲讲过在重庆的情况，讲到一次大火灾，这应该就是重庆1949年的“九二火灾”，据说当时烧毁了宝元通的很多资产。

父亲刚去宝元通工作的时候，主要参加《宝元通简讯》的编写，他的具体工作情况我都没有很详细地问过，了解的也不太多，新中国成立后他就转到了成都，当时工作单位叫成都花纱布公司，就在老成都走马街一带（今春熙路附近）。父亲一直都在商业系统工作，后来又转到成都人民商场，他最后是在成都百货公司的102仓库工作到退休的。

从他的摆谈当中，我感觉他对宝元通当时的宗旨，包括管理模式、企业文化、用人制度这套体系很是称道，父亲觉得对现在企业管理都还有可借鉴的地方，可见，在当时的中国民族工商业中，宝元通的管理理念算是比较先进的。

有感于他们的聚会

成都宝元通老员工的聚会，应该开始于20世纪90年代中期，一开始主要是父亲自己去，我只陪他去过几次，后来他的腿摔伤了，行走不太方便，但他还是坚持参加聚会，那时候都是我开车把他送过去，下车还要坐轮椅，每次都是我推他到聚会地，看到的都是些上了年纪的老同志。

我当时比较感慨，他们这些老同志在一起叙旧，摆谈这个那个，但是我很少听他们讲到家里儿孙的事情，比较多的就是回忆他们的过去，或者是对一些过世老人的追忆，可惜当时都没有任何影像和文字资料，感受最深刻的就是，他们同仁之间深厚的友情。

我父亲80岁诞辰的时候，在成都的宝元通同仁集体给他写了一封信，还专门请人写了一幅书法，每个人都签名，这幅书法他生前一直挂在他卧室，我也是这几年才知道宝元通在成都的后人还专门有个微信群，后来我才加入的。

我参加几次聚会之后，又陆续唤起了对父亲的一些记忆。父亲一生还是吃过不少苦，他在花纱布公司的时候，当时让他到乐山去建一个点，算是开辟性工作，据说有一批布匹不在了，到处找不到，当时就有人说他贪污，把他关起来审查。

我母亲回忆说，那时父亲被关在一个楼房里面，她天天和保姆过去看他，他可以走到楼上房外的走廊上来，他俩最多就这样子相互看一眼。当时父亲被整得很恼火，想死的心都有，但是后来查清了，他也没什么事，就算白关了一阵子。

我们家是书香门第，爷爷很注重子女的教育，父亲有三兄妹，他是老大，下面有一个妹妹和一个弟弟。他弟弟去世了，他妹妹还健在，今年已经满 99 岁了，她是因结婚到重庆去的。

父亲 1919 年出生，如果还在的话，今年是 101 岁。父亲是上过

1999 年，龚师古 80 岁寿诞，原宝元通公司成都同仁同贺。（图片提供 / 龚世达）

大学的。他弟弟的文化水平也很高，川大外语系毕业后在成都教过中学，新中国成立初期外语人才比较少，就把他调到了北京，最后他在河南汉阳二中教外语，一直到退休。

龚师古是父亲后来自己取的名字，父亲读书的时候用的是龚读籀，"读"是他的字辈，我们家里一直都是兴字辈排行的，我们这几代的字辈是按照："尔祖夷增元，其维耕与读，世守书田业，自循孔颜乐"，就是耕读传家的意思，所以自父辈开始，我们家很多人都是以教书为业，这也是祖辈的希望。

链接

我闻见中的衍之先生

龚师古

衍之先生并不算我的老师，而确又是我的老师。我未曾私人从他受过业，在学校里他亦没有教过我这一班，我听他读书，只不过是有一个暑假里他在家中给他几位朋友随便补习的时候，旁听了几天，我们师生的关系，仅是这样的平淡。

多少年来，我却一直心悦诚服地叫作他老师，我钦佩他的学识，瞻仰他的才华，我更崇敬他的人格。他给我的言教虽少，我受他的身教却多，所以他确是我的老师。

我知道他，快二十年了！

他是我祖父的一个得意的学生，当我幼年的时候，他算得是我家里的一位熟客，一坐下就是几个钟头，说故事，谈时势，论学问，总是滔滔不绝，生趣动人，满座风生，任何讨论，往往都有他独到的见地，站在一旁听他谈今道古，记得是当时使我最感兴会的一件事。

成都县立中学，是成都一个较有声望的学校，我在那儿读书的时候，他也正是那里的一个挺知名的国文教员，同学们对他推心拥戴，教师们对他交口赞誉。他有丰富的学问，有良好的教育方法，再加以犀利的谈锋，自然会赢得这应有的声望。

后来，他到日本读书去了，这过后干了一阵子文化工作，抗日战起，又投笔从戎，转战南北，继而从事青年训练工作，最后参加了团体，听说他所到之处都有建树，在各处都很得上司的器重、同僚下属的推崇。

这一别，不觉十几年，我对他也因此而比较隔膜，然后从他给我几位长辈的稀疏的信函中，知道他在这一段时间内，一直怀着伟大的抱负，要以他的一切贡献于社会，想踏实地干一番事业，我知道他曾经拒绝了我祖父的推荐，辞掉四川大学的教职，他之所志在经国济世，他要使社会大众都能受到他的教诲熏陶，而不仅限于少数的学生，这更加深了我对他的一层了解。

去年暑天，因他的介绍，我也进入了团体，先到泸州，和他在一起住了几天，晚上，我们总有一两个钟头的谈话，他告诉了我团体的精神、团体的作风、团体的组机、团体的成立和发展，又谈到他对团体的认识，对团体的希望和他预想怎样去推动团体，说到他自己，他说他从前有不少做官发财的机会，他都毫不介意地丢弃了，他对自己是在这样的认识——尽我一己之力去做一个人，他说在这个时代，我们随时都要多读书，多研究，多学习，但不能还是呈现着书生的面孔，更不应有试架子的习气。虽然短短的几天，我得了他不少的教训，受到他莫大的感召。

今天，他去世整整一百天了，回想起来，过去的一切都好像历历如在目前，我没有自信说他已经死去，他突然的死太不令人相信了。

他的死，使我感到莫名的悲伤，又不能说出点什么，有时反觉得这不算一件怎样不经的事，这只是在“造物忌多才”这句话中添一个注脚，他竟会这样死去，正因为就是他。

衍之先生百期日写成

——原文载于《宝元通简讯》第五十八期。（收入有改动）

成都

【李志贤】

李志贤虽是年过80的人，身体不那么硬朗，但是对于宝元通的事情还是很热衷，一直积极参与宝元通的各种聚会，如今还能清晰地记得当年的邻居。李志贤因为在成都宝元通的后代中算是年纪最大的，所以大家都叫他“李大哥”。

童年的大院

采访时间：2020 年 7 月 25 日

采访地点：四川省成都市锦江区刘家大院

人物档案：李志贤，1940 年出生于重庆，后随父亲到成都生活。父亲李国忠是宝元通的老员工，后来在宝元通投资的成都宝星纺织厂上班。

我父亲到宝元通是经人介绍进去的，这个熟人是宜宾人，和我们是同乡，正是这个原因，我父亲才有了进宝元通的缘分。

被好心人“救”进宝元通

我小时候听父亲说过他的一些事情。他说有一年，他身体不好，也没有正式的工作，认识了一个开药房的乡绅，他喜欢摸脉，但是他又不是医生，就说要给我父亲看病，我父亲那时穷困潦倒，就抱着试一试的想法让他医治，结果他真把我父亲的病给看好了。

当时有旁人开玩笑，说“你既然把他的病医好了，你就给他找个活路吧”，那个乡绅也就上了心，把他介绍到了宝元通，就这样，父亲才到宝元泸当学徒，那时他的年龄已经比较大了，因为我父亲大我 29 岁。

1937 年前后，我父亲被调到了重庆，我母亲跟我父亲结婚的时候，他们已经在重庆了，我出生于重庆宝元通弹子石的宿舍里，只记得那个房子很大，可以看见长江。

新中国成立后，李志贤父母的合影。（图片提供／李志贤）

我父亲到了宝元泸之后，第一个阶段是当学徒，主要学习百货、棉纱、布匹、丝绸这些领域的知识，后来调到重庆的时候，被派遣到南充驻点，主要工作是采购丝绸。

那时我跟母亲是住在重庆的，父亲在南充出差。1946年，父亲调到成都的宝星纺织厂，这样我们全家都搬到了成都。那时成都谈生意和现在一样，主要在茶楼里谈，所以父亲就天天去喝茶谈生意。1950年，宝元通转为国营，我父亲就转到了成都的百货公司。那个百货公司叫川西百货公司，就在今走马街附近，直到1952年，父亲都在那里搞采购工作。

我母亲一直没有上班，她讲了一些重庆的事情。当时大家都住宿舍，女的多了，就容易“张家长李家短”的，宝元通公司就想了一个办法来解决这个事情。公司买了一些缝纫机放到宿舍，把卖布剩下的零碎布料低价卖给这些家庭主妇，她们就缝制成衣服，然后再由宝元通拿去卖，收益由大家一起分。当时的家庭主妇都热衷于做这个，我母亲也不例外，我母亲很勤快，后来存款还不少，据说可以买几床羊毛毯子。

儿时记忆里的宝星纺织厂

父亲是1960年我放暑假的时候过世的，所以我对整个宝元通的事情了解得不多。只是小时候，我对宝星纺织厂的宿舍印象还是很深刻的，那个房子很大很气派，一共有三重门，当时办公和住宿是在一起的，前面是办公室，后面就是住家的地方。

宝星纺织厂地点在当时的文化桥下面不远处，那里有一个小巷叫宝星巷，我们家从1946年至1950年都住在那里。我印象最深的就是1947年涨大水，当时我已经上小学了，涨大水的时候，宝星纺织厂低一点的区域就被淹了，这时宝元通总部就派人来接我们，走旁边的路把我们接到船上，然后送到城里边，再安排住到宝元通的家属宿舍，一路去的有很多宝星纺织厂的邻居，我家就我母亲、我、我弟弟三个人。

我父亲是不能走的，因为宝元通的纪律很严格，职工不能丢了厂躲水灾，但是家属可以安排得很好。我为什么晓得纪律严格呢？在新中国成立后，我在住处附近遇到一个卖辣椒的，他认识我母亲，他原来是宝星纺织厂的炊事员，因为1947年涨大水时回家躲避，就直接被开除了。

宝星纺织厂的厂房先改成了成都纺织厂，后来又交给了成都毛巾床单厂。宝星纺织厂在20世纪40年代扩建了一次，老厂区就几间厂房，后来便在旁边又继续扩建，我有幸在宝星纺织厂拍了一张照片。

李志贤儿时在宝星纺织厂办公大楼前的照片，前排左三是李志贤。（图片提供／李志贤）

从照片中可以看出，他

们的工作服就是宝元通的“麻麻”服。当时这个区域除了办公大楼，上面还有一个花园，这个办公楼的后面是一个二层木结构的房子，我们就住二楼。

我父亲在宝元通工作的时间不是很长，他的股本也不是很多，但是生活条件还是不错，因为在宝元通工作，吃喝都给解决了，我父亲除抽点烟没有其他嗜好，他的工资根本就用不完。

我估计他到成都后，薪水应该是比较高的。1946 年，我跟他们一起回过泸州，看得出来我父亲花了不少钱，大家对他都比较好，另外当时在成都的我大伯一家，七八口人就靠一个烟摊子艰难生活，都是我父亲资助他养活全家人。

转折性的变化

宝元通转为国营后，情况就发生了大的变化，没有了宝元通的福利，很快我们的处境变得很困难，我本来还有两个弟弟，年幼时都因生病去世了。

我的经历还是比较坎坷的，1958 年我在成都第七中学高中毕业，那时考大学靠什么录取呢？当年考试强调政审，五分北大清华，四分就是川大、重大这些，三分基本上不考虑，两分是绝对不能考大学的。我是属于三分，本来我没有机会上大学，但是 1958 年成都新成立了一个成都工业专科学校，我被录取了。三年专科毕业后，我被分到今重庆的开州区工作，当时工作的地方很落后，只有一条公路，还是专门为铁厂修的，那条公路是一天看不到一个车子跑。实在待不下去了，我就回到成都开始做零工，后又在成都第五冶金建设公司工作，最后被调到成都钢化厂，一直搞管理工作，在那里退休的。

我是 20 世纪 80 年代从宝元通成都公司的新村宿舍搬走的，

那个宿舍后来交给了成都纺织厂，成都纺织厂就安排了他们的员工过来住，后来房屋全部归国家了。宿舍归成都国有房产公司管以后，又进来了一批成都乐器厂的人，所以那个宿舍住过三批人，第一批是宝元通的人，第二批是纺织厂的人，第三批是乐器厂的人，但是大家都习惯称那里为宝元通宿舍。

这几年在这个宿舍住过的人开始搞一些聚会，参加聚会的人里面三个厂的人都有，但是大家还是和以前一样，都是打着宝元通宿舍的招牌聚集。

成都

【陈慧明】

成都的宝元通采访工作主要依赖陈慧明的联系。她也是一次偶然的机会联系上了宝元通在成都的后代，后来就一直保持联系，为我们提供了大量的采访线索。她说宝元通是父亲一生的事业，自己作为“宝二代”，也该出点力量。

重庆

宜宾 南溪 泸州

江安

宝元通二三事

采访时间：2020 年 7 月 15 日

采访地点：四川省成都市锦江区刘家大院

人物档案：陈慧明，宝元通老员工陈霁凉的小女儿，陪伴父亲的时间很长，现居成都。

我虽然很早就从重庆来到成都，但是我对父亲和宝元通的记忆还是比较丰富，因为宝元通之于父亲，那是一种特别的存在，对于我们，也是一生弥足珍贵的记忆。

让我大哭的记忆

新中国成立后，陈霁凉先生登记照。（图片提供 / 陈慧明）

对我来说，宝元通这个单位，它的人性化是非常强的。比如说重庆解放前宝元通有一个员工叫伍衍之，属于因工死亡那种，虽然后来宝元通已经不存在了，但是一直到 2003 年的春节，我父亲陈霁凉作为宝元通留守处曾经的负责人，都还在为他的遗孀朱汝凌操心，并且多次为她申请生活补助。

我永远记得他最后一次去给朱汝凌申请补助的时候，当时我母亲已经病得非常严重，母亲是晚期肺癌，已经卧床不起了，我父亲当时也因为出血性脑梗死不能说话了。

那是春节前几天，他把我拉住，给我比了一个动作，意思应该是要上街，于是我就把他搀扶着出门坐车，我问他是不是要上街去耍，他就点头。第一站就到了较场口，当时重庆民建在较场口立有一个纪念民建成立的石碑，他是民建会员，他跟我比画的意思就是去民建。

后来他又跟我比画，意思是还要走，我问他朝哪儿走，他比画往前走，我问走哪儿去？他根本说不出话来，我们就继续往前走，走到人民公园那个梯坎时，我问他是要去哥哥那里么？他就发火了，他发火的动作是什么呢？就是拄拐杖，意思是他不去哥哥那里。

我问他走去哪儿？他就指往前面走，他把我带起走到当时重庆市工商联办公室的门口，指着工商联，我一下就反应过来了，他是去给朱汝凌要补助的，因为朱汝凌跟我们家也很熟，我们喊她五伯母，这些年一直是父亲在操心他们的补助。

到了工商联之后，大家看到他来了，纷纷前来打招呼，因为父亲曾经在那里工作过。他端端直直地走到了办公室，当时的办公人员就问："陈老，你来做什么？"他给别人比画了一个动作，好像给别人数钱的意思，那个工作人员一下就想起了，就说："晓得了，你是为朱汝凌的补助来的。"

当时我一听到这话，眼泪马上就流出来了，哭得很大声，他们就问："你咋个会哭呢？怎么回事？"我说我母亲得了晚期肺癌，已经是命在旦夕了，床都起不来了，他居然没想到自己的老婆，这个时候还惦记着朱汝凌的困难，也是那个时候，工商联的同志才知道我母亲患了肺癌。

宝元通的兄弟姐妹情

宝元通同事之间的情感如同兄弟姐妹一般，因为他们父辈之间如此，我们这一辈，也是以兄弟姐妹相称，宝元通特别好的一个地方就是人心很齐，大家的心往一处想，劲往一处使。

如今宝元通没有了，人还可以聚到一起，这是宝元通一个非常优良的传统，所以才有了今天这个宝元通成都群，就是我们所谓的“宝二代”。我们时常聚会，这足以证明宝元通的这种亲如兄弟姐妹的关系，是一直传承下来了的。

2020 年 7 月，成渝两地部分宝元通家属合影。（图片提供 / 王可汉）

我父亲还经常教育我一个道理：一个鸡蛋吃不饱，一个罪名背到老，意思是在单位做事情，手脚要干净，所以我在日常的工作中也一直遵循着父亲的教导。我一度因为是资本家出身，连入团的资格都没有，但最后我还入了党。

我们全家人除我外都是民主人士，只有我一个人是共产党员，因为单位看重我这个人，说我做事非常踏实，直到退休，每年我都是先进工作者，这就是我秉承了父亲兢兢业业做事、老老实实做人的结果。

在“文化大革命”期间，我们原来是“家庭出身不好”“资本家的子女”“可以教育好的子女”，但是我父亲一直坚持的就是“你只要做好人，就会做好事”，所以我认为我们都是宝元通精神培养出来的子女。

成都

【曾祥芝】

接受我们采访的时候，曾祥芝满头白发，穿了一双红色皮鞋，十分精神。她虽是成都宝元通“二代”里面年纪比较大的，但是精神面貌非常好，不愧是体育方面的高才生，她给我们讲述了很多宝元通的故事。

宝元通的力量

采访时间：2020 年 7 月 14 日

采访地点：四川省成都市锦江区刘家大院

人物档案：曾祥芝，1940 年出生于宜宾的宝元通大院，父亲曾繁兴是泸州宝元通的老员工，后来调到成都工作。

1940 年我出生于宜宾宝元通的大院里面，那个地方以前叫韭菜园。我在宜宾生活过几年，抗战结束后，我父亲就从宜宾调到成都，我们一家人也随之来到成都。

宝元通就是大家庭

到成都后，我们就住在宝元通成都科甲巷宿舍，那是一栋很漂亮的建筑，公司对家属也是吃住包干，摇铃就吃饭。

宝元通宿舍当时给我的印象就像一个大家庭，父辈们相处得很好，子女们关系也不错，宝元通员工之间的关系是相当融洽的。我小时候刘让海（编者注：宝元通的老员工）的爱人还给我织过一件很时髦的毛线连衣裙，当时穿着就特别高兴，到现在我都还记得。

记得那时我已经读小学了，学校叫成德小学。有一天母亲让我快点拿着我的通知书（编者注：成绩单）到号上取钱，当时大家称公司就叫号，年幼的我没想通，为什么要到号上取钱？后来母亲解释，娃娃学习比较好的，宝元通都给你出学费，我当时成绩比较好，所以也就有了去号上取钱的资格。

由此可见，宝元通不光重视自己的员工，还重视员工下一代的教育培养。我的童年过得非常幸福，那个时候宝元通还经常组织员工旅游，我记得第一次旅游，就是跟我父亲去的。当时他们组织旅游，坐汽车到都江堰，又从都江堰到二王庙，我们当中有一位曾伯伯，他太胖了，只好请滑竿抬上去。据我所知，在新中国成立前很少有单位组织职工旅游，但是宝元通就做到了。每年春天，他们都要组织春游，我也是跟着他们去过成都的沙河堡等几个地方。

我从父亲那里得知，宝元通是几兄弟起家的，没有引进任何外资，完全是在自力更生的情况下发展起来的。宝元通当时实行股份制，就是每个职工都有股份，这样做就是为了激励职工的积极性，使职工能够全心全意地投入到企业当中去。后来，我长大了，真心钦佩这个企业，在那个年代，宝元通就是个民族企业的典范。

父亲的辛苦付出

我父亲是孤儿，他是在泸州加入宝元通的，当时他就跟我说，他是从倒痰盂开始干起的，各种业务都要学。父亲的童年很苦，因为他寄养在他姨妈家，根本无法读书，他只上了几天教会学校，会几句英语，进了宝元通后，才有机会学习各种知识。

我们家里曾经有一份宝元通的杂志，这个杂志原来每个月都有一本，里面全是宝元通在各地活动的信息报道，我曾看到过这么一则消息，写的就是“曾繁兴股长飞抵长沙”，所以我父亲在新中国成立前，就是宝元通的股长。

宝元通治理企业，确实有一套，人家说现在华为好，宝元通在当时来讲，还是很先进的，其他的我也不好说了，单说股份制，我们家庭就是受益者。新中国成立初期，宝元通解散的时候是国家接手的，我们分了一点解散金，是父亲的股份换来的。

父亲就跟母亲说，这笔钱要分成四份，因为我们姊妹有四人，以每个人的身份给我们存一个存折，这是父亲计划给我们每个人存一笔教育资金，他的计划很长远，他觉得自己没有读到书，一定要让我们接受比较好的教育，但是这个计划后来没有实现。

新中国成立前，曾繁兴先生登记照。（图片提供／曾祥芝）

家庭的波折

新中国成立后，母亲去银行存钱，是我陪着她去的，当时银行柜台的人就说，不要这么麻烦，每个人都存一份，集中存成一份就好了。于是我母亲就把我们的钱集中存了起来，估计数量还不小，可因为这笔钱，后来我父亲被说成了“贪污犯”。

1952 年，我刚刚上初中，已是少先队员了，学校还动员我去劝父亲交代错误。父亲当时被关在宝元通成都走马街办公室里，我那时很幼稚，觉得父亲怎么能犯这个错，就去劝父亲坦白，现在我还清晰地记得，当时父亲流着泪跟我说，“祥芝，我没有贪污，我没有贪污”，现在想起这些，感觉自己真的很傻。

我母亲很胆小，就把家里全部的钱交出去了，包括有些金银首饰。后来父亲被判管制两年，降了工资。我们以后的升学和工作都受到了一定影响，我是 1985 年才入的党，以前争取了很多次，都没有入到党。

后来我父亲得以平反，政府还给我们子女每个单位都发了平反通知书，这样我们的生活才逐步恢复正常。最近我们开始思考过往，我曾经在成都宝元通微信群里面发了一段文字，内容是：

为什么觉得很崇拜我父亲？因为他从一个孤儿，奋斗到后来的成绩，实在不容易，而且作为父亲，他给了我一个非常幸福的童年。

榜样的力量

父亲年老的时候，经常给我们讲他当年的工作场景。抗日战争时期，他在宝元通负责进货工作，几次冒着危险到湖南、江西等地去进货。他还给我们描绘，当时见到日军应该怎么说话，自己平时还要学习对方的语言，但那不等于卖国，在我们国家的土地上，我去找一些生产资料来交易，为什么不可以呢？新中国成立后，他做管理工作，负责成都百货公司西南片区的一些业务。

新中国成立前，曾祥芝的全家福。（图片提供 / 曾祥芝）

父亲的一生实在不容易，在他人生低谷的时候，他告诉我们，“只要人在，一切都有希望，尽管我们的钱不在了，我还有儿女。”

父亲确实给我们做人做事做出了榜样，我们姊妹几个虽然不说有多大成就，但是基本还是可以。我弟弟在1963年比较讲究成分的时候考上川大数学系，那个时候川大已是重点大学，很不容易；我是川大附中毕业，后来毕业于成都体育学院，曾经在重庆执教 12 年，在南泉重庆十中教游泳课，所以我和重庆还挺有缘分。

成都

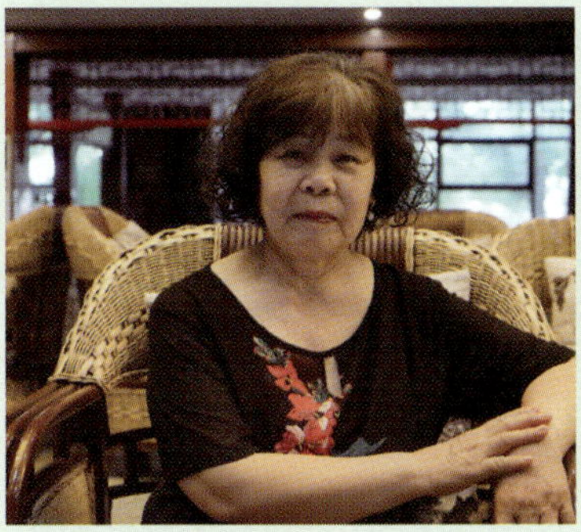

【李天蓉】

【李天祥】

李氏姐妹感情很好，采访的时候你一句我一句相互补充着说完了对宝元通和父辈的回忆。而对于宝元通邻里之间的情感，姐姐记忆得更加清晰。

难忘邻里情

采访时间：2020 年 7 月 16 日

采访地点：四川省成都市锦江区刘家大院

人物档案：李天蓉、李天祥两姐妹。姐姐天祥 1946 年出生，妹妹天蓉 1949 年出生，她们是宝元通老员工李有森的后人。

我（编者注：本文的主要采访对象是李天祥）的父亲是江安人，他也是在江安加入的宝元通，后来辗转于昆明、重庆、泸州、成都等地，其间当上了股长，最后在成都落脚。

过去的记忆

对于父亲在宝元通的前段工作，我的记忆已经不清晰了，但是在成都的时候，父亲应该在宝元通成都的总部工作。记得小时候，父亲总爱带我到他工作的地方，就在当时的走马街附近，从我记事开始，他就在那儿上班，我们刚到成都的时候，就一直住在科甲巷。

我们住的地方，那里既有宿舍，也有仓库，外面第一眼看上去是仓库，内院的房子却很漂亮。一进门有两个石狮子，窗户玻璃是白色和红黄绿组合的，全是黑漆门，柱子很高，两层的小洋楼，院子中间有一口水井，旁边种有万年青、果树和各种花。三个大院子套起的，后面两个院子无楼房，全是平房，但是我们住的时间不长，很快我们就搬到今志民路 27 号，一直到 1995 年才离开，那是宝元通的另一处宿舍。

这个宿舍也不错，走进房子就是个大门，那个门关起嗡嗡响，就跟电视剧里面的双排门一样，旁边还有一个小门，拐弯又是一个门，相当于三进门。旁边修的是公馆别墅，是老板们住的地方，整个区域配套很完善，建有篮球场、食堂、洗衣房。

20世纪80年代的李有森生活照。（图片提供／李天蓉）

宝元通转为国营之后，父亲开始在成都五金公司工作，退休前在崇州五金公司，中途辗转于温江、郫县等地。我觉得宝元通待遇还是挺好，小时候我们婆母三代人，分到两套家具，家具都还不错。

父亲晚年的时候经常参加宝元通老同事的聚会，最早的聚会地是在青羊宫，后来改到了成都的大慈寺，然后又改到了各种城市农家乐，这几个地方我们都陪他过去，他们的聚会办得好，每次都照了相的，还邀请已去世同事的家属参加，组织也挺严格，哪个有病没有来，还要请假，活动坚持了好多年，曾伯伯（编者注：成都宝元通的老员工曾繁星）去世后，我父亲基本上就没去参加聚会了。

宝元通的邻里之情

我的工作比较辛苦，1964年至1990年这26年间，我一直在西藏工作。我两个娃娃就是第一批留守儿童，后来我们一家人都去了西藏，娃娃就是阿姨、舅舅、婆婆帮忙带着，他们到西藏身体不适应，母亲也老了，娃娃也面临就业，不得已我们才迁回了成都。

如今我退休了，两个孩子也大了，一个在街道办，一个在银行。我觉得我一辈子兢兢业业，没有给党和宝元通丢脸，对于宝元通，除了对父亲的记忆，我还有三个小故事。

第一个故事发生在我读书的时候。我年纪很小就离家了，在当时的四川万县读书，三年没有回家，李哥哥（编者注：本书中的李志贤）还来看过我，当时他在四川开县（今重庆开州）工作。

他来看我的时候，从成都背了两个挺大的玻璃瓶，装的是盐巴和黄豆粉，那时是灾荒年，这些都是重要的生活物资，都是母亲让李哥哥给我带过来的，还有两套衣服。

2010年，李家姐妹陪父亲旅游场景。（图片提供／李天蓉）

第二个故事发生在1961年。我收到学校的录取通知书后，有天中午，曾伯伯交给我母亲一张纸条，那上面写着他家一个姓张的亲戚的信息，曾伯伯叮嘱我，去了万县，有啥子事找张叔叔，他一定会帮你的。我后来去找过那个叔叔两次，他也是做百货的，帮我买过几次文具盒、口琴之类的小玩意，我把这些东西寄回成都给弟弟妹妹，鼓励他们好好学习。

第三个故事发生在1964年我毕业后。当时组织让我去西藏工作，我们屋头弟弟妹妹又小，父亲一个人工作，挺困难的，当时宝元通宿舍的蒋老师就把我带到宝元通成都办公室去找领导，他让我就在外面等。印象中蒋老师说："能不能让她的大女儿留下来，她的弟弟妹妹还小，父亲在外地，母亲带起很困难。"虽然事情没有办成，但我还是非常感谢蒋老师的关爱，那是老一辈人的情感，他们对待同事的孩子，就像对待自己的孩子一样。

成都

【唐智东】

唐智东说话声音很小，因为他是宝元通口述历史的家族代表，其兄长已经82岁，行走不便，所以他生怕对父辈和宝元通的记忆有遗漏，就慢慢地回忆、轻轻地诉说。

由父母结婚六十周年而引发的记忆

采访时间：2020 年 7 月 17 日

采访地点：四川省成都市锦江区刘家大院

人物档案：唐智东，1952 年出生，其父唐直忠是宝元通老员工，辗转于宜宾和成都，后进入其他商业系统工作。

父亲出生于宜宾，和很多宝元通的员工一样，都是考进去的，这是父亲一生很自豪的事情，晚年的时候，他经常和我们提起。

考进宝元通

我爷爷去世很早，那时我父亲才几岁，我奶奶一个人养大父亲。那时的生活很苦，家里根本不可能供父亲读书，奶奶就靠做点小买卖来维持她跟父亲的生活，在冬天的时候还卖点窑灰。奶奶是个善良的人，穷人来买窑灰，只收很少的钱，遇到太困难的人，干脆不收钱。

邻里间，有好心人看到父亲可怜，于是帮他联系私塾学校，私塾的先生见他人品尚可，就同意他做旁听生，并兼职做私塾学校的勤杂工，除了听课，他平时还要打扫一下卫生，烧点开水，掺点茶，就这样听了几年私塾的课。

后来有一天恰逢宝元通招学徒，父亲得知消息后就赶去考试。据说是父亲的考试文章得到了宝元通领导的赏识，领导觉得这个青年很热情，字里行间充满着希望工作和奋斗的激情，就这样父亲成功地进入宝元通当上了见习生。

据父亲晚年回忆，他进宝元通时，条件特别艰苦。一开始见习生要自带铺盖等用品，当时家里连棉被都没有，还是私塾的老师同情他，买了一条棉被送给他，父亲背着那条棉被，怀着感恩之情进了宝元通。

至于父亲哪一年进的宝元通，已经无从考证，大概是 20 世纪 20 年代晚期，当时宝元通业务面很宽，在乐山还有一个盐场，父亲一度被调到那儿去工作了大约两年，之后才被调到成都的。

在成都的时候，父亲就在宝元通成都总部上班，从事相当于现在食堂事务长的工作，日常主要负责宝元通食堂的杂务，包括生活物品的采购。

突如其来的生活环境变化

大家都知道，新中国成立初期，宝元通川南四个公司都陆续转为国营，父亲的工作也发生了较大的调整。一开始，他直接到成都百货大楼上班，在百货大楼工作时，他开始做业务，主要工作是销售床上用品，工作也挺忙。

那个时候除了工作的变化，还有一个更大的转折。成都宝元通在转为国营的时候，很多人都拿到了自己当年股本的分红，人称“遣散金”，父亲工作早，分得的金额也不小。因为考虑家中子女多，所以当时我父亲就在锦江宾馆旁边买了一套独立的四合院，一共三个院子：前院、中院、后院，环境像公园一样美，住房也很多。

20 世纪 50 年代，我们把部分房子主动交给了国家。当时的政策很复杂，我们把住不完的房子交给国家经营，就叫经租，由国家出租，并制定统一的租金，给房主的钱不是很多，比如一间房子如果租 5 块钱，经租政策可能只给房主 1 块钱。

这个经租还有点宝元通的精神：凡是无家可归的人都可以住，空房子很快就被住得满满的，给得起房租就给，给不起就免费住。

那时宝元通食堂生活好，潲水中剩菜剩饭多，于是奶奶就开始养猪，常叫我哥哥们到父亲工作单位挑潲水回来喂猪，到过年，奶奶就请人把猪杀了，请租房子的这些人都来吃。

父亲后来工作岗位变化也挺大，他曾经被调到成都牙刷厂、毛巾床单厂，几经转折，最后调到牛市口色织染整厂，并在这里干到退休。父亲退休后，我八弟还顶了他的班，继续在那里上班。

大家庭的子女各有去处

我们一家兄弟姊妹八人，父母对于我们的工作出路根本不能一一安排，大家的命运也就迥然不同。1956 年四川医学院招人，我大哥不愿去，后来西昌公安局招人，刚好是他的志向，他就选择了去公安局。大哥一直在公检法战线工作，晚年还参与了法院的编志工作。

我是 1969 年下乡到的峨边，后来当地招工，我就进了当地的一个木器社工作。我姐姐也是知青，想从北川转过来跟我在一起，北川艰苦，但是峨边更艰苦，我劝她不要来，我一直在峨边做木工，直到 1981 年元旦才调回成都。

回到成都后，虽然是一个新的开始，但是也比较辛苦。当时我在成都东城区煤建公司下属的一个单位上班，那两年比较坎坷，干过掺茶、馆子跑堂等工作。成都青年路刚刚修好的时候，我们就代表单位在那儿卖货，那时候我已经年纪不小了，想法多，既想考电大，又想解决个人问题。

后来通过朋友介绍，我到成都红星仪表厂工作，背着三四公斤的煤气表全国到处跑，到处做推销，干了两年。后来成都市成立首家外资企业，叫正大有限公司，我再次跳槽进入“正大”，开始干了两年采购，之后又干起了销售，慢慢成了销售经理、销售主管，一共干了 13 年。

后来因为车祸赔偿和裁员等问题，我一气之下辞掉工作，然后去了其他私营企业工作，一直干到退休。相较于大哥和其他兄弟，我的一生最坎坷，大哥最平稳。

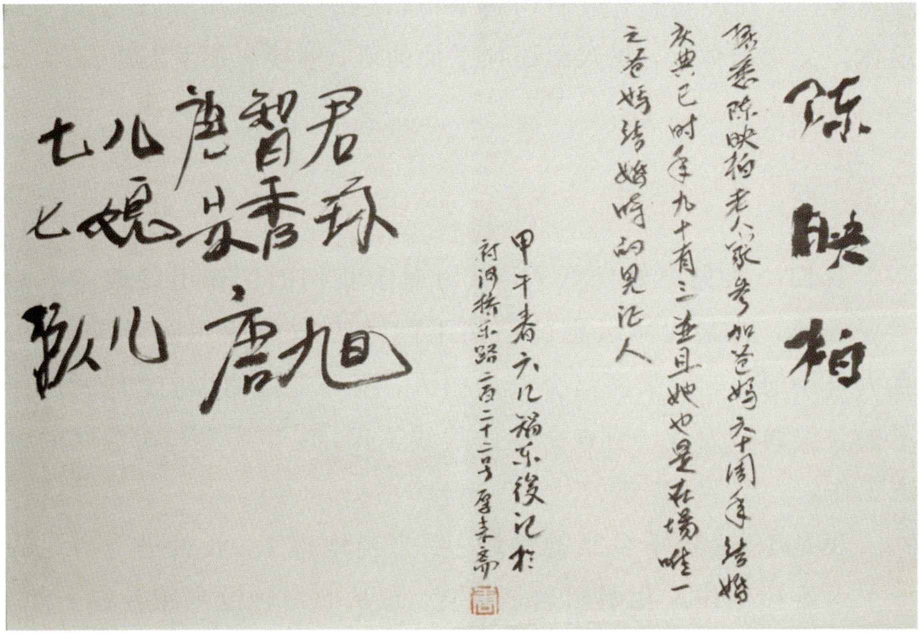

陈映柏先生参加唐智东父母 60 年结婚纪念日记录。（图片提供 / 唐智东）

父母结婚六十载的惊艳

我父亲是 1912 年出生的，去世时 88 岁。1997 年是父亲和母亲结婚 60 周年，大哥觉得这很有意义，就决定为他们筹办结婚 60

周年大庆，除了我们的亲戚朋友，居然还有一些宝元通的人来了，大家相处得像一家人一样，分别的时候更是恋恋不舍，当时来了一个叫陈映柏的老人，他居然是当年我父亲、母亲结婚的证婚人，那个时候陈映柏已经93岁了，身体看上去还挺硬朗，他们一起回忆了很多关于宝元通的记忆，当时我们没有重视，没有很好地记录下他们的回忆。

后来父亲告诉我们，那时宝元通的氛围非常好，一旦有人结婚，很多费用都是单位出的，房子和基本的家具单位都提供，同事们也趁着这个机会“打个牙祭”，图个热闹，不同于今天社会普遍流行的“凑份子”，而是诚心诚意地帮忙。

以前虽然也常听父亲说起过宝元通的事情，但是没有切身体会，那次确实是被父亲和他老同事相处的场景打动了，觉得那样的感情太淳朴、太温馨，从那以后我们作为宝元通的“二代”，也积极地参加和宝元通相关的聚会了。

成都

【王志蓉】

王志蓉出生于成都，工作于重庆。对于宝元通的了解，王志蓉不局限于父亲的回忆，还有成渝两地宝元通后代的介绍。她热衷文艺事业，总是积极参加关于宝元通的活动。

父亲身上的“宝元通”

采访时间：2020 年 7 月 18 日

采访地点：四川省成都市锦江区刘家大院

人物档案：王志蓉，1950 年出生于成都宝元通宿舍，其父王松华是宝元通的老员工。

我是 1950 年出生在成都宝元通宿舍的，那里大家俗称为“新村宿舍”，后来我才知道，就在我大概两岁的时候，我的奶奶就把我带到了宜宾江安，一直到 1957 年，我才从江安回到成都。

为人正派的父亲

我回到成都，还是住在新村的宝元通宿舍里面，当时父亲长期在雅安工作，只有探亲假的时候才回家。有一次，父亲就把我带到他的宝元通同事家里去，听他们两个老人家摆龙门阵时，我才晓得一些事情，比如宝元通转为国营后，父亲才离开那里。

父亲跟我讲过，1955 年的时候，他就去了成都针纺总站工作，当时他是会计股的股长，在那里工作两年之后，他去了雅安，当然他去雅安是另有缘由的。

1957 年，他们单位内部提倡给领导提意见，当时我父亲那个股里有一个会计员，是单位一个领导的爱人，财会上就有点不怎么讲究。因为我父亲是股长，凡是报账都需经他审核了才可以，她拿的单子经常有问题，我父亲说了她几次，大致意思是，“你这个样子我怎么能给报账呢？”并且指出她这个做法不对。我父亲这个人做事很正派，自己的子女都不准乱来。后来给领导提意见的时候，他就提了两个意见：一是希望领导任人唯贤，不要任人唯亲；二是领导要先管好屋头的人，要有原则。可能是这两个意见都太具有针对性了，不久，父亲就被调到了雅安。

宝元通养成的好习惯

宝元通对职工是很严格的。从一进宝元通就开始灌输企业文化，宝元通还特别重视工作人员的仪容仪表，比如说衣服要穿得整整齐齐、干干净净。

我父亲几十年都是这个习惯，哪怕在“文化大革命”期间他受迫害的时候，都是先把衣服裤子脱下来，叠得整整齐齐地放在板凳上，这种规矩一直保持着。

父亲曾经讲过，宝元通很公平。怎么体现公平呢？最直接的就是买股票，所有员工都有权利买公司的股票，成为公司的一分子。我们家买过股票的，而且我看到过的，花花绿绿的都有。

1959年我才从江安回来的时候，在我们家抽屉里曾经发现过宝元通的股票，当时我并不认识，就问母亲：“这个是什么？花花绿绿的还有点好看”。我母亲说：“你不要管，这个是你父亲的东西，不准动。”

后来我问父亲，他才告诉我那是股票，他还说“现在可能都怕不得行了”，意思是用不到了，因为宝元通早已经不存在了。我父亲到了雅安之后，工资降了不少，在雅安当时的物资局当会计。

在雅安，我父亲还是始终保持着宝元通的优良传统，比如收拾得很干净，做事情兢兢业业、认真负责。他特别告诫我：“我们这辈子，不管再恼火，都不能够乱来，要照规矩来，比如会计的话，就不能够乱做假账，不能乱做账，办事一定要秉公，不能跟哪个关系好，就乱来。”

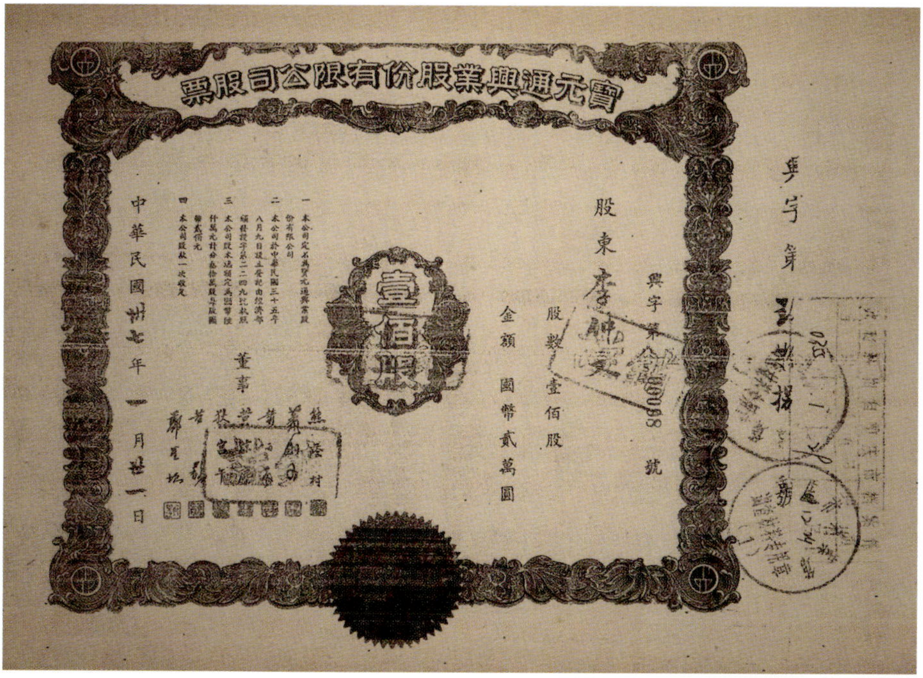

1948 年，宝元通兴业股份有限公司股票。（图片提供 / 陈慧中）

宝元通的和谐氛围

我父亲进宝元通时一开始就参加集体培训，经培训后他就开始做会计工作。从江安到成都之后，他开始是当店员，后来在库存岗位工作。

他到雅安后，除了回来探亲外，他都不愿意回成都，一说成都就是伤心之地，在这期间，我父亲的其他宝元通老同事，一直对我

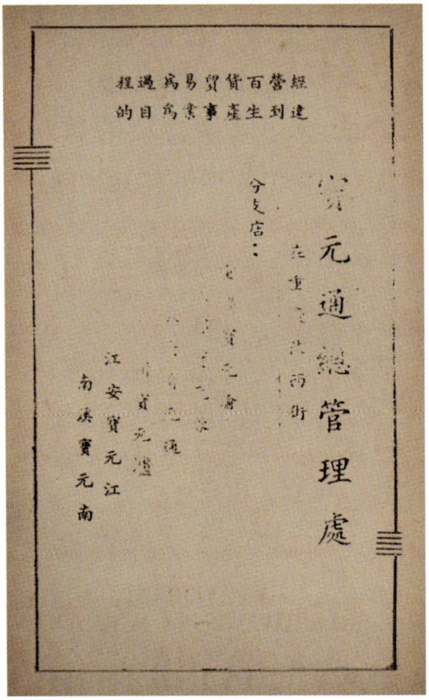

20 世纪 30 年代，《重庆指南》中宝元通总管理处的广告。（资料提供 / 张真飞）

们家挺关照。

我对父亲还有一个深刻的印象，就是他很喜欢看川剧，这可能因为我婆婆爱看川剧，所以他和我母亲两个都是川剧迷。即使后来从雅安回来探亲，父亲常常是不忙回家，而是先去把川剧票买了，然后才回家，晚上就跟我母亲两个去看川剧，我父亲还会唱戏。

我父亲在宝元通的时候，成都宝元通成立了工会，他是积极分子，他唱川剧旦角，我父亲扮得还可以。小时候我还看到过父亲反串的照片，后来我当知青把照片弄丢了。

可能因为父母喜欢川剧的缘故，后来我也挺热衷于文艺事业。1977 年我到重庆工作，一开始在当时的重庆公共汽车公司制配厂工作，做的是统计工作，后来就在望江厂的车间上班，没有好久，单位提拔我当了干部，然后就调到工会机关，一直在工会机关工作到退休的。

成都

【张静蓉】

对于父亲，张静蓉是无比尊重的。张静蓉认为，父亲为人和善，一生谨慎，对待工作兢兢业业。而对于父亲的职业素养，张静蓉更是十分佩服，永远忘不了父亲双手打算盘的样子。

双手打算盘的父亲

采访时间：2020 年 7 月 19 日

采访地点：四川省成都市锦江区刘家大院

人物档案：张静蓉，1950 年出生，其父张锡荣（后改名张立平）是宝元通老员工，家庭出身较好。

我祖上是宜宾人，父亲十几岁的时候在宜宾进的宝元通，后来虽然一直辗转，但都是在商贸系统上班，主要从事会计和财务工作。

父母都是读书人

起先，我对我们家族的情况并不是很了解，后来有次我回宜宾，才知道我们祖上曾经也是家大业大，在今宜宾市中心地带有着很大的家产，曾经父亲还带我去看过，说当时那个百货公司（编者注：后来改成宜宾新华书店）原来就是我们张家的。

我父亲小的时候，爷爷那辈人条件都很不错，好几个都是官员，但爷爷是生意人。爷爷希望父亲多读书，就把我父亲放在他兄弟家里寄养，所以父亲小时候算是寄人篱下，但是如果不读书，他也进不了宝元通，那个时候宝元通招人，除学徒外，会计这些必须要有文化。

我母亲的读书生涯更加曲折。我外公家最早是做生鲜生意的，算是有钱的大户人家，我母亲从小看到小姐们都要读书，就吵着让外婆送她去读书，但是我外公坚决不同意。那个年代，女人很少有读书的，就把她的书包给扔了，但我外婆坚持让我母亲读书，并且一直读到初中。

我外公去世后，外婆就跟舅舅在四川简阳卖糖，我母亲一个人在成都读初中，初中毕业就与我父亲结婚了。之后我母亲还到西南联大培训过，也正是因为这样，后来我母亲当了老师，曾经在泸州待过几年。

团聚在成都

父亲在宜宾宝元通的时候，最早是店员，后来通过培训和自学，慢慢成了会计。我们印象最深刻的是父亲双手都可以打算盘，据后来他们宝元通的同事回忆，我父亲还曾经做过股长。

他什么时候从宜宾调到成都的，我们已经无从知晓。但是我们知道他和母亲是在成都结婚的，举办婚礼的地方很有名气，叫作“竟成园”，那个地方很大很漂亮，后来我有记忆的时候，那个地方都还在，现在已经淹没在高楼大厦之中了。

整理后的《宝元通简讯》。（资料提供／宜宾市档案馆）

父母结婚后，我母亲被分配到泸州，在泸县一个小学当老师。那个地方很偏僻，当老师的时候，母亲就把我们两姊妹都带去了，留下父亲一个人在成都，一家人很少在一起。几年之后，母亲通过父亲的关系，才调回成都，这样我们一家人得以团聚，当时我们住在宝元通的宿舍里，在那里我们认识了很多宝元通的后代。

那个时候，宝元通已转为国营了，大家也都有了新的去处，但是还是住在一起，我母亲搬到这个院子的时候，大家都喜欢跟她来往，叫她蒋老师，母亲一直很热情，很乐意帮助他们。

兢兢业业做会计

我父亲对于新中国成立前的事情不太爱说，但是后来从他的老同事那里，我们得知父亲一直兢兢业业，是很有声望的一个人。可能因为父亲是专业人才的缘故，他的工作岗位一直没有太大的变化。新中国成立后，他就去了成都的花纱布公司工作，同样是做会计。

当时很多城市都有花纱布公司，成都的花纱布公司在今春熙路一带。据父亲介绍，那个地方以前都是宝元通的店面，转为国营之后，才改成成都百货和花纱布公司等，一度是那个片区最漂亮的房子。父亲后来去成都纺织品公司做会计，弟弟就是顶替他的工作岗位，也在纺织品公司上班。

我父亲工作很努力，一直干到退休都没有犯过错，对需要帮助的同事，我父亲还各种帮忙，甚至有的出了经济问题，我父亲就拿自己的钱去填补，这些都是我们从母亲口中得知的，父亲一生，一直很谨慎地对待各种事情。

续上宝元通的聚会

我们家兄弟姐妹一共四个，我是老大，只有老三在成都纺织品公司工作，我和老二都在商业部门工作，老幺工作自由一点，现在也退休了，我们兄弟姐妹都入了党的。老三是在云南入的党，那时军队要培养他，后来他当了指导员，我父亲退休的时候，他接替父亲工作，一直在纺织品公司工作。

20 世纪五六十年代，宝元通宿舍的成员结构还是挺复杂的，除了宝元通原家属以外，还有成都乐器厂和其他单位的人，裕华纱厂的员工也有一些，还有百货系统后来一些单位的人。

我退休以后，我们小时候住的宝元通宿舍成员组织过很多次聚会，虽然不完全是宝元通的后代，但是我们打的招牌就是宝元通邻居团年会，这几年大家越来越重视，搞得很闹热，唱歌跳舞各种各样的节目都有，正是因为这样的聚会，把我们很多宝元通的后代又团聚到了一起，这也算是我们对于父辈精神和宝元通传统的延续。

宜宾：创始地溯源

宜宾，这个位于长江上游的城市，一度是川南的经济中心，宝元通便孕育于此。在新建的宜宾市档案馆里，有很多宝元通早年的资料。伴随着很多宜宾人成长的钟楼，就是宝元通当年捐建的，钟楼现在已成为宜宾市的城市标志。宝元通的业务还辐射了当时宜宾所辖的众多区域，如江安、南溪等地，另外在泸州亦设有关联企业联一公司。

宜宾采访人物列表

采访对象	宝元通员工	人物关系
甘家和	甘再兴	父子
贾世益	宜宾市档案馆副馆长	无
张　强	宜宾市档案馆工作人员	无

【甘家和】

老骥伏枥，志在千里。甘家和在政府机关和政协工作多年，一直很关心宜宾的文史工作。得知我们要从重庆赶到宜宾采访宝元通的相关事宜，他准备了一些材料，并且协助我们寻找宝元通的老人。遗憾的是，宜宾宝元通的老人都相继离世，只有他一个人给我们讲了很多宜宾宝元通的故事。

宜宾有个宝元通

采访时间：2020 年 9 月 11 日

采访地点：四川省宜宾市叙州区宜宾市体育广场

人物档案：甘家和，1946 年生，毕业于四川农业大学，曾任宜宾市畜牧局局长、市政协常委、市政协文史委主任，其父甘再兴为宝元通员工。

宜宾和重庆在地理环境上，有着很大的相似性，金沙江和岷江在此汇聚，形成了宜宾的老城，最早的宝元通就在此诞生。

沿着江叫卖

自商品经济发展以来，宜宾就是川南地区重要的商品集散地。来自山区的药材、山货等在此汇聚，从南方下游来的丝绸、布匹也从宜宾的码头运往四周。

早在 1920 年，宝元通的创始人，萧则可就邀请其堂兄、表兄等 5 人出资成立了一个合伙组织，主要贩卖一些土铁、洋锅、铁锅等。当时的经营模式和众多商人一样，主要是沿江叫卖，一帮人撑着一艘木船，船上装满了要叫卖的货物，沿江而下，每到一个镇，就上去推销自己的产品。遇到当地好的特产，也装上船回到宜宾继续叫卖，或者卖到下一站。就这样来来回回 3 年，萧则可一行赚到了自己的原始资金，当时他们的生意范围覆盖了江安、南溪、泸州等地，北上在乐山、成都也建立了自己的销售网络。

萧则可虽然是穷苦出身，但在生意方面确实有他的独到之处，几年下来，结算资金相对厚实，于是他再次召集表兄、堂兄，决定将以前的松散合作变成紧密合作，决议成立一个企业，当时大家还俗称商号，这就是宝元通的由来。

宝元通正式成立以后，他们就开始招兵买马，并在自己的生意所在地建立分号，陆续成立了宝元南、宝元泸、宝元乐、宝元江，这些都是以宝元通为名头的商号，共同构成了宝元通早期的商业蓝图。

当时这些地方性的商号中，规模较大的就是位于重庆的宝元渝和成都的宝元蓉。我父亲是宜宾高县人，20 世纪 30 年代被招进宝元通工作。

父亲的宝元通生涯

父亲小的时候家境并不是特别好，很早就在餐馆给人当学徒，主要做白案，做一些面食，像馒头、包子、面条之类。由于父亲的手艺特别好，后来在宝元通的招聘中被录取，这样，父亲就成了宝元通公司的炊事员。

一开始父亲在南溪的宝元通工作，后来随着宝元通在重庆成立了分公司，他也被调到重庆工作了几年。而后来父亲又被调到乐山的宝元通工作，在那里工作的时间相对较长，有四五年，由于父亲是宜宾人，他最后又被调回了宜宾，但是自始至终他都是个炊事员。

虽然辗转多个地方，但是父亲的工作还算平稳，父亲还有一个哥哥，命运则相对多舛。他的哥哥还在福建当学徒的时候，被一个名叫蔡稀胜的植物学家带着做挑夫去了云南，那是 20 世纪 30 年代的事情，直到我退休的前几年，我还曾经专门去云南的植物研究所，打听是否有个姓甘的老人。

中华人民共和国成立后，宜宾的宝元通就转为国营，当时宝元通宜宾的机构有近 10 个之多，大部分企业和资产都成了后来百货公司的组成部分，但锅化厂相对独立，因为这是宝元通早年的支柱产业之一。父亲一开始就在当时的锅化厂工作，这个厂的全称叫宜宾市众鑫锅化厂，后来他被调到印刷机电厂，一直到退休。

我小时候曾经到父亲的工作单位去看过他，就在今天宜宾老城中心的新华书店附近，当时的印象已经很模糊，只记得那里的楼房特别气派，空间很开阔，货品特别丰富。

我从父亲早年的描述中得知，宝元通是宜宾很不得了的一个企业，很多老一辈都知道宝元通的影响力，最为出名的就是宝元通捐资修建了宜宾市中心的钟楼。

退休后重识宝元通

我对宝元通的认知，一半来自父亲小时候给我唠叨的那些事情，一半来自自己退休后，在档案馆做兼职期间的收获。虽然自己也是宝元通的“二代”，但是对宝元通的认识，主要还是来自后半阶段的重新梳理。

我是 1964 年进的大学，没多久就碰上“文化大革命”，到 1971 年才分配工作，一开始就在宜宾市农委工作，后来辗转农、畜、牧业等多个领域。

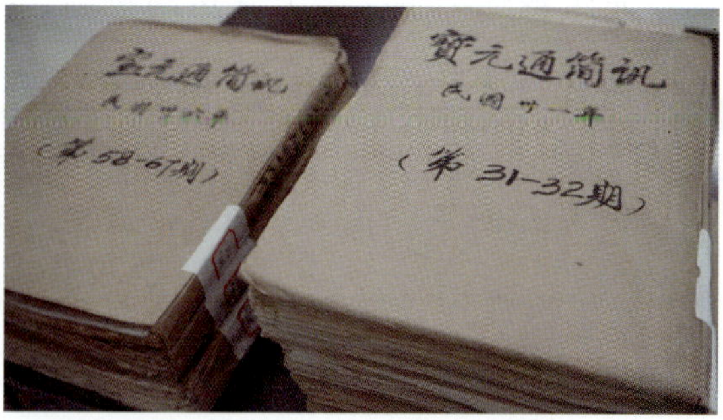

《宝元通简讯》。(资料提供 / 宜宾市档案馆)

在工作期间，我就一直对宜宾的历史非常感兴趣，便利用业余时间，查查资料，写写和宜宾历史相关的小故事，在系统内部还小有名气，后来组织上直接把我调到了宜宾市政协工作。在政协期间，我主要负责宜宾的文史资料收集、整理和出版工作。

那段时间，我很详细地查阅了档案馆的很多资料，对宜宾的很多历史素材进行挖掘，其中当然也包括宝元通，作为宝元通的“二代”，使命使然，花的时间当然更多。

工作中得到任何和宝元通相关的信息，我都不放过。我还多次联系宝元通创始人萧则可出生地的文史工作人员，并多方寻找宝元通的“一代”（编者注：宝元通创始人或老员工）、“二代”，以了解宝元通的更多信息。那些年，我采访过好几个曾经在宝元通工作的人，其中，有会计，也有级别高点的经理，后来我也陆续写过一些和宝元通相关的材料。

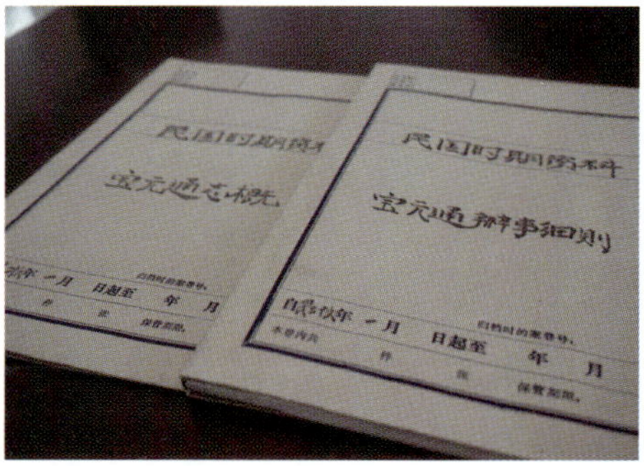

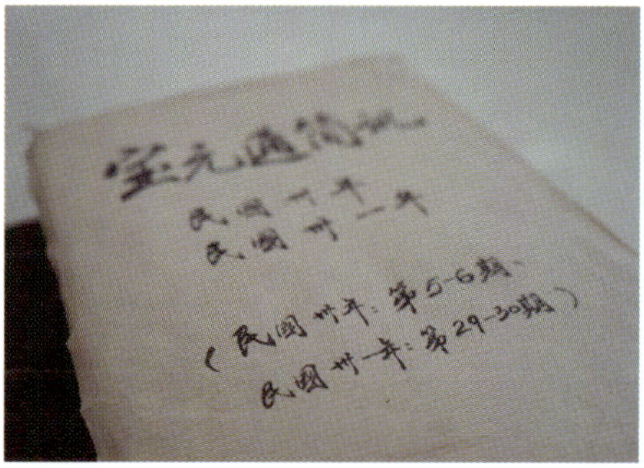

《宝元通志概》《宝元通简讯》《宝元通办事细则》。（资料提供 / 宜宾市档案馆）

六十退休之后，一个偶然的机会，我再次见到了宝元通的很多珍贵档案。当时，宜宾市档案馆招聘了一些大学生来整理档案馆的资料，需要一些经验丰富的老先生传帮带，于是我就过去兼职做档案馆的资料整理工作，虽然工资不高，但我很乐意，其间，我自己还花了一两千块钱复印档案和文献资料。

我复印的这些材料包含宜宾文史的各个方面，当然也有和宝元通相关的材料，主要是当年《宝元通志概》、企业管理制度，以及

《宝元通简讯》等。

印象深刻的是，我在宝元通的管理制度中看到，宝元通不愿意用当地人，所以它把很多人从宜宾安排到重庆、成都工作，再把成都、泸州的人安排到宜宾工作，这样做就是为了避免裙带关系。

这几年我也想尝试再深入整理、研究一些宝元通相关的材料，但是很多宝元通的老人相继离世，想要了解更多的情况，难度很大，在宜宾只有那些八九十岁的老人才可能听说过宝元通，以后宝元通的故事恐怕只能留在那些文史资料书中了。

【贾世益】

在电话沟通中，贾馆长很热情地向我们介绍了宝元通的相关文献情况。在他的办公室内，他对我们的到来十分热情。此次宝元通口述历史采访，也是成渝双城经济圈文化、档案领域合作的尝试，这其中离不开宜宾市档案馆的慷慨支持。

宜宾人的“宝元通”情结

采访时间：2020 年 7 月 22 日

采访地点：四川省宜宾市叙州区宜宾市档案馆

人物档案：贾世益，宜宾市档案馆副馆长，土生土长的宜宾人，熟知宜宾的历史掌故，对宝元通也十分熟悉。

老一辈的宜宾人，是有宝元通情结的，因为宜宾很重要的一个近代建筑就和宝元通有着密切的关系。

艰苦创业

以几个人之劳苦奋斗，几百元之微末资本，从民国九年诞生，演练到现在的宝元通，不是我们“固步自封”，也不是我们“自诩得意”，资与才的展开，都是十分蓬勃的，升腾的。默查其原动力，括为“创办人的刻苦，同人的辛勤，社会人士的扶持”。

——《宝元通志概》

宝元通是民国时期四川规模较大的民族工商企业，该公司起步于宜宾，曾控制川南煤油市场，1935 年总部迁往重庆，但仍在宜宾设有宝无通叙府分店。宝元通的壮大发展与创始人的经营管理观念有着密切的关系。

据《宝元通志概》所载，宝元通是几个落魄的青年拼尽他们的力量，集资所创，初始仅经营土铁一桩生意。纯赖他们互励苦干，薄利多销，办货认真，对人谦让，始得壮大。

宝元通创始人萧则可，宜宾人，祖籍江西。1897 年生，幼时父母双亡，由其姑妈抚养成人。14 岁时，进入其父有资金的万鸿兴锅厂做跑街业务。当了两年的学徒后，由于师母的打骂和师父的折磨，萧则可不得不离厂去当兵。当时军阀混战，民不聊生，他抱着实业救国的愿望，立志从事工商业。萧则可离开军队回到家乡后，开始创业。萧则可父亲逝世时遗留有 150 两银子，存于姑妈家，以备不时之需。1917 年，萧则可已 20 岁，未婚配。

其时同街黄姓人家有一女，已 21 岁，尚未许配人家。黄见萧相貌不凡，人又聪明，遂主动请人说合，将其女许配与萧则可为妻，并陪嫁地租 30 石。婚后，小两口和睦相处，相敬如宾。但由于找不到创业门路，萧则可终日无所事事，虚度光阴，心有不甘。他多次在亲朋好友面前放言：“我萧则可不做一番事业，枉为人也。”

1920 年，萧则可邀约其堂兄萧雨笙，姑表兄弟熊郁村和熊荫村及王镜初等人合伙集资 840 元，其中萧则可出资 280 元，其余 4 人各出 140 元。由于他们对铁锅生意有一定经验，于是开初合伙时便以经营铁锅为主。几个人齐心协力，不辞辛劳，往来于宜宾、泸州两地及沿途县、乡，贩运土铁、洋钉、铁锅等商品，迈出了经商之路的第一步。

“宝元通”的来历

萧则可等人从事经营后，坚持勤俭节约、勤跑勤销的原则，业务不断发展，盈利逐渐增加。在他们创业时，四川还是军阀割据状态，大小军阀明争暗斗，各自为政。当时用于流通的货币为银圆，同一版面的银圆因防区（1912—1934 年为四川军阀防区制时期）不同，价格也不同。其时宜宾属刘文辉的防区，而泸州则属刘湘的防区。5 角银辅币在泸州、江安等地与大洋一样，十足通用，而在宜宾则不分版面一律八折使用。

萧则可等人经常往来于宜宾、泸州之间，凭借敏感的嗅觉，找到了商机。他们以每元贴水 4 分至 6 分的价格，从宜宾收集银辅币到泸州出售，从地区差价中获取利润。同时，萧则可等人在宜宾、泸州、江安往返时，十分重视经营活动的效率，他们从泸州将铁锅买进后，返回宜宾时在沿江一带乡镇和县城都停靠，上岸发货。这种做法很见成效。一则使船减轻负载，二则加速资金周转，往往船到宜宾时铁锅已所余无几，交到店中后，调转船头又可进行下次进货。如此一来，资金每年就可周转数十次，获利相当可观。因为善于经营，到 1923 年，萧则可等人积累的资金已达到大洋 3000 元。

由于业务发展很快，萧则可等人感到若再继续用个人名义开展业务，会给经营活动带来诸多不便。于是，大家议定成立企业，以改变从 1920 年合伙开办公司以来一直没有字号招牌、仅靠私人名义对外经营的状况。

1923 年，萧则可、熊郁村等人于下北街小林家巷口租赁贺绍九的当街铺面作为门市。正当大家在为企业取名而冥思苦想时，施工人员在修缮铺面、平整地基时挖出一枚古钱币“宝元通宝”（编者注：宝元是北宋仁宗年号），萧则可等人将其视为大吉大利的好兆头。经商议，大家一致同意用“宝元通”作为企业名称，同时企业印章也仿照古钱形式铸刻。以后各地设立分店也分别以宝元泸、宝元江、宝元蓉、宝元渝、宝元昆、宝元申等命名。同时，还将铸有元宝、通宝字样的古钱嵌在玻璃木框内，高挂于宝元通的客厅墙壁上，以示纪念。

宝元通与宜宾钟楼

宜宾钟楼，民间习惯称为钟鼓楼，是中华人民共和国成立前宜宾城内最高的一幢建筑。民谚有云：“宜宾有个钟鼓楼，半截都在云里头。”钟楼建于何时，成于何年，就有六七个版本的说法。有的说钟楼建于1936年，有的说建于1937年，还有的说1938年或1939年，众说纷纭，莫衷一是。

我们宜宾市档案馆珍藏着有关宜宾钟楼修建过程的档案，对澄清这段历史极为重要。档案主要记载了以下内容：1935年5月6日，时任四川省第六区专员兼宜宾县县长冷薰南到达宜宾后，立志于地方建设，采取了许多措施改变宜宾的城市面貌。为准确报时，结束宜宾自清代以来击鼓报时的旧俗，他在1936年10月提出倡议，拟在宜宾县城，即今四川宜宾市区建一座标准钟楼。这一倡议立即得到地方人士的积极赞同，随即委定宜宾士绅卓甫臣、孙我山、彭宥三、何鹤林、刘淑光、许培膏、贺伯辛、杨绍平、裴仰吾、黄季云、林绍岵、熊雨村、邓云桂为委员，组织宜宾标准钟楼建筑委员会，公推卓甫臣为主席。委员会成立后原拟订以建筑碉堡余款2000余元作为基金，再由建筑委员

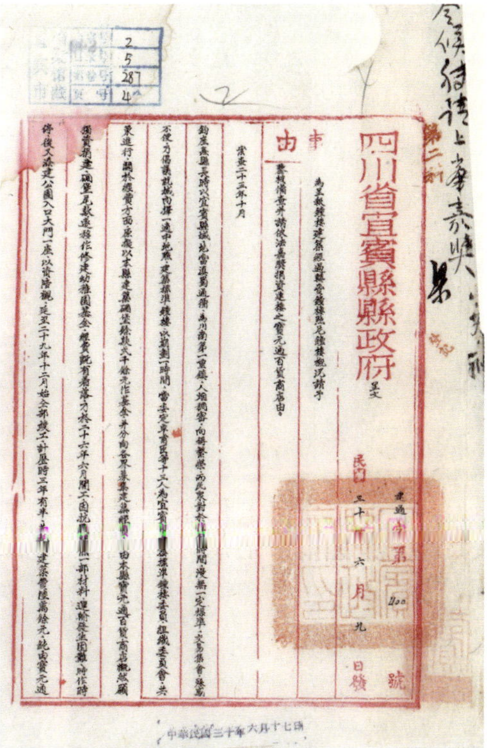
四川省宜賓縣縣政府

1941年宜宾宝元通百货商店关于钟楼修建概况的说明。（资料提供 / 宜宾市档案馆）

会募集资金，用于钟楼修建。由于所需资金量较大，且采取自愿原则，募集资金的效果并不理想。宝元通得知此事后，决定独资捐资修建。此举得到了当局的嘉许。于是，原拟用于钟楼建设款项的建筑碉堡余款改作修建幼儿园基金。

选择钟楼修建的地点也颇费周折，冷薰南会同地方士绅和建筑委员会先后 4 次共同协商，认为中山公园位于城中心，对报时报警均有重要作用，最终确定在中山公园内修建钟楼。

宜宾钟楼旧影。（图片提供 / 宜宾市档案馆）

宜宾钟楼近貌。（图片提供 / 张真飞）

经钟楼建筑委员会研究，钟楼工程的设计及监修人员为狄宫午，承建人为泥工梁佐臣、木工杨云松、石工李德三。

钟楼工程于 1937 年 6 月动工。刚动工不久，因材料及运输发生很大困难，工程时建时停，进展缓慢。钟楼大体完工后，县政府又决定修建公园入口大门一座以资陪衬。1940 年 12 月，钟楼建设才全部完工。钟楼为欧式建筑。钟楼工程总投资为法币 6 万元，共用泥木石工 1 万余人、水泥 200 吨、碎石 100 余吨、石料 2400 余丈、条砖 15 万块，木料价值 8000 余元（法币）。

钟楼地面以下基底深为 7.26 米，纵横各 19.8 米；地面基台纵横各 11.22 米，全砌石料；基底厚 0.66 米。钟楼底部至楼顶高 31.35 米，基台以上纵横各 7.92 米，大部分用砖砌成。顶部设大钟 1 座，由钟楼建筑委员会从亨达利公司购进，用去法币 2300 元。时钟各部件于 1937 年年底大部分运达宜宾，唯轮轴及内部精细部分，由亨达利公司保存在重庆，时加修整，以免锈蚀，计划在钟楼完工时安放。不料 1939 年 5 月 3 日，日机轰炸重庆，时钟部件全部被毁……

钟楼建成至今已有 70 多个年头，久经风雨依然屹立在市中心。20 世纪 70 年代，政府组织拆除了“文化大革命”时期打坏的钟楼顶部。后来，钟楼历经多次维修，益发壮观、亮丽。

目前，钟楼已成为宜宾市的标志性建筑，宜宾市民在自豪与骄傲的同时，亦从未忘记宝无通公司对钟楼修建做出的巨大贡献。

【张强】

张强很熟悉宜宾民国时期工商企业的档案情况，觉得宝元通很特别，作为一家民营企业，居然发展壮大，建树于川南地区，并扩张到了海外，这是宜宾人的骄傲。

档案中的“宝元通”

采访时间：2020 年 7 月 21 日

采访地点：四川省宜宾市叙州区宜宾市档案馆

人物档案：张强，宜宾市档案馆利用部工作人员，工作期间曾参与整理宝元通的原始资料，他十分佩服宜宾还有这样的企业。

我对宝元通的了解源于工作，主要是从文献以及宝元通遗留下来的材料中，看出这个企业的优秀之处。

从小做大

宝元通正式成立后，萧则可是宝元通的实际负责人，宝元通在萧则可的领导下不断发展壮大。1936 年，宝元通已分别建立了六大分支机构。

其中，宝元申，设于上海五马路满庭坊。宝元渝，设于重庆上陕西街。宝元泸，设于泸州迎晖路，支店设在泸州大河街。宝元江，设于江安县北街。宝元南，设于南溪中正街。宝元通，分店设于叙府北街 31 至 32 号，支店设于叙府北街 61 至 62 号。

最有意思的是，在宝元通所设机构中，只有宜宾宝元通没有像其他机构一样以属地冠名，主要原因是宝元通开办共 30 年，其中前 15 年都在宜宾。宜宾人已经习惯了这一称呼，故一直未更名。

随着企业的发展壮大，宝元通的经营触角也不断延伸，除在宜宾南岸开织布厂外，亦为多家企业在本地的代理商，主要包括：美孚油行叙府经理、大中华牙刷厂叙府经理、英美烟草公司叙府经理、德士古油行泸州经理、华成烟草公司泸州经理、三峡染织厂川南独家经理、乐山肥皂厂川南独家经理、永备电池厂川南独家经理、广东兄弟塑料公司全川独家经理、双轮牙刷厂全川独家经理。

科学的管理制度

宝元通自 1920 年开始合伙经营到 1937 年，其资金已由当初仅有的 840 元发展到 100 万元。公司于 1935 年将总店迁到重庆，1946 年将企业登记为宝元通兴业股份有限公司。公司业务由过去仅限于川内逐步发展到省外、国外。至 1949 年，宝元通先后在昆明、成都、西安、上海、南京、衡阳、武汉、香港、仰光等地设立分店、办事处，成为当时炙手可热的工商企业。

公司内部机构组织设置也较为科学。宝元通由店员股东大会、宝元通理事会和总管理处、总务科组成。其总管理处下设人事部、业务部、审计部、文书部、调查部等分支机构。

人事部主要负责人员登记、职工培训、图书管理、考试考核、职工俱乐部、医疗卫生管理。业务部主要负责公司业务、设计、代办。审计部主要负责会计、统计、稽核营业。文书部主要负责收发、宣传。调查部主要负责到各分支机构、科室进行巡视调查。

各分支机构仿照总部设立人事、文书等股，以经营、财务为重点，分别对门市、批发、代办、账务、表报、保管货房会计出纳进行管理。

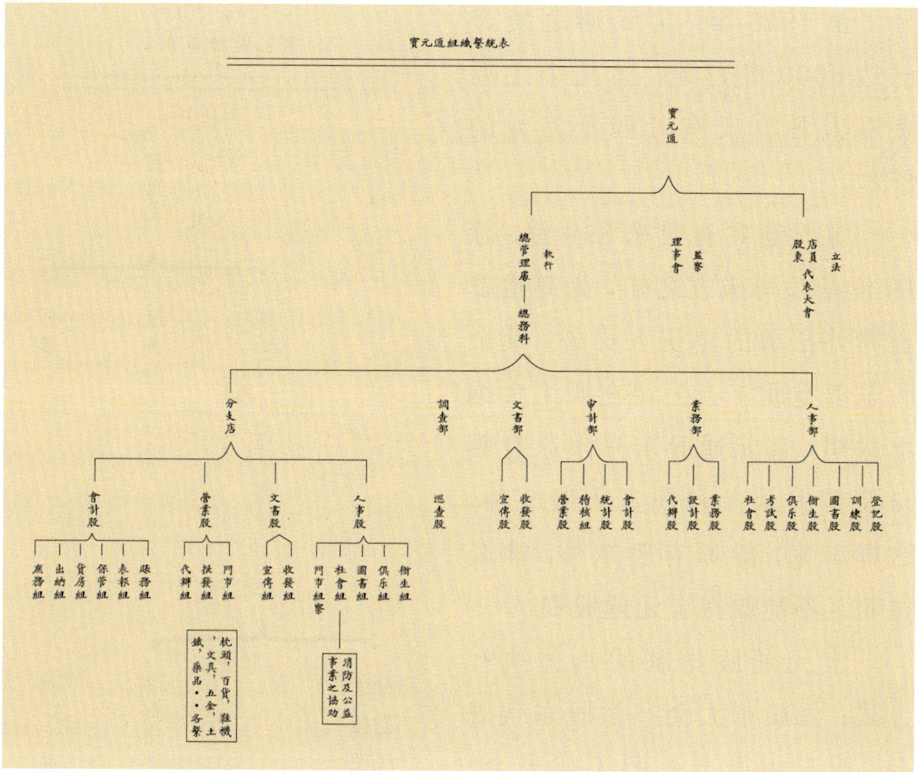

《宝元通志概》中的宝元通组织系统表。（资料提供 / 宜宾市档案馆）

独特的经营之道

宝元通之所以能迅速发展壮大，是因为其在20世纪30年代就由私人所有制转为股份合作制。宝元通改制后，采取职工入股、劳资协作经营模式，向共同生产、共同消费的方向发展。宝元通有职工、店员代表，定期召开职工大会。作为大股东，萧则可、熊郁村、熊荫村、王镜初和萧雨笙以身作则，和职工一样领取工薪，并无其他特殊待遇。几位原始股东用毕生精力服务于宝元通，不置私产。熊郁村负责管理公司在重庆的业务，其在重庆临江门富成路的住宅也非个人所有，属于公司财产。

至1946年，宝元通总资产已达6000多万元，而几个主要负责人各自仅有三四十万元的资本。

宝元通共有股东399位，除19位是公司成立之初，为筹措资金向外招募的出资人员外，其余股东都是职工。公司在职工大纲上载明，宝元通股东只限原有股东及其继承人和职工入股3种。这样一来，除原有股东外，非公司职工不能取得宝元通股权。

宝元通股份制的具体执行方式：由股东大会产生股东代表会，职工大会产生职工代表会，再由两代会的常务理事会各选举的3人和总经理共7人，组成股东职工会也就是公司的董事会，董事会决定总经理的人选。先由职工票选候选人3名，由职工代表会征得股东代表会同意后，提请股、职代表会（即董事会）决选一人为总经理。宝元通采用集体负责制度，董事长和总经理对公司行政都无最终决定权。公司总管理处为公司的决策机构，共设经理7人（含总经理），采用

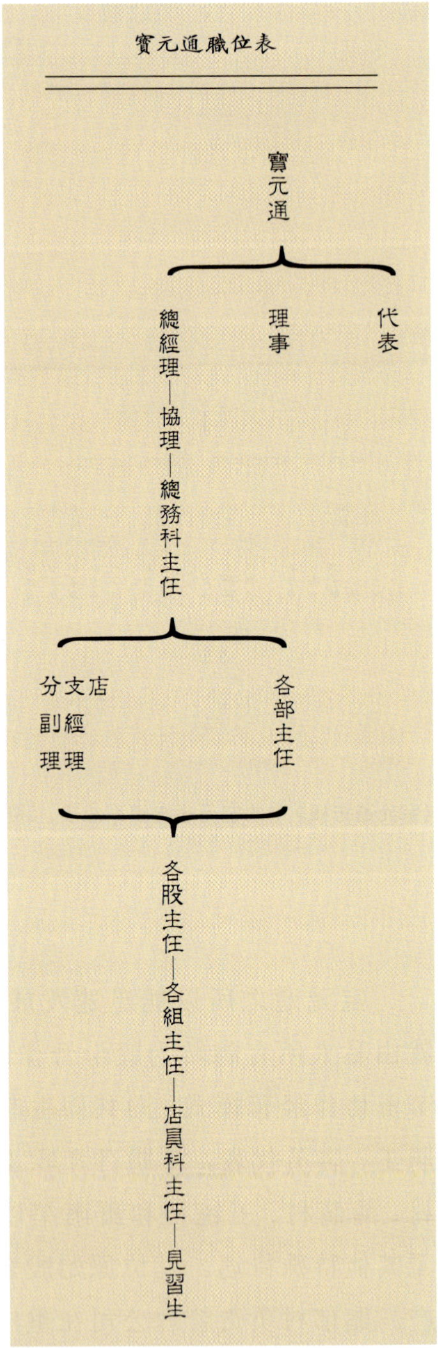

《宝元通志概》中的宝元通职位表。（资料提供 / 宜宾市档案馆）

会议方式处理公司各类事务，决策以多数人的意见为准。总经理亦听命于总管理处。

宝元通对股东实施节制资本的办法，这也是宝元通经营的独到之处。从前的股本限额是每位股东不得超过 5000 元，后因货币贬值，历经调整后，到 1946 年改组公司时，变更为每位股东股额不得超过 50 万元。公司股本总额为 6000 万元，即每位股东的股额不得超过公司总股本的百分之一。这就是宝元通为了节制资本，避免少数人控股而采用的股东制。宝元通的创始人将公司由少数几个人的财产转换成三四百人的共同财产，创始人由每人原约百分之十七（萧则可约百分之三十四）的股权降低到不及百分之一的股权，不得不说这是一个十分独特的经营模式和理念。股东若从公司离职，其股东身份仍然存在。

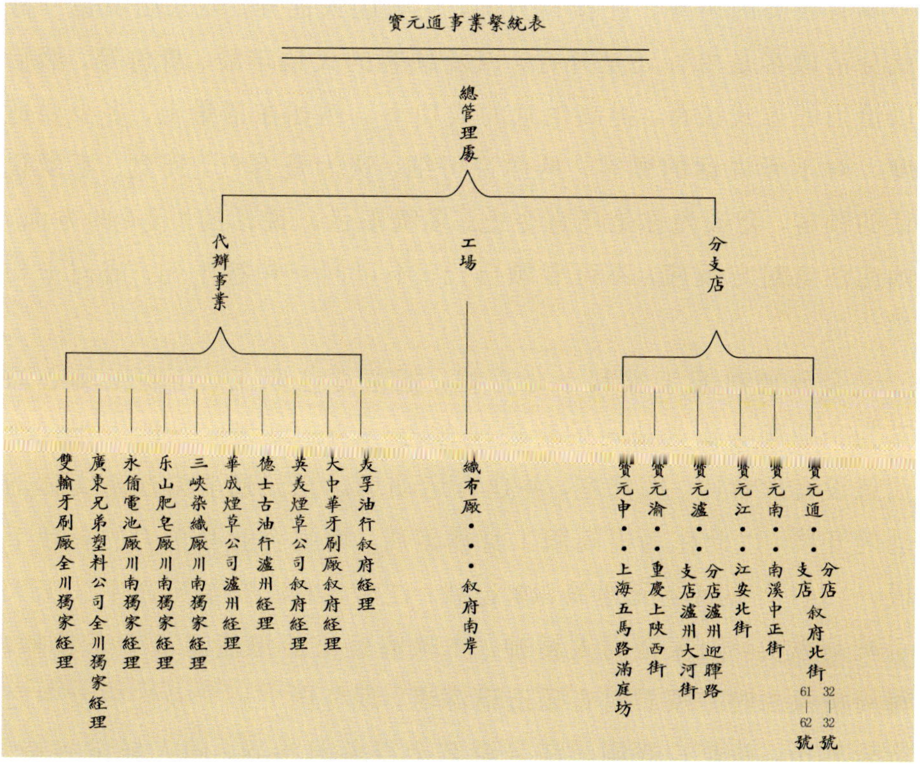

《宝元通志概》中的宝元通事业系统表。（资料提供 / 宜宾市档案馆）

在营销方面，宝元通一是坚持薄利多销的原则，由于资金周转速度快，每件商品所得利润虽少，但按全年计算，所获利润比其他许多商号高出不少。二是多种经营，使人力和资金得到充分利用，其经营范围涉及铁锅、土铁、土产、百货、绸布、新药等，涵盖面较广。三是采用明码实价的策略，采取标价出售形式可以吸引更多购买者上门，达到交易快、利润大的目的。四是在附近县开设分店，以便推销更多的商品，加速资金周转。其经营方针为批、零兼营，以零售为主。五是采取"低工资"政策，股东和职工分配盈余时，采取多留少分的方式，为公司的进一步发展提供资金保障。

宝元通十分重视培训工作，力求提升店员、职工素质，促使服务进一步提升。通过各类培训，宝元通的绝大多数店员、职工面对顾客时，能做到热情、耐心、细致、周到。公司因此在广大消费者中享有较高的声誉。在接待方面，主张因人而异，要求店员第一眼就分清顾客是内行还是外行，以及顾客的大致年龄、身份等，然后以恰当的方式接待，提高生意的成功率。例如在语量上，多少要适度。对于爱说话的顾客，见你说得细，认为是客气、周到；不爱说话的顾客，会认为你是巧言令色、多嘴多舌。说话的"度"的方面，则应注意对方反应，不可专顾自己，不可问一句答十句，或问十句答一句。

宝元通对职工福利十分重视，把留得住职工、让职工真心诚意为企业服务作为公司的管理理念之一，在20世纪三四十年代企业就设有伙食团、医疗室，并建有运动场。宝元通非常注重文体活动的开展，以此作为提高职工身体素质、增强企业凝聚力的有效手段。1941年的《宝元通简讯》记载：江号，即江安宝元通中久无人引吭高歌矣，为振奋同人精神，昨聘请蔡松龄担任江号音乐教师，每周授课二时。蔡君对音乐造诣深湛，现任国立剧专及江安女中之音乐教员，并兼长戏剧。江号游艺会得蔡君指导，同人异常兴奋。

江号新建运动场顷已竣工，日朝会均在此练习篮球，虽白雾弥天寒气浸骨，同人之运动精神并不因此消减。

三个发展阶段

宝元通的发展大致经历了三个阶段。

第一阶段，7 年经营奠定原始资本积累，为发展打好了基础。这段时期从 1920 年至 1927 年，主要靠经营者与职工的勤奋努力。正如《宝元通志概》所载，纯赖创业者和大家一道互励苦干，节衣缩食，薄利多销，办事认真负责，对人谦让恭和。

第二阶段，此阶段扩大积累，经营洋货赚得巨额利润。这阶段从 1927 年至 1937 年，进一步完善股份合作，允许职工加入股本，充分调动职工的积极性。

宝元通从 1927 年起，首先在江安设立美孚油行，经营美商美孚洋行煤油。为了适应当时农村照明需要，宝元通派专人到重庆订制各种精美的省油灯折本贱卖，增加了煤油的销路。

宝元通创业之初，曾大量经营外国商品，除美孚煤油外，还经营英商中国肥皂公司力士牌香皂和日光、祥茂、白蜜牌高级肥皂、英商颐中公司香烟等商品。这期间宝元通对内采取以下措施：一是实行“劳资合作”。允许职工加入股本，把职工的积极性充分发挥出来，并且提拔优秀职工加入领导层。二是在盈余分配上，提出“三三二二”分配方案。股东、职工各占百分之三十，公积金占百分之二十，社会事业占百分之二十。三是对店员和见习生灌输改良主义思想。鼓励职工终身为团体服务的意志，破除个人发财的思想。强调职工的主人翁地位，提倡鄙视有钱而缺乏事业心的人。通过这一阶段的努力，宝元通的资金由 1 万余元积累发展到 100 余万元。

第三阶段，扩大经营范围，投资工业生产，这一阶段是从 1937

年至 1949 年。因战争断了进货的来源，宝元通采取了以下办法和措施：一是静观时局变化，等待战争的结束。二是开辟海防、仰光等地进货路线。三是举办手工业场，在昆明下关办茶厂，在宜宾、成都、重庆等办染织厂、皮革厂等。四是开辟印度、中国香港等国家与地区的对外贸易基地。五是不放弃零售业务，扩大职工福利以减少职工的辞职。这段时期国内物资匮乏，因此宝元通通过在国外的机构、办事处大量引进洋货填补市场空缺，保障市场供应。

为了进一步加强宝元通的领导，公司提拔企业优秀职工、引进社会精英加入领导层。如修建钟鼓楼的工程负责人狄宫午，就加入了宝元通，出任成都宝元蓉经理。

这一阶段是宝元通发展比较艰难的时期，除战事对经营的影响外，还要随时应酬国民党官僚、本地土绅、袍哥，以及社会三教九流，企业处于收不抵支的情况。宝元江等分公司也先后被撤销。

特别是 1949 年，国民党大量印发金圆券，市场物价飞涨，职工生活艰难，公司虽不断调整薪金待遇，但仍赶不上物价的变化。公司上下人心惶惶，许多业务处于停滞状态。

1949 年宜宾和平解放，宝元通很快转为国营体制，公司职工也成为国营百货公司职工。萧则可被任命为川南人民行政公署委员兼商业厅厅长。1951 年，中央人民政府任命萧则可为川南人民行政公署土地改革委员会委员。行署撤销后，萧则可曾任四川省工商联副主任委员等职务。

中央人民政府
政務院 任命通知書 政字第3041號
兹經政務院第八十六次政務會議通過任
蕭則可為川南人民行政公署
土地改革委員會委員
特此通知
總理
一九五一年五月十五日
中央人民政府政務院印

1951 年，中央人民政府政务院发给萧则可的任命通知书。（资料提供 / 宜宾市档案馆）

附　录

在编写关于宝元通的口述历史的过程中，我们陆续收集了一些文献资料，其中有民国时期宝元通公司的章程和未完成的公司小志，另有20世纪80年代人撰写的宝元通相关材料，以及“重百”“华润”企业内部对于宝元通的文字记录。这些都是宝元通口述历史的佐证，故摘录部分，以飨读者。

重要人物

萧则可：联一大楼见证泸商

萧则可先生

萧则可（1897—1968），书名萧明诚，宜宾市城区人。宝元通创始人之一，曾任泸州市工商联主任委员，民建泸州市分会第一召集人，川南区政治协商委员会委员，川南人民行政公署委员兼商业厅厅长，四川省工商联第一、二届副主任委员，第一、二、三届四川省人民代表大会代表、省人民政府财经委员会委员等，全国工商联执行委员、常务委员，第二、三届全国人民代表大会代表。

老泸州人中，谁不知道“联一大楼”？这座位于泸州市大河街70号的高楼建筑，西式风格，是民国时期泸州的代表性建筑之一。它见证了川南百年工商业历程，具有丰富的人文记忆，是泸州历史文化名城的重要支撑。该建筑于2012年被四川省人民政府公布为第八批省级文物保护单位，现为泸州市非物质文化遗产保护传习所，作为该市“泸州河”川剧等非物质文化遗产表演类项目固定演出场地。如果追本溯源，联一大楼何人所建？“萧则可”三个大字便跃然纸上！

据宜宾市志载：萧则可出生在宜宾城区一个药商家庭。读高小时，萧则可憎恨外国传教士愚弄中国人，曾邀约部分同学击破法国天主教在宜宾的圣道院玻璃窗。这件事引发社会轰动，地方政府追查，萧则可一度离家流浪。

1917 年，萧则可走上经商路，去父亲小有投资的万兴鸿锅厂做“跑街”。1920 年，萧则可约堂弟萧雨笙及亲戚熊荫村等，筹资白银 350 两，往来于宜宾、泸州之间，从事铁锅、土铁、小五金等商品贩运。3 年时间里，便积累了大洋 3000 元。

1924 年，萧则可出面租赁林家巷铺面两间经商，将“天元通宝”四字精选 3 字，取名为“宝元通”。“天元通宝”是晚清天地会会钱，铸于浙江地区。天地会是清代民间的秘密社会组织，以反清复明为宗旨，起事于康熙甲寅福建漳州，后发展至广东，并由南向北蔓延，遍及大江南北。天地会钱币多为浙江地区天地会组织所铸，计有太平通宝、开元通宝、天朝通宝、皇帝通宝、天元通宝等。新商号取一个具有革命党性质的名称，足以见萧则可的思想进步。

“宝元通”创办初，萧则可提出“铁锅漏水包调包换”“各种洋钉分零出售，长短任配”等灵活的经营方式；接着提出了凡商品霉变、生锈、残损、规格不合者“四不上柜”。当时，商家经营取利常为百分之二十至百分之五十，宝元通一般商品仅取利百分之十至百分之十五，一律明码实价，不讲价钱，深得顾主们信赖。身居穷乡僻壤的农民，见宝元通的价格，质量都信得过，都托人购买宝元通的商品。

宝元通的业务蒸蒸日上，资金流转加快，更受到厂家们的欢迎。抗日战争时期，外地迁入四川的工厂，有 30 多家委托其代销产品，宝元通的业务范围日渐扩大。如何更好地运作，萧则可参与拟订了《门市营业员守则》《接待顾客条例》，带头执行，确保了宝元通事业的不断发展壮大。

1925 年，萧则可在上海会见一些实业界人士，研讨办企业的主导思想，阅读了不少谈组织管理合作事业的小册子。这时，萧则可提出“以服务社会”为宗旨，把整个宝元通办成团体，实行“劳资合作”的建议，董事会欣然采纳。

宝元通规定：凡工作两年以上的店员，年终考绩连续两年为乙等以上者都可以加入股本，成为公司在职股东，每年净盈红利。这样，绝大多数店员成了在职股东，公司的经济实力加强，职工的积极性也空前高涨。20 世纪 20 年代后期，萧则可又提出“牺牲小我、顾全大我，发展事业、服务社会”的团体精神，作为“号训”列入股东职工公约，到 1946 年，职工股份已占总资金的百分之九十，宝元通成为名副其实的劳资合作企业，防止了个人拥资垄断，使劳资关系趋于协调。

萧则可经营企业有一套独特的方式，公司建立店员代表大会，作为公司的最高权力机构；另外，设有代表资方的股东大会，作为监督、咨询，店员代表大会产生董事会，代表大会闭幕期间，董事会行使一切管理权。注重招揽人才，知人善任，萧则可用重金在社会上聘用专门人才，特别重视培养企业的见习生，先后共招收见习生千多名，占全部职工的百分之九十。

管理方面，萧则可强调注重人事考绩，对职工按照“意志、工作、才能、行为”打分，作为级别升降及奖金、红筹的依据，进一步调动大家的积极性。他每制定一项规章制度，都会先经职工讨论，并通过实践进行修订、完善，受到职工的好评，上上下下都称他“萧人帅”。萧则可着重打开商品销路，代销煤油时，他亲自去重庆购买各式省油灯，每出售一盏就新增一个用油户，从而很快控制了川南煤油市场，获利两成以上。

1925 年，川南一带土匪猖獗，乐山、犍为所产的毛铁运不出来，而宜宾、泸州存货空虚，市价飞涨。这个时机，萧则可不惜冒着生命危险，抢先赶到产地赊购，仅仅这一笔就在短期内为宝元通赚得了几倍利润。1926 年，第二个大结账期，它的资金已积累到了银圆 1 万元。随着资金的增长，萧则可及时把宝元通的业务扩大为经营百货、匹头，1930 年在泸州修建百货营业大楼。

1930 年，萧则可到成都参观工厂，深有感触，认识到发展国家经济，应从事工业生产，开始逐步筹划开办工业企业。1934 年，萧则可毅然决定，将宝元通总号由宜宾迁往重庆，以适应事业发展需要。

1935 年，萧则可辞去总经理职务，专门到泸州筹建主管“联一实业股份有限公司”。1937 年 7 月 1 日，“联一实业股份有限公司”成立，新建的联一公司大楼，属于西式建筑风格，占地面积 598.44 平方米，建筑面积 1864.18 平方米，为砖、木、石结构，通高 21 米，中间为五层，两边为四层，立面成“凸”字形状。

1941 年，宝元通的经济实力日益强大，日本侵华战争导致交通梗阻，经营商业不时遭受种种挫折和损失，萧则可建议宝元通转向经营工业。这一建议得到了董事会的支持，1945 年宝元通打出“发展民族经济”的旗帜，取名“宝元通兴业股份有限公司”，先后开办纺织、印染、茶叶、皮鞋等工厂，还投资兴办合众轮船公司。

1947 年 5 月统计，宝元通资产已达 264.41 亿元。当年，新中国曙光在前，萧则可、熊荫村等主要决策人在重庆北碚温泉公园召开会议，研究时局变化和应变措施。1948 年，黄凉尘、樊陶斋、李清法到香港视察宝星纺织厂筹建时，找到章乃器交谈，与中共地下组织取得联系。

1949 年 3 月，黄凉尘再到香港，会见了许涤新和夏衍。11 日，黄凉尘经天津到达北京，由章元善陪同见到黄炎培、章乃器等，他们对宝元通转为国营的意愿表示赞同；章乃器随即在政务会议上，代宝元通向陈云同志申请。不久，章转告黄凉尘：中央财委原则上同意，但重庆未解放，可先在北京等着。

1949年，宝元通的分支机构已发展到20多个，分布在省内的江安、南溪、泸州、重庆、成都及省外昆明、上海、南京等地，并在印度、巴基斯坦、中国香港等地设有贸易机构，萧则可成为当时四川工商界举足轻重的人物。四川解放前夕，许多人都劝说萧则可离开大陆，他却笑而不答。12月3日，解放军先头部队占领泸州市郊泰安、高坝和23兵工厂，萧则可等泸州工商界知名人士聚集茶园等待，晚上齐集管驿嘴码头欢迎解放军。1950年1月，萧则可率宝元通的20多个店号和工厂、1700多名职工和资本货物全部交与国家，泸州宝元通改名为中国百货公司川南分公司，可谓新中国第一代“红色资本家”。

1950年3月，在中共川南区党委、行署的指导下，萧则可负责改组旧商会，筹建泸州市工商业联合会，并担任主任委员；参与筹建四川省工商联并当选为省工商联副主任委员；参与中华全国工商联筹建，并担任常委。

三年国民经济恢复时期，萧则可亲自动员泸州工商界大户，积极恢复生产，搞好流通领域经贸活动，创办了川南新生土产联营社及一系列公私联营、私私联营的企业，为发展生产，促进城乡物资交流，迅速恢复川南地区经济，起到了积极作用。

四川省人民政府成立后，萧则可被任命为省人民政府委员、财经委员会委员、省商业厅厅长等职；并被推选为省第一、二、三届人民代表大会代表，第二、三届全国人民代表大会代表；历任泸州市工商联主任委员、民建泸州市分会第一召集人、川南区政治协商委员会委员、川南人民行政公署委员兼商业厅厅长等职。“文化大革命”中，萧则可遭到“四人帮”迫害，但没有动摇其跟党走的决心。1968年，萧则可旧病复发，因未得到应有治疗而逝世。

八十余年花开花落，联一公司大楼依然屹立泸州城。它见证了川南百年工商业发展历程，具有丰富的人文记忆，有着较高的文物价值，对研究近、现代泸州建筑具有重要的意义。2013年12月，按照文物建筑“修旧如旧”的原则，泸州市对联一公司大楼主体进行整修——保存下一段民国时期的“泸商记忆”。

——原文载于泸州工商业联合会（总商会）2018年编印的《泸商记忆》。（收入有改动）

经世史略

论“宝元通公司”

作者简介：熊甫，四川大学经济系教授，曾于1984年暑假带领学生来重庆，调查宝元通的企业历史和经营经验。

宝元通兴业股份有限公司是一家以经营百货贸易为主的民营股份有限公司，也是中华人民共和国成立后全国第一家由私营转为国营的民族资本企业。1984年4月，在重庆市经济体制综合改革中，有关方面又决定重新恢复“宝元通”牌号，成立宝元通经济服务公司，以期继承和发扬宝元通的优良传统。因此考察宝元通的发展过程，探索其经营管理的特点，将是一件颇有意义的工作。由于资料散失，收集查证不易，特别是受作者水平的限制，本文肤浅失误之处在所难免，祈求识者指正。

“宝元通”的创立和发展过程

“宝元通”的发祥地宜宾，踞岷江金沙江交汇处，扼川滇交通要冲，是川西北、川南及滇黔北部物资的重要集散地，商业一向十分繁荣。它的主要创始者萧则可，1920年与其亲友熊荫村、熊郁村、王镜初、萧雨笙等5人合伙集资白银600两，在家乡宜宾开始经营土铁、铁锅的贩卖。萧为人豁达，长于交往应酬，他们起始做生意，买卖就十分灵活，或经销或代销，或提供原料，或包销产品，以薄利多销、快进快出为原则，又事必躬亲，能步行就不坐车船，以节省开支。由于这些商品是广大群众生产生活上的必需品，因有产地限制而又体重值低，故经营者不多，所以获利颇丰。1923年结算，资产总值已达三千余元，为原资本额的4倍有奇，于是正式命名为宝元通号，寓意财源通达。经营范围也逐渐扩及为外商洋行代销煤油、香烟等日用品。随着资本的积累，1927年前后宝元通更把经营的重点放在价值较高的百货、布匹等方面，并先后在川南的泸州、南溪和江安设立分号，分别称为宝元泸、宝元南、宝元江，生意越做越大。此时，帝国主义对中国的经济侵略愈加深化，外国洋行和轮船公司不断侵入内地，权益大量外溢，宝元通领导人愈益感到外国资本的压力，实业救国思想亦更强烈，锐意进取，面向全川，不久即涉足全国布匹百货贸易竞争行列。

1935年初宝元通总管理处东迁西南经济重心的重庆，这使宝元通在信息、货源、资金融通和批发业务等方面，更加如鱼得水。当时，国民政府已基本上能号令全国，国内政治局势相对稳定，社会经济亦相对有所恢复和发展。四川自1933年二刘（编者注：刘湘、刘文辉）第二次大战之后，刘湘以武力基本上统一了四川，长期以来四川地方军阀混战的局面终告结束，人民生息所需，为日用百货提供了广阔的市场，也促使商业日趋繁荣。

宝元通迁渝后，立即不断派出考察团出省考察，积极开拓业务。他们先后与上海、天津、青岛等地十余家著名厂商签订经销代销合同，取得价格和付款期限上的优惠。宝元通还开始向公私银行办理押汇和抵押借款，利用官营银行的低息贷款增强营运实力；投资兴办轮船公司、中小矿厂和加工企业，逐步走上从事贸易，发展生产，产运销售结合的道路。也正是一时期，全国人民面对日本帝国主义入侵的严重威胁，爱国热情空前高涨，掀起一次又一次的抵制日货热潮，成都宝元蓉曾受到冲击，一部分货物被砸毁。在爱国主义的激励下，1935 年宝元通即决定再不以任何形式经营日货，以实际行动在工商界中做出了表率。

正当宝元通业务发展比较顺利的时刻，日本帝国主义发动了全面的侵华战争。由于国民党的片面抗战政策，祖国半壁河山相继沦陷，打乱了宝元通货源的正常供应渠道，特别是国民党政府错误的财经政策，导致通货的恶性膨胀和物价飞涨，给它的经营带来了很不利的影响。但是随着国民政府迁都重庆，部分工商金融企业及有产者内迁，全国政治经济中心的西移，生产和消费的某些增加，也给它的经营提供了一些有利条件。宝元通凭借着日臻完善的组织机构和制度，以及先期培养成长起来的一批精通业务的骨干力量，千方百计地开辟货源，先后在国内外衡阳、仰光、海防等地设立采购站（点），在重庆和昆明等地投资设厂， 一定范围内实行工贸结合，并以宝元蓉为基础，在成都主办由上海民族工商业家组织的中国国货公司（编者注：该公司虽有中国银行投资，但比重不大），进一步加强了它同上海工商界的联系。所以它在抗战期间业务仍然兴旺，资金积累仍有增加。

抗战胜利后，国民党统治区投机泛滥，美货倾销，商业一度畸形繁荣，宝元通此时也曾有过短暂发展。1946 年 5 月宝元通正式改组为宝元通兴业股份有限公司，额定资本法币六千万元。在香港登记注册成立“香港宝元通贸易公司”，在加尔各答和卡拉奇等地设立办事处，准备发展国际贸易。在上海、南京、武汉和广州正式建立分支机构，积极发展国内贸易和衔接国内外业务，并向美国购买纱机一万台，在武汉新建宝星纺织厂，后改在香港建厂，拟沿着“以经营贸易、从事生产为业务，发展民族经济为目的”的道路前进。但是由于国民党撕毁两党"双十协定"，挑起全面内战，形势急转直下，通货膨胀更加严重，物价一日数变，民穷财尽，宝元通的生意也越来越难做，不得不一再收缩业务，内外矛盾亦纷至沓来。少数股东更企图瓜分历年所余积累，职工生活的供给制度也成为不堪的沉重负担。是分光吃光散伙，还是把团体引向光明？宝元通总经理黄凉尘受命几度往返香港、重庆之间，求教于社会知名之士，终于在 1949 年 10 月奔赴北京，投入新生红色政权的怀抱，坚决申请转为国营。重庆解放后，1950 年 1 月，原西南财政经济委员会根据中央的指示，正式批准宝元通贸易部分转为国营，宝元通从此走上了为人民服务的光辉大道。

重视商誉，注意信息，以销定购，面向大众的经营作风

商誉是商业经营者的信誉，是一笔巨大的无形财富，直接关系着企业经营的经济效益。宝元通从创立以来，就十分重视在买货的顾客、供货的厂商以及贷款的银行和往来客户中，树立良好的信誉。对顾客以"真（货真）、诚（心诚）、美（店堂陈设包装美）"取信，切实做到货真价实，童叟无欺，礼貌待人，门市陈设包装富有吸引力。宝元通奉行大众商品，薄利多销；一般商品，平价快销；高档商品，高价候销；残次商品，减价推销的原则。一年一度的大减价，确是真实的减价，减价时间一过，立即恢复原价。货橱商品明码标价，照价出售，从不二价，并且包退包换。对任何顾客，都一视同仁，规定店员有问必答，百拿不厌，为顾客当参谋，任凭顾客挑选，不得与顾客发生争执。待客以诚，一扫金钱世界中以貌取人的恶习。对于店堂布局、陈设和商品包装，则力求美观，注意影响，也做过一些商业技术上的宣传，但又非欺骗顾客，这样滞销商品到宝元通也不滞销了。

对生产厂商则主要通过为其产品打开销路以取得信任。20世纪30年代，中国民族资本工业竞相向内地开拓销售市场，由于宝元通的规模较大，信用也好，因而不断取得上海、天津、青岛等地一些厂商产品的经销权，并获得较低价格和远期付款的优惠条件。有的厂商甚至在产品商标上加印“宝元通百货商店经销”字样，以便销售。对银行和其他往来客户，它则坚持信守合同，所以宝元通既以服务态度良好，商品质价相当而受到顾主的称赞，又从经销商品和资金周转中得到生产厂商和银行的优惠，使它的生意越做越旺，信誉亦与日俱增。

在掌握商品信息、市场行情方面，宝元通要求一个“灵”字，更走在同时代同行业的前面。它逐步建立了一套比较严密的业务组织体系和规章制度，总分公司营业部（股，组）都配备有经验丰富的专职人员（编者注：跑街先生）负责了解市场情况和同业动态。总理管处和各分支机构，特别是沪、津、成、渝之间除每天用密码电报或电话传递当时日行情外，每周均有两次定期发出的业务信（通关信），互寄当地主要商品市价行情表、每月库存商品表、滞销货委托书以及不定期的业务专信，要求上海重庆间的往来函件，第四天就应收到回信。总管理处据此进行分析预测，统筹指挥全系统的购销运存活动。在通货恶性膨胀、物价起伏甚大以及传递信息条件有限的20世纪四五十年代，宝元通能最先掌握行情，因此它在市场竞争中，常常稳操胜券。

对于商品的购销运存，宝元通要求尽力做到准确、快速，避免盲目性。在进货时，既要以批发和零售第一线营业组（员）提供的销售状况和商情动态为依据，又有业务主管部门的统筹安排，坚持以销定购。对于货源正常的商品，一般提前一季度购进，对于新产品则先少进试销，既使经营的商品品种多、花色齐、规格全，适销对路，又要尽可能地避免盲目，造成商品积压。在商品调运上则突出一个“快”字，提早进入市场，赶上时令需要，尽力做到人无我有，人缺我齐，奉行“货不停留利自生”的原则。存货则不仅要求账账相符，而且还要做到账货相符，账上存货亦需完全保证质量。每种商品各个规格共有多少存货，其中门市若干，仓库若干，均分别记载清楚，有关部门经常抽查，每月盘点，如有账货不符或霉变殁损，立即查清责任，及时处理。所以宝元通库存残次商品一般均控制在万分之几左右，基本上消灭了账货差错和商品大批变质的现象，据1950年1月的盘点，残次商品仅占存货总额万分之一点五。

在资金周转方面，宝元通亦是同业中的优胜者。它除薄利多销、减少库存、加速调运外，还充分运用银行借款以扩大购销业务。由于宝元通有良好的信誉，银行均乐与之往来，它既利用银行的长期放款和透支，又尽可能地以在途商品向银行办理押汇（编者注：以运输中的货物为抵押而取得的借款）和抵押借款（编者注：大宗商品到达销地后以为抵押的借款），使一套资金作多套买卖，使它的资金周转速度，在同地同业中名列前茅。据其总经理称，每年的资金周转大约为6次，经营上取得了很大的经济效益。

劳资合作，权能分立，集体负责的组织管理

宝元通股本绝大部分属职工所有，这是宝元通劳资合作的特点。宝元通最初虽由5人集资创办，早期邀约的外股也不少，但是由于萧则可等人一心“实业救国”，特别是深受20世纪二三十年代劳资合作的改良主义思潮影响，主张节制个人资本，大力吸收职工入股，劳资合作， 限制股红股息发放，扩大企业积累，吃蛋保鸡。随着企业的发展，职工人数的增多，职工入股者日众。20世纪30年代初资本总额为大洋10万元时，规定个人最高股额不得超过资本总额的二十分之一，1946年改组正式成立股份有限公司，额定

资本法币6000万元时，更规定个人最高股额只能占资本总额千分之八点二五，而且不再吸收外股，只有两年以上工龄的职工，年终考核成绩在“乙上”，经总管理处批准后才能入股，入股股金还必须是本人红酬所得部分。1947年5月股职代表会通过的《宝元通兴业股份有限公司股东职工公约》还规定该项股份“不得让与外人”“无论任何理由均不得要求退股”“不得将股票作抵押或担保”，如“确有不得已之情形，必须将股份让出者，须由本公司股东接受”。还规定“在职股东不得另有经营”既拒绝了其他资本势力的渗入，也制止了职工心怀贰意，另起炉灶。难能可贵的是以萧则可为首的几位创业股东，入股时的币值高，以后由于法币贬值，新入股的股额实际价值较之相差越来越大，但他们却规定无论入股早迟，均享受同等利益，不要求创业的股份的特殊照顾，而且为执行限定个人股额的规定，率先放弃自己的部分股票，不谋树立个人在企业中的权势，在职工中做出了良好的榜样。职工必须具备一定条件始能入股，既使职工以能入股为荣，又在经济利益上把职工同企业前途紧密联系起来，逐渐形成了人人均关心企业发展的气氛。

职工参加管理，这是它的又一大特点。《宝元通兴业股份有限公司组织大纲》规定，公司由股东大会、股东代表会；职工大会、职工代表会；股职代表会；总管理处、分支机构、监察人等机构组成。公司“最高立法机关为股东职工合组代表会（编者注：即董事会），最高执行机关为总管理处，并由监督人依法执行监察任务”。

股东大会由“全体股东组织之”，票选七人组成股东代表会。职工大会由公司各分支机构按照职工人数多寡选出代表一至四人组成，并经大会票选理事七人组成职工代表会。两个代表会中各自互推三人为常务理事，加上职工选举的总经理共七人组成股职代表会，对外行使公司董事会的职权，并互推一人为理（董）事长。因为总经理是由职工选举的在职职工，又规定只有“本身另无经营者”，才有当选为代表会理事的资格，所以董事会内职工对股东处于四比三的多数，而且由于外股较少，董事会和各种机构内职工与股东往往合二为一，劳与资的界限也不十分明显，都代表着自己的切身利益，故绝大多数能为团体的目标而努力。

在处理日常事务过程中，总管理处作为最高执行机关，掌握着实权。总管理处由总经理负责，总经理由全体职工无记名投票选举，任期三年，连选连任。然后由总经理提名组阁，经股职代表会同意后组成总管理处，其中副总经理、总务、人事、业务、审计四部经理各一人，部务经理一至三人，实行集体负责制，统筹公司事务，对外代表公司，对内统辖各分支机构。分支机构亦基本按照上述原则组成，经、副、襄理以下对口设立四股，股以下再设若干组。各分支机构受总管理处节制，向总管理处领取营运资金，实行独立核算，并对总管理处负责。这种总经理由职工民主选举，总经理提名组阁，实行集体领导、分级管理的办法，在当时民族资本企业中可说绝无仅有。它不仅改变了传统的企业董事长或总经理只能由大资本家充任，企业的经营管理以资本家个人意志为转移的状况，而且为才能出众的职工开辟了广阔天地，既能使整个管理机构精明强干，又能保证企业在总管理处的统一指挥调度下，适应市场变化的具体情况，及时采取相应措施，参加同业竞争，积极发展业务。

《组织大纲》还规定了必要的会议制度，以保证全体股东和职工对企业的检查监督，调整上下级间的关系，集思广益，调动所有人员的积极因素。企业的重大决策，在会议上，职工人人均有发表意见和提出批评的机会。总管理处更鼓励职工以个人或小组名义，用口头或书面的形式，向各级会议提议案，明文规定各级会议对职工的提案，必须做到件件有交代，事事有下落，建议被采纳的还有奖励，使全体职工都在不同岗位和不同程度上参与企业的管理，感到自己就是名副其实的企业主人。这种只有机构的权力而无个人的专断独行，实行集体领导，充分发挥职工主动性的管理方法，也正是当代管理学中所讲的全员经营。西方行为科学家认为职工要求满足“生理需要”和“安全需要”，能从深处激发职工积极性的还在于他的工作本身受到尊重、赏识和取得成就，获得精神上的满足，当职工人人都把自己所从事的工作视为一种职责，而不是负担，感到自己就是企业的经营者和管理者，而不是只被当作会说话的工具时，他的主动性和创造性自然能得到很好的发挥。西方行为科学家20世纪五六十年代逐渐总结出来的企业管理理论，正是宝元通在20世纪40年代已经付诸实践的东西，因此，从科学管理学的角度来说，我国近代资本主义的发展中，也有不少适合民族特点的成功经验，需要我们去发掘和总结。宝元通总经理民选，发挥全员经营的办法，于今天亦不无借鉴的意义。

“图事业于久大”的团体精神

人是生产力中最活跃的因素，企业经营成败的关键亦在于人，特别是干部的年龄、知识结构和思想状况。宝元通既然胸怀大志，要把企业管理实权掌握在职工手里，势必十分重视职工的素质和统一职工的意志。宝元通领导人经过长期的实践，逐步充实和完善了它的《章程》《组织大纲》和《股东职工公约》等三大根本法规，为“图事业于久大”，本着“唯大于微，图难于易，自近而远，自卑而高”的原则，提出：宝元通的宗旨是“以百货贸易为过程，从事生产为目的，发展民族经济为终极”，宝元通职工必须遵守的训条是“牺牲小我、顾全大我，发展事业、服务社会”，他们自称宝元通为“团体”“事业”，把十六字的训条称为“号训”。这些总的称为“宝元通精神”或“团体精神”。

考试择优，培养班底是宝元通用人的基本原则。还在20世纪

20年代后期，宝元通进用人员已摒弃了传统的学徒制，改为招收见习生，20世纪30年代初起更公开成批招收见习生，要求报考者必须具有相当于初中文化程度，身体健康，无不良嗜好，年龄在20岁以下，经过笔试口试，择优录取。创办人和主干人员都没有任意安插过他们的亲友或子弟。见习生录取后，首先集中进行1～3个月的意志训练和业务训练，着重灌输所谓“宝元通固有之精神”，宣传宝元通的宗旨目标和事业发展成就。要求见习生进入宝元通后，即应为宝元通的远大理想而牺牲某些个人利益，一切为团体着想，努力为团体工作，禁止从事宝元通事业以外的任何活动（编者注：包括经济活动和集团结社等政治活动），树立“图事业于久大”，以宝元通为终身归宿的信念。同时也授以必具的商品常识、接待技术、珠算、会计等业务技能。训练结束后，一律分配到门市部当见习营业员，从最基层的劳动做起。白天工作，晚上则在老店员的指导下学习有关知识或参加活动。见习时间3年，分为3个年级，每半年考核升级一次，个别表现突出的一年半即可见习期满，成为编号的正式职工（店员），少数则遭受留级或被淘汰的命运。

对于在职职工，宝元通亦不断加强对他们的智力开发。从总管理处到各分支机构，除常年均重金聘请语文教师为职工补习文化外，还请有专长、有威信的老职工讲授会计学和商品学等业务知识，继续进行“团体精神”的灌输，坚定以宝元通为家的“意志”。20世纪40年代中期，更举办英语训练班，鼓励职工学习英语，以适应开展国际贸易的需要。1941年起还在中层以上干部中分期举办特别训练班，结合实际，进行“唯大于微，图难于易，自近而远，自卑而高”的探讨钻研，并号召主干人员阅读《资治通鉴》，以统一思想提高领导艺术，继续为发展宝元通事业服务。

严格考核，加强对职工的监督，激励职工不断向上，是宝元通培训职工的又一重要方面。它对职工的考核，一年一次，要求明确，掌握严格。考核内容包括意志（40 分）、工作（30 分）、才能（20 分）、行动（10 分）四个部分，而以意志为主。所谓以意志为主，也就是看职工本人对“号训”有无正确认识，有无“图事业于久大”的理想，是否心体力行，意志坚定。考核不仅关系职工的升降任免，而且是职工年终奖金、红酬多寡的主要依据。奖金一般按考绩分等，于年终一次发给等于 2 ～ 4 个月薪金的金额，最高有一年发给 10 个月者。红酬是根据年终决算后的净利分成（编者注：公司章程规定职工红酬为净利的百分之三十五），按职工考绩、年资职级加权平均计分，以得分多寡计算每人应得红酬。在抗战前币制较稳定时期，职工个人所得红酬往往多于年终奖金。所以，这种奖金红酬的评发办法和数量，颇能刺激职工的积极性。由于考核要求具体，各基层单位职工的平时表现逐日均有记载，故凡遵守号规号训，能力较强而又努力工作的人，在宝元通必能得到施展的机会，奖金红酬也甚可观。相反，不仅无侥幸提升奖励的可能，反有轻则记过警告，重则有被辞退或开除的危险。即使是最有影响的人物，也没有例外。创始人之一的熊郁村，曾担任过公司总经理，其子就因屡犯公司规章而被开除。萧则可的外侄宝元通开山学徒李子厚，也因多次触法而被辞退。这种严格、明确、有效的奖惩制度，根除了因循保守、搞平均主义的恶习，促使人人兢兢业业，沿着“号训”和“团体精神”指引的方向，奋发向上，尽心尽力于本职工作。而一些惧怕艰苦、追求个人目的、庸碌无能之辈，往往自动请长假离职，或被淘汰。一位当时负责人事部的同志说，宝元通先后招收见习生近千人，到中华人民共和国成立时全部职工仅四百余人，除因中华人民共和国成立前夕受通货膨胀和时局影响，宝元通收缩业务，职工生活待遇降低，不少人主动离职高飞外，相当一部分人就是不能适应宝元通的工作要求和组织纪律而被淘汰的。

严格的培训考核，也为宝元通选拔各级干部继续发展事业奠定了基础。宝元通选拔干部，特别是主干人员，不仅要求精通业务，还要求能够“秉要执本，审势知机，知人善任，开诚布公”。也就是要求干部谨守“号训”，绝对忠于宝元通团体事业，不谋个人私利，《股东职工公约》规定严禁职工个人置私产。“凡私自经营及与人朋伙经营”者，均要开除。宝元通规定干部要善于观察客观形势的变化，能及时采取相应的妥善措施，关心和了解群众，选贤举能和秉公执法，不徇私情。因此宝元通的干部，除极少数主干人员是延请学有专长、善于出谋策划的高中级知识分子外，其余差不多都是从经过基层的实际锻炼、实践的检验，逐级考核选拔出来的。据其原人事负责人说：各分支机构各职能部门的组长和主任都是从历届见习生中逐步提升的。经副襄理级主干人员，三分之二以上也是“科班”出身，其中不少人还是因为考核成绩突出，群众公认，越级提拔的。如第二届民主选举出来的总经理黄凉尘，就是1926年进入宝元通的见习生。曾任总管理处业务部经理的易仲郛，1929年进宝元通当见习生，1932年便破格升任驻上海的庄客，独当一面地进行工作。20世纪30年代宝元通的人员进用和考核制度逐步建立健全后，1933年经过考试择优进入宝元通的见习生樊陶斋，由于意志、才能、工作、行动四项连续几年考核成绩均名列第一，在进公司的第五年（1938年）即被提升为宜宾分公司副经理，代行经理职权，进入主干人员行列，工资也比一年级见习生时增长60倍（编者注：由每月0.5元浆洗费增至经理级月薪30元），成为尔后见习生学习的榜样。宝元通这种善于从企业内部培养发掘人才，特别是敢于起用青年俊彦的做法，不仅使“宝元通精神”得以贯彻，事业得以发展，也使整个企业充满朝气活力，人人竞相争创第一流的工作，争取第一流的成绩。所以宝元通从20世纪30年代初起，就已蜚声商界，成为四川少数几个最有名气的企业之一，绝非偶然，而注意所谓“团体精神”的灌输，正是实现这种发展的先导。

半供给制的福利待遇

关心职工生活，解除职工后顾之忧，是宝元通培育职工“团体精神”的物质保障。宝元通实行低工资与基本生活需要由公司无偿供给相结合的职工劳动报酬制度。在贫困严重威胁着劳动者生计的旧中国，宝元通的这种职工待遇，为众多的失业青年所向往，也是宝元通受到外界钦慕、不同于一般资本主义企业的地方。

宝元通职工的劳动报酬分为两部分：一部分是职工的货币收入，包括工资、津贴、年终奖金和职工红酬，根据职务、年资和个人表现而有差异；一部分是由公司免费提供、人人均等的基本生活供应。此外，入股的职工，还有以股东身份领取的股息（编者注：按年息八厘计算）和股红（编者注：年终盈余扣除法定公积金、公课和股息后的剩余部分，按百分之三十五分配）。

宝元通职工的工资，最初除有限的生活必需品供给外，极其微薄，相差亦不悬殊。20 世纪 30 年代开始分为 3 等 9 级，店员（编者注：编号职工，包括经理）工资最低 3 元，最高 30 元；见习生不发工资，只有 5 角至 2 元的浆洗费。以后随着业务的发展和人员的增多，为了反映对企业贡献的大小，区别职级的差异，1942 年改为 9 等 36 级，最低工资为 100 元，最高为 1000 元，增多了等级，相对缩小了级差。由于当时通货不断贬值，36 级所规定的不同金额，实际上变成了应得工资单位，发放时还需要根据所在地的物价指数进行折算。在生活费用较高的地区，则据实加发“因地津贴”。中华人民共和国成立前夕还实行了职务津贴，发给各级干部相当于月工资百分之二十至三十的补贴。这种按物价指数加津贴办法付给工资，虽保证了职工的名义工资具有一定的购买力，但与同行或其他企业相比，总的数额并不多，特别是中高级职员的工资则相差尤大（编者注：1936 年宝元通店员最低工资为 3 元，国货介绍所为 9

元，以后虽有多次调整，但都远低于同业水平）。所以宝元通也把这个工资标准，称为低工资制。不过年终除人人均有一月双薪之外，根据考核成绩还可得到相当于月薪二至十倍的年终奖金，同时由于它的经济效益一贯较好，尤其是币值比较稳定的年代，往往还有比年终奖金更多的红酬。

尤令人瞩目的是，宝元通对职工所实行的福利政策，保证了职工及其家属的基本生活需要，宝元通称之为半供给制。

对职工本人的衣食住行所需，按等同的标准，定量无偿供给，退职退休及伤残婚丧亦有津贴补助，对职工供养家属（编者注：包括未成年的弟妹）的基本生活所需，则根据具体情况实行部分或全部补助，使职工及其家属均享受着相当优裕的物质生活。

据不完全的资料统计，1938 年以前物价相对稳定的年代，宝元通对职工生活福利的支出，占职工薪资总额的三分之一左右。20 世纪 40 年代以后，由于通货恶性膨胀，生活福利费支出已渐接近薪资总额。中华人民共和国成立前夕某些年份，为保证半供给制的水平，往往压低职工工资的调整幅度，福利支出已超过薪资总额，比例也越来越高，但相对于工资和当时其他企业的职工福利而言，宝元通的职工福利，可以称得上高福利了。可惜我们只掌握数年的材料，难以作进一步深入的比较。

宝元通的低工资和高福利相结合的职工待遇制度，既能反映职工职级、年资和工作表现的差别，又能保证职工及其家属比较优裕的基本生活需要，解除职工后顾之忧，有利于调动职工积极性，增强职工对公司的向心力，体现和培育职工的“团体精神”。从一定的意义上讲，向心力固然以吸引为主，而控制和削弱离心力，也就相对增强了向心力。它严格禁止职工私置产业，购田买地，另外进行投资经营，要求职工存款也必须存在本号，年终发放双薪、股息、股红、奖金、红酬后，鼓励甚至半强迫性地要求职工入股，竭力防止职工个人经济力量的膨胀，这也正是为了削弱离心的力量，从又一角度加强向心的力量。这种既从意志上加强对职工的思想教育，又从物质利益上尽力把职工吸引到工作上来的管理手段，正是宝元通所以能在不太长的时间内，由小变大、长盛不衰的一个重要的原因。

但是，这种低工资高福利政策，也给它的经营管理带来沉重的负担。办企业如办社会，企业领导人必须以很大精力去解决因职工人数不断增多所带来的各种生活问题，特别是抗战以来日益严重的通货膨胀，一方面使职工名义工资的增长远远跟不上物价上涨速度，实际购买力越来越小，导致部分职工另寻高就。另一方面，企业为保证职工基本生活供应，而不得不支出越来越大的份额，致使企业福利支出超过薪资支出，造成公司日益沉重的经济负担。中华人民共和国成立前夕，公司业务收缩，不得不靠卖底货吃老本，以维持在职职工及其家属的生活，也造成部分股东要求退股瓜分企业积累的纠纷。这一事实雄辩地证明在半殖民地半封建的旧中国，宝元通的所谓“团体精神”，虽能作用于一时一地，但终究不能抗拒整个社会制度的制约，最后必然趋于失败的境地。

结语

宝元通由私人集资组成，以盈利为目的，无疑是资本主义性质的企业。初期也具有某些封建性和买办性，这与当时中国的其他商业企业并无任何区别，是旧中国一般商业资本的共性。不过，宝元通在旧中国的发展，走着一条比较独特的道路。职工基本股东化，限制外股参加，节制个人资本，禁止股东退股，企业的大量积累为股东集体所有；在企业管理上，重视人的因素，注意职工的素质，培育所谓“团体精神”，实行民主管理，总经理由职工民主选举产生，任人唯贤，唯才是举；在经营上重视商誉信息，面向大众，讲求效益；在职工待遇上，实行半供给制的福利政策，力图解除职工后顾之忧，从而在颇大程度上调动了全体职工的积极性和创造性，使宝元通在祖国西南成长为一个令人瞩目的大企业，也展示了20世纪二三十年代以来，四川一代新兴的民族资产阶级代表人物要求富强国家、振兴中华、发展实业的强烈愿望和聪明才智。但是，宝元通的股东集体所有和半供给制，也绝非社会主义因素。阶级的局限使宝元通的舵手们当时不可能离开资本主义的航线，只能导演着一套改良主义的戏剧。正如列宁所指出的那样："先进的中国人，所有经历过这种高涨的中国人，从欧美吸收了解放思想，但在欧美，摆在日程上的问题已经是从资产阶级下面解放出来，即实行社会主义的问题。因此必然产生中国民主派对社会主义的同情，产生他们的主观社会主义。" 宝元通领导者们不可能超越历史条件的制约，他们最好的设计，就只能是资产阶级的改良主义。他们身受三大敌人的压迫，他们同情社会主义，在客观条件具备的情况下，可以很快转入社会主义。这也正是宝元通在中华人民共和国成立后最先转为国营的物质和思想基础。

不可否认，宝元通的经营管理，终究受着资本主义经济规律的支配，是为资本增值服务的，是"为掠夺而管理""借管理来掠夺"的。但也有一些进步的管理方法，值得重视。正如列宁在评述泰罗制时指出的那样，"资本主义在这方面的最新发明——泰罗制——也同资主本义其他一切进步的东西一样，有两个方面，一方面是资产阶级剥削的最巧妙的残酷手段，另一方面是一系列最丰富的科学成就"。所以我们在评论宝元通的经营管理时，既要揭露其资本主义的实质，不论它在当时如何先进、民主和关心职工福利，同样是"资产阶级剥削的最巧妙的残酷手段"；同时也要看到它是社会化大生产的产物，凝聚着许多科学的管理方法。尤其是在我们今天加速经济体制改革步伐，探索具有自己特色的社会主义企业管理体制和方法的时刻，首先应当着重看到它呈现的“一系列最丰富的科学成就”。从管理社会化的大生产来说，宝元通的经营管理经验的许多方面，值得我们进一步总结和借鉴。可以说它是旧中国资本主义企业科学管理的典范，是我们民族文化优秀遗产的一个方面。早在1950年1月25日，邓小平同志在接见原宝元通领导人时就曾经指出：“宝元通是资产阶级改良主义式企业。实践证明改良主义是行不通的。但是，在旧社会宝元通是办地为域的好人社会，近于空想社会主义，培养了一批有经营管理经验的人才。这些经验是有用的，要批判的运用。”（编者注：转引自《重庆文史资料》第十七辑第180页）重温邓小平同志当年这些精辟论断，人人都会感到很富有指导意义。如果说，过去由于种种原因，对邓小平同志讲话的精神理解不深，执行不力，没有很好地总结和批判地运用宝元通经营管理中有用的经验，那么，今天就已到了刻不容缓的地步了。本文抛砖引玉，仅就所见到的零星资料作一个初步的尝试，希望能发掘出更多的资料，能有进一步的研究成果问世。

附记：本文承重庆市工商联文史组和原宝元通经理陈霁凉先生等提供资料和指导，特此表示感谢。

——原文载于1985年1期《四川大学学报：哲学社会科学版》。（收入有改动）

宝元通公司章程

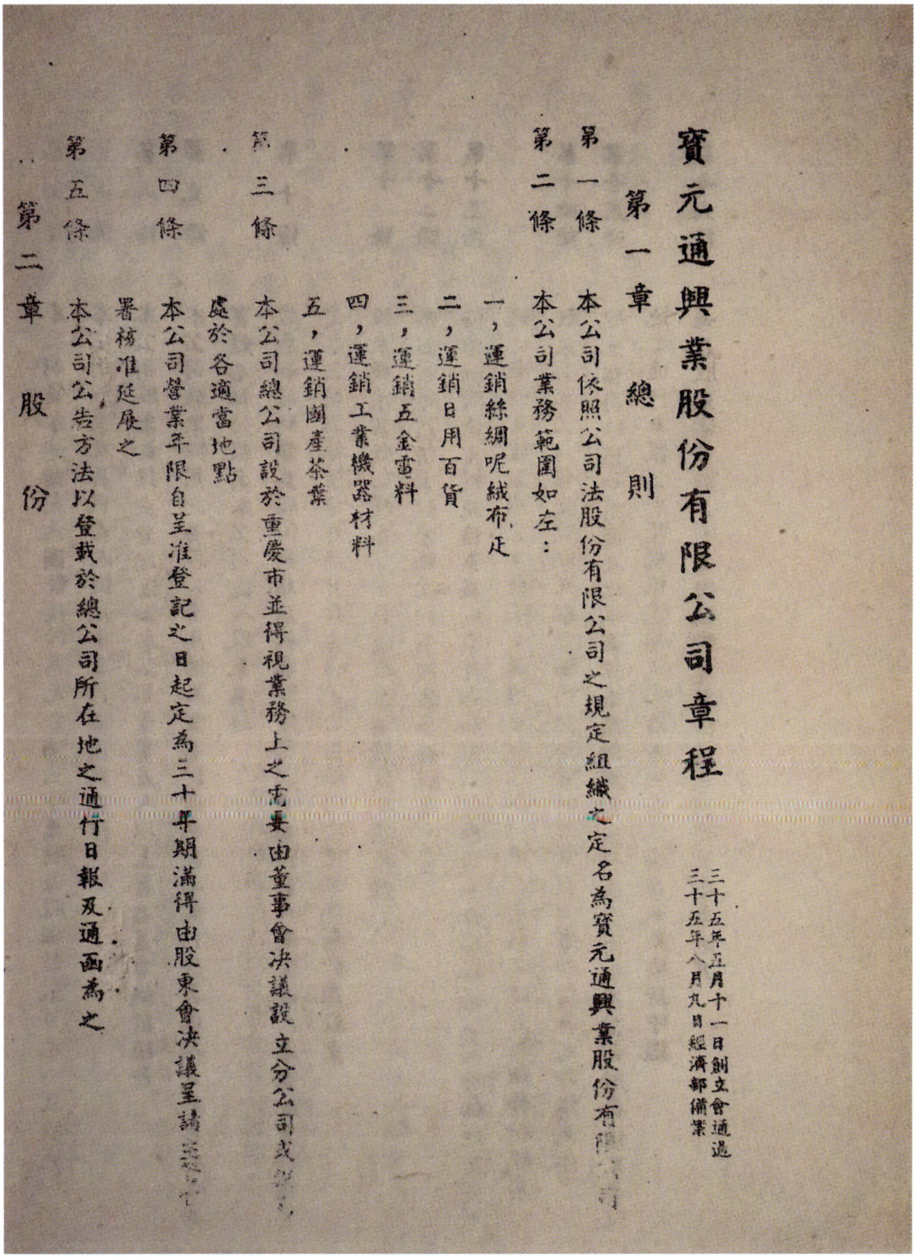

寶元通興業股份有限公司章程

三十五年五月十一日創立會通過
三十五年八月九日經濟部備案

第一章 總則

第一條 本公司依照公司法股份有限公司之規定組織之定名為寶元通興業股份有[illegible]

第二條 本公司業務範圍如左：

一，運銷絲綢呢絨布疋

二，運銷日用百貨

三，運銷五金電料

四，運銷工業機器材料

五，運銷國產茶葉

第三條 本公司總公司設於重慶市並得視業務上之需要由董事會決議設立分公司或[illegible]

處於各適當地點

第四條 本公司營業年限自呈准登記之日起定為三十年期滿得由股東會決議呈請[illegible]

署核准延展之

第五條 本公司公告方法以登載於總公司所在地之通行日報及通函為之

第二章 股份

起草于1946年的宝元通兴业股份有限公司章程系列材料（一）。（资料提供／杨晓渝）

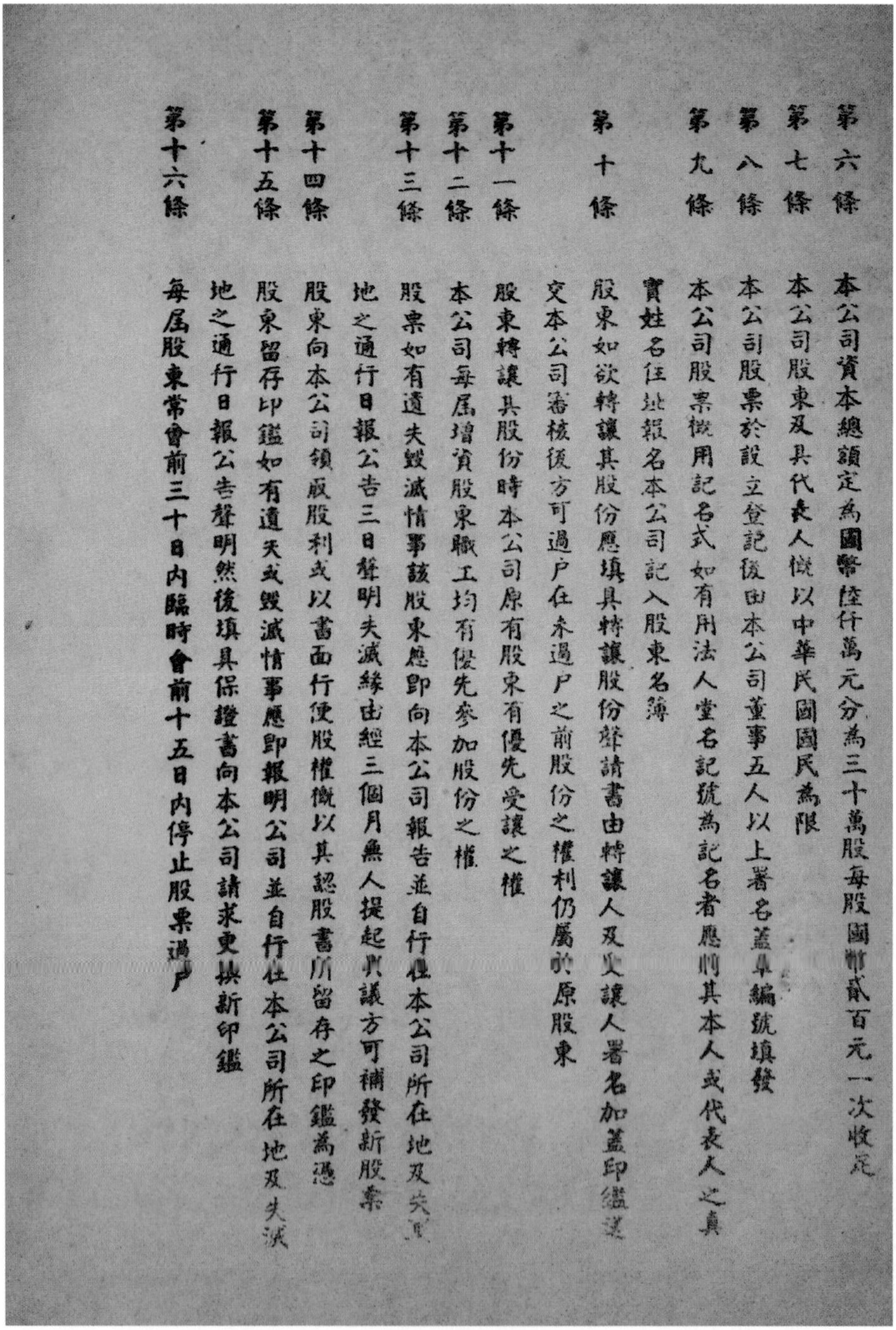
第六條 本公司資本總額定為國幣陸仟萬元分為三十萬股每股國幣貳百元一次收足
第七條 本公司股東及其代表人概以中華民國國民為限
第八條 本公司股票於設立登記後由本公司董事五人以上署名蓋章編號填發
第九條 本公司股票概用記名式如有用法人堂名記號為記名者應將其本人或代表人之真實姓名住址報名本公司記入股東名簿
第十條 股東如欲轉讓其股份應填具轉讓股份聲請書由轉讓人及受讓人署名加蓋印鑑送交本公司審核後方可過戶在未過戶之前股份之權利仍屬於原股東
第十一條 股東轉讓其股份時本公司原有股東有優先受讓之權
第十二條 本公司每屆增資股東職工均有優先參加股份之權
第十三條 股票如有遺失毀滅情事該股東應即向本公司報告並自行在本公司所在地及失滅地之通行日報公告三日聲明失滅緣由經三個月無人提起異議方可補發新股票
第十四條 股東向本公司領取股利或以書面行使股權概以其認股書所留存之印鑑為憑
第十五條 股東留存印鑑如有遺失或毀滅情事應即報明公司並自行在本公司所在地及失滅地之通行日報公告聲明然後填具保證書向本公司請求更換新印鑑
第十六條 每屆股東常會前三十日內臨時會前十五日內停止股票過戶

起草于1946年的宝元通兴业股份有限公司章程系列材料（二）。（资料提供／杨晓渝）

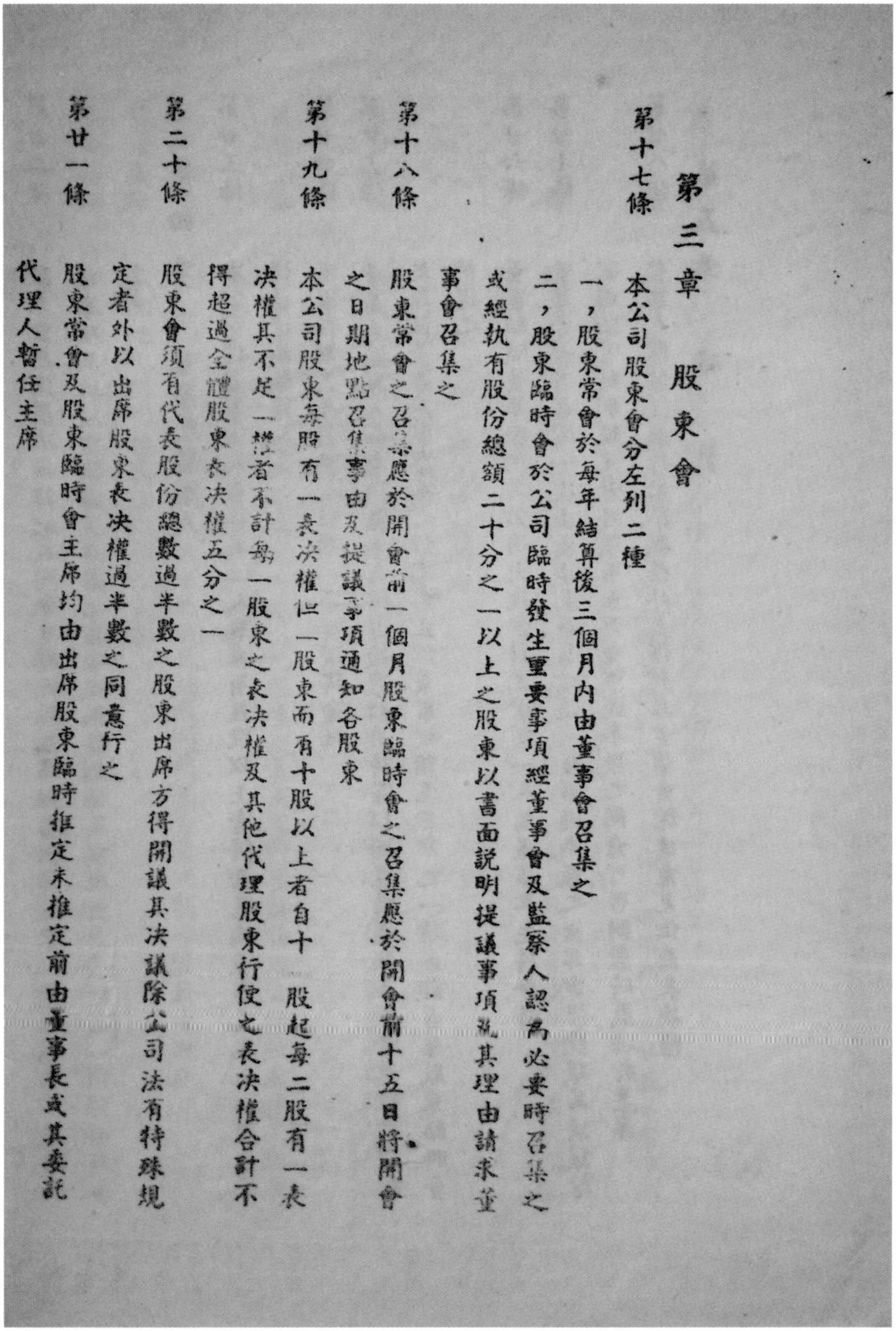

第三章 股東會

第十七條 本公司股東會分左列二種

一，股東常會於每年結算後三個月内由董事會召集之

二，股東臨時會於公司臨時發生重要事項經董事會及監察人認為必要時召集之或經執有股份總額二十分之一以上之股東以書面説明提議事項及其理由請求董事會召集之

第十八條 股東常會之召集應於開會前一個月股東臨時會之召集應於開會前十五日將開會之日期地點召集事由及提議事項通知各股東

第十九條 本公司股東每股有一表決權但一股東而有十股以上者自十一股起每二股有一表決權其不足二股者不計為一股東之表決權及其他代理股東行使之表決權合計不得超過全體股東表決權五分之一

第二十條 股東會須有代表股份總數過半數之股東出席方得開議其決議除公司法有特殊規定者外以出席股東表決權過半數之同意行之

第廿一條 股東常會及股東臨時會主席均由出席股東臨時推定未推定前由董事長或其委託代理人暫任主席

起草于1946年的宝元通兴业股份有限公司章程系列材料（三）。（资料提供／杨晓渝）

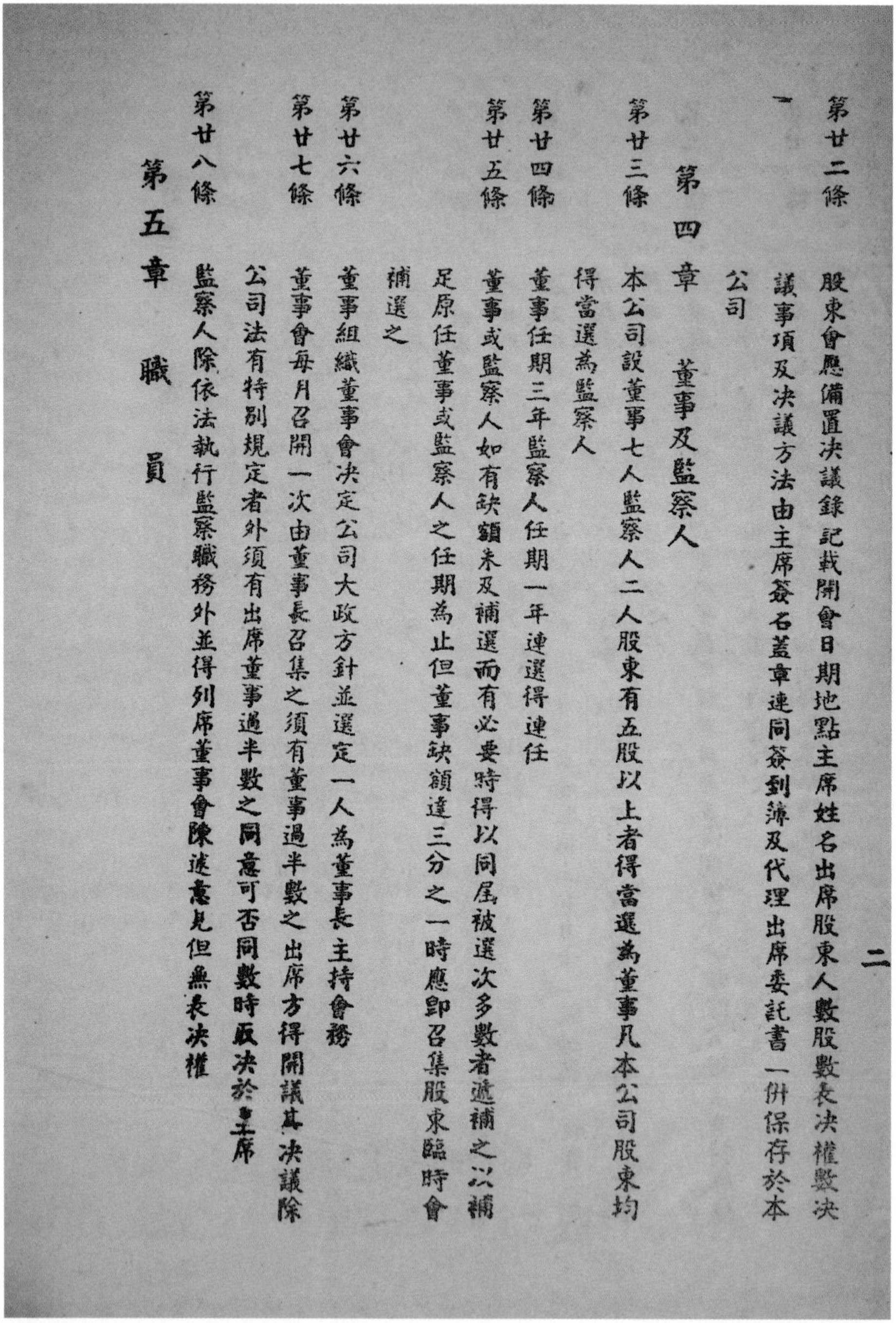

二

第廿二條 股東會應備置決議錄記載開會日期地點主席姓名出席股東人數股數表決權數決議事項及決議方法由主席簽名蓋章連同簽到簿及代理出席委託書一併保存於本公司

第四章 董事及監察人

第廿三條 本公司設董事七人監察人二人股東有五股以上者得當選為董事凡本公司股東均得當選為監察人

第廿四條 董事任期三年監察人任期一年連選得連任

第廿五條 董事或監察人如有缺額未及補選而有必要時得以同屆被選次多數者遞補之以補足原任董事或監察人之任期為止但董事缺額達三分之一時應即召集股東臨時會補選之

第廿六條 董事組織董事會決定公司大政方針並選定一人為董事長主持會務

第廿七條 董事會每月召開一次由董事長召集之須有董事過半數之出席方得開議其決議除公司法有特別規定者外須有出席董事過半數之同意可否同數時取決於主席

第五章 職員

第廿八條 監察人除依法執行監察職務外並得列席董事會陳述意見但無表決權

起草于1946年的宝元通兴业股份有限公司章程系列材料（四）。（资料提供／杨晓渝）

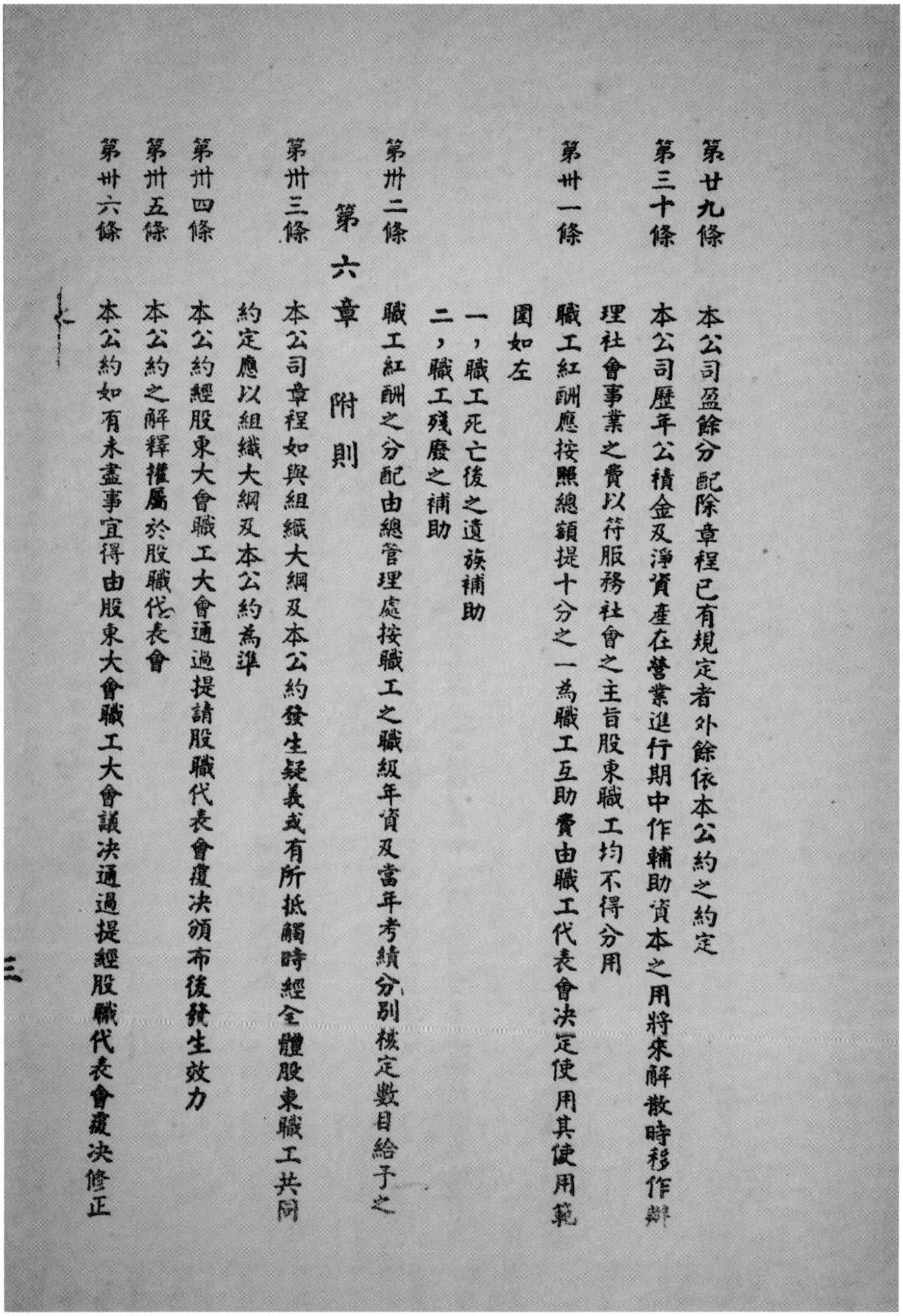

第廿九條　本公司盈餘分配除章程已有規定者外餘依本公約之約定

第三十條　本公司歷年公積金及淨資產在營業進行期中作輔助資本之用將來解散時移作辦理社會事業之費以符服務社會之主旨股東職工均不得分用

第卅一條　職工紅酬應按照總額提十分之一為職工互助費由職工代表會決定使用其使用範圍如左

一，職工死亡後之遺族補助

二，職工殘廢之補助

第卅二條　職工紅酬之分配由總管理處按職工之職級年資及當年考績分別核定數目給予之

第六章　附則

第卅三條　本公司章程如與組織大綱及本公約發生疑義或有所抵觸時經全體股東職工共同約定應以組織大綱及本公約為準

第卅四條　本公約經股東大會職工大會通過提請股職代表會復決頒布後發生效力

第卅五條　本公約之解釋權屬於股職代表會

第卅六條　本公約如有未盡事宜得由股東大會職工大會議決通過提經股職代表會復決修正

三

起草于1946年的宝元通兴业股份有限公司章程系列材料（五）。（资料提供／杨晓渝）

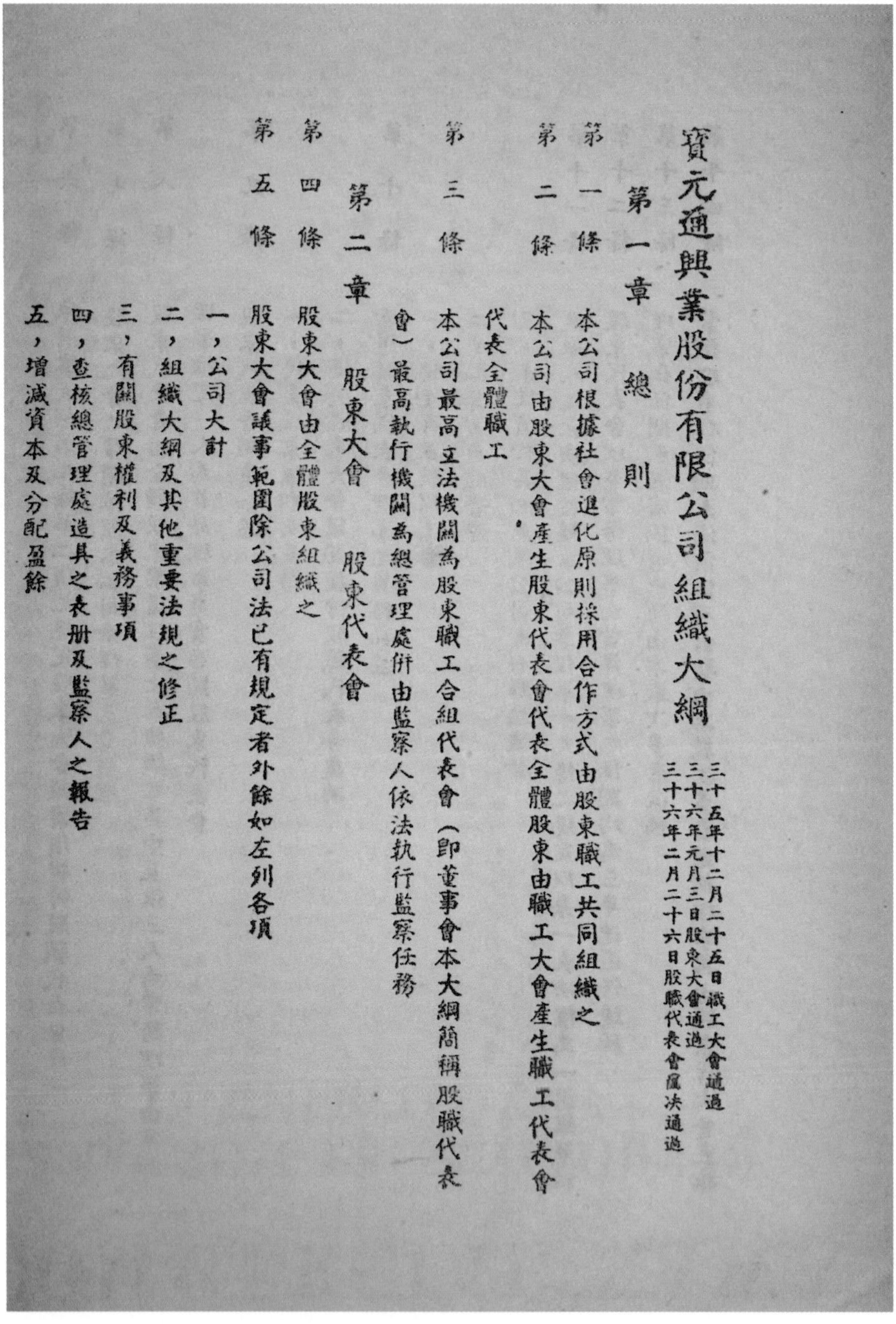

寶元通興業股份有限公司組織大綱

三十五年十二月二十五日職工大會通過
三十六年元月三日股東大會通過
三十六年二月二十六日股職代表會議決通過

第一章 總則

第一條 本公司根據社會進化原則採用合作方式由股東職工共同組織之

第二條 本公司由股東大會產生股東代表會代表全體股東由職工大會產生職工代表會代表全體職工

第三條 本公司最高立法機關為股東職工合組代表會（即董事會本大綱簡稱股職代表會）最高執行機關為總管理處併由監察人依法執行監察任務

第二章 股東大會 股東代表會

第四條 股東大會由全體股東組織之

第五條 股東大會議事範圍除公司法已有規定者外餘如左列各項

一，公司大計

二，組織大綱及其他重要法規之修正

三，有關股東權利及義務事項

四，查核總管理處造具之表册及監察人之報告

五，增減資本及分配盈餘

起草于1946年的宝元通兴业股份有限公司章程系列材料（六）。（资料提供／杨晓渝）

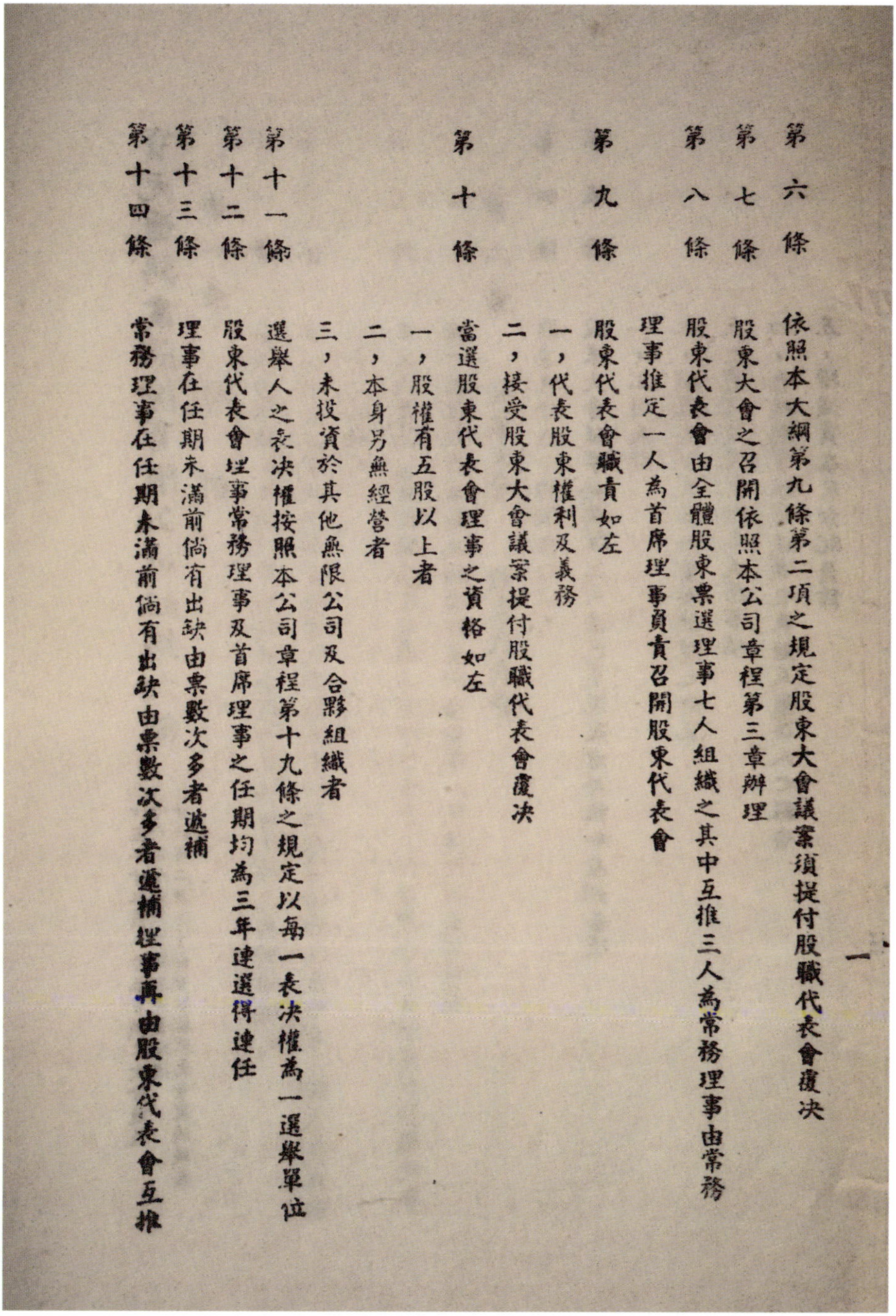
第六條　依照本大綱第九條第二項之規定股東大會議案須提付股職代表會處決
第七條　股東大會之召開依照本公司章程第三章辦理
第八條　股東代表會由全體股東票選理事七人組織之其中互推三人為常務理事由常務理事推定一人為首席理事負責召開股東代表會
第九條　股東代表會職責如左
一，代表股東權利及義務
二，接受股東大會議案提付股職代表會處決
第十條　當選股東代表會理事之資格如左
一，股權有五股以上者
二，本身另無經營者
三，未投資於其他無限公司及合夥組織者
第十一條　選舉人之表決權按照本公司章程第十九條之規定以每一表決權為一選舉單位
第十二條　股東代表會理事常務理事及首席理事之任期均為三年連選得連任
第十三條　理事在任期未滿前倘有出缺由票數次多者遞補
第十四條　常務理事在任期未滿前倘有出缺由票數次多者遞補理事再由股東代表會互推

起草于1946年的宝元通兴业股份有限公司章程系列材料（七）。（资料提供／杨晓渝）

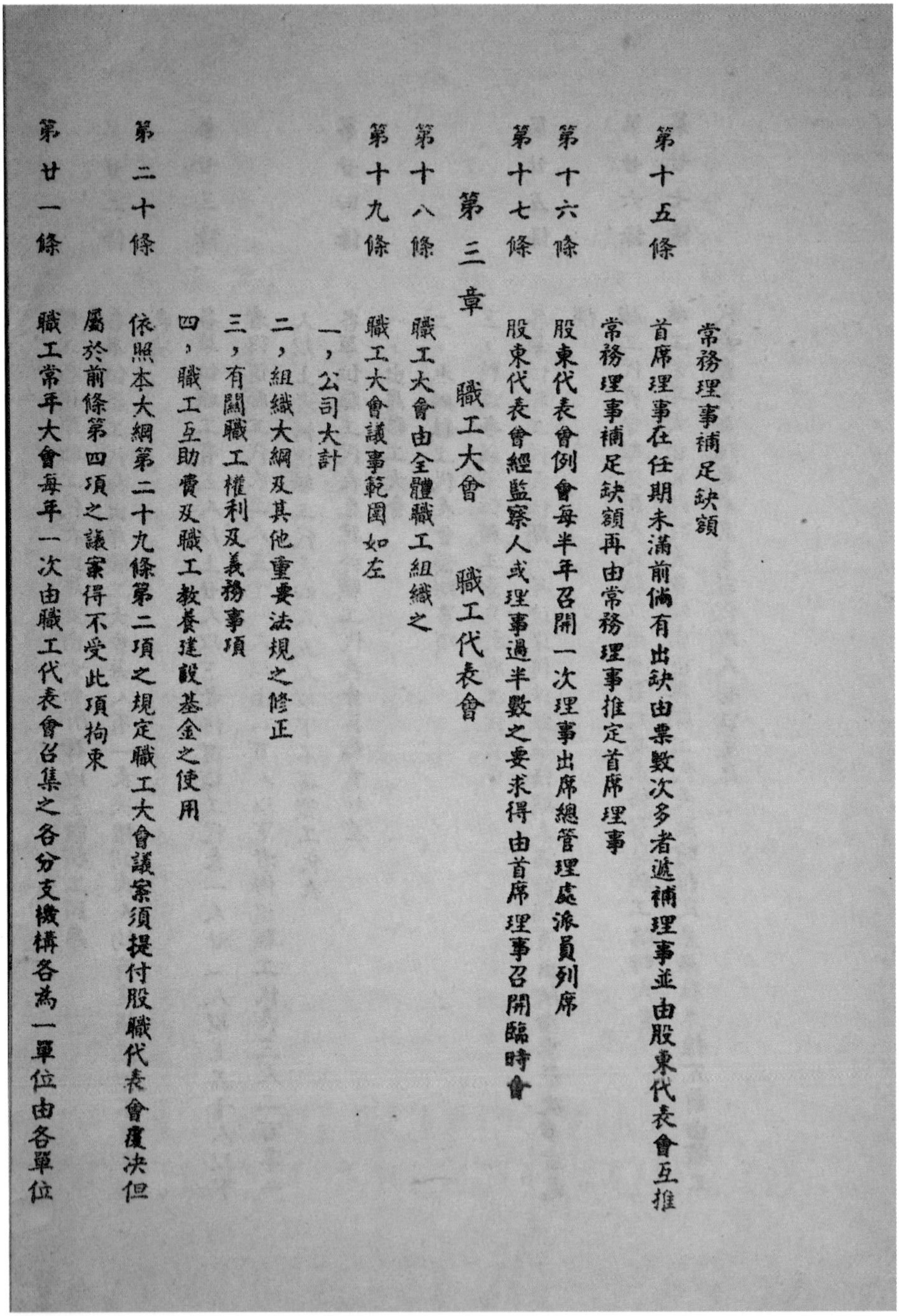

常務理事補足缺額

第十五條 首席理事在任期未滿前倘有出缺由票數次多者遞補理事並由股東代表會互推

常務理事補足缺額再由常務理事推定首席理事

第十六條 股東代表會例會每半年召開一次理事出席總管理處派員列席

第十七條 股東代表會經監察人或理事過半數之要求得由首席理事召開臨時會

第三章 職工大會 職工代表會

第十八條 職工大會由全體職工組織之

第十九條 職工大會議事範圍如左

一，公司大計

二，組織大綱及其他重要法規之修正

三，有關職工權利及義務事項

四，職工互助費及職工教養建設基金之使用

第二十條 依照本大綱第二十九條第二項之規定職工大會議案須提付股職代表會覆決但

屬於前條第四項之議案得不受此項拘束

第廿一條 職工常年大會每年一次由職工代表會召集之各分支機構各為一單位由各單位

起草于1946年的宝元通兴业股份有限公司章程系列材料（八）。（资料提供／杨晓渝）

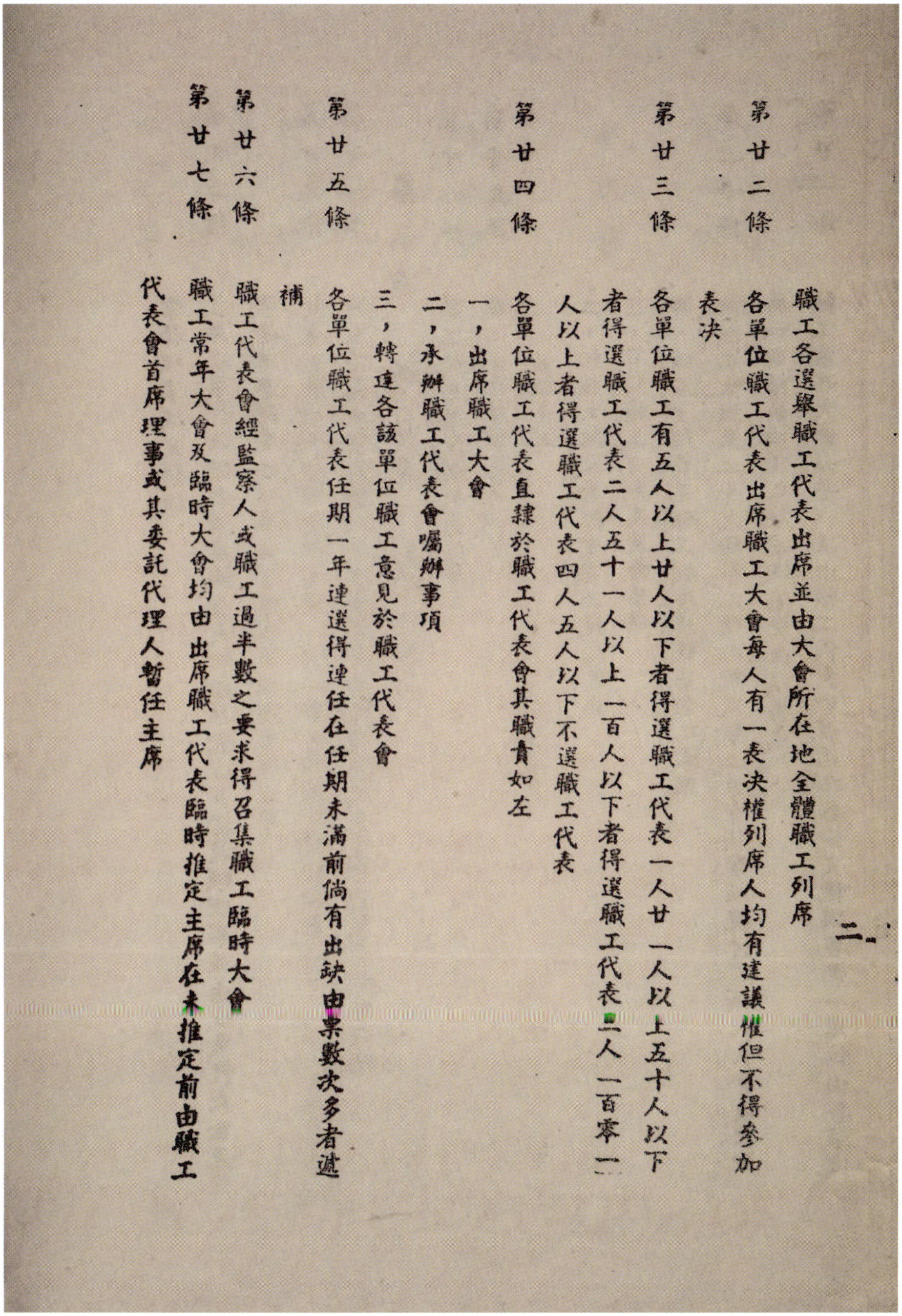

二

第廿二條　職工各選舉職工代表出席並由大會所在地全體職工列席
各單位職工代表出席職工大會每人有一表决權列席人均有建議權但不得參加
表决

第廿三條　各單位職工有五人以上廿人以下者得選職工代表一人廿一人以上五十人以下者得選職工代表二人五十一人以上一百人以下者得選職工代表三人一百零一人以上者得選職工代表四人五人以下不選職工代表

第廿四條　各單位職工代表直隸於職工代表會其職責如左
一，出席職工大會
二，承辦職工代表會囑辦事項
三，轉達各該單位職工意見於職工代表會

第廿五條　各單位職工代表任期一年連選得連任在任期未滿前倘有出缺由票數次多者遞補

第廿六條　職工代表會經監察人或職工過半數之要求得召集職工臨時大會

第廿七條　職工常年大會及臨時大會均由出席職工代表臨時推定主席在未推定前由職工代表會首席理事或其委託代理人暫任主席

起草于1946年的宝元通兴业股份有限公司章程系列材料（九）。（资料提供 / 杨晓渝）

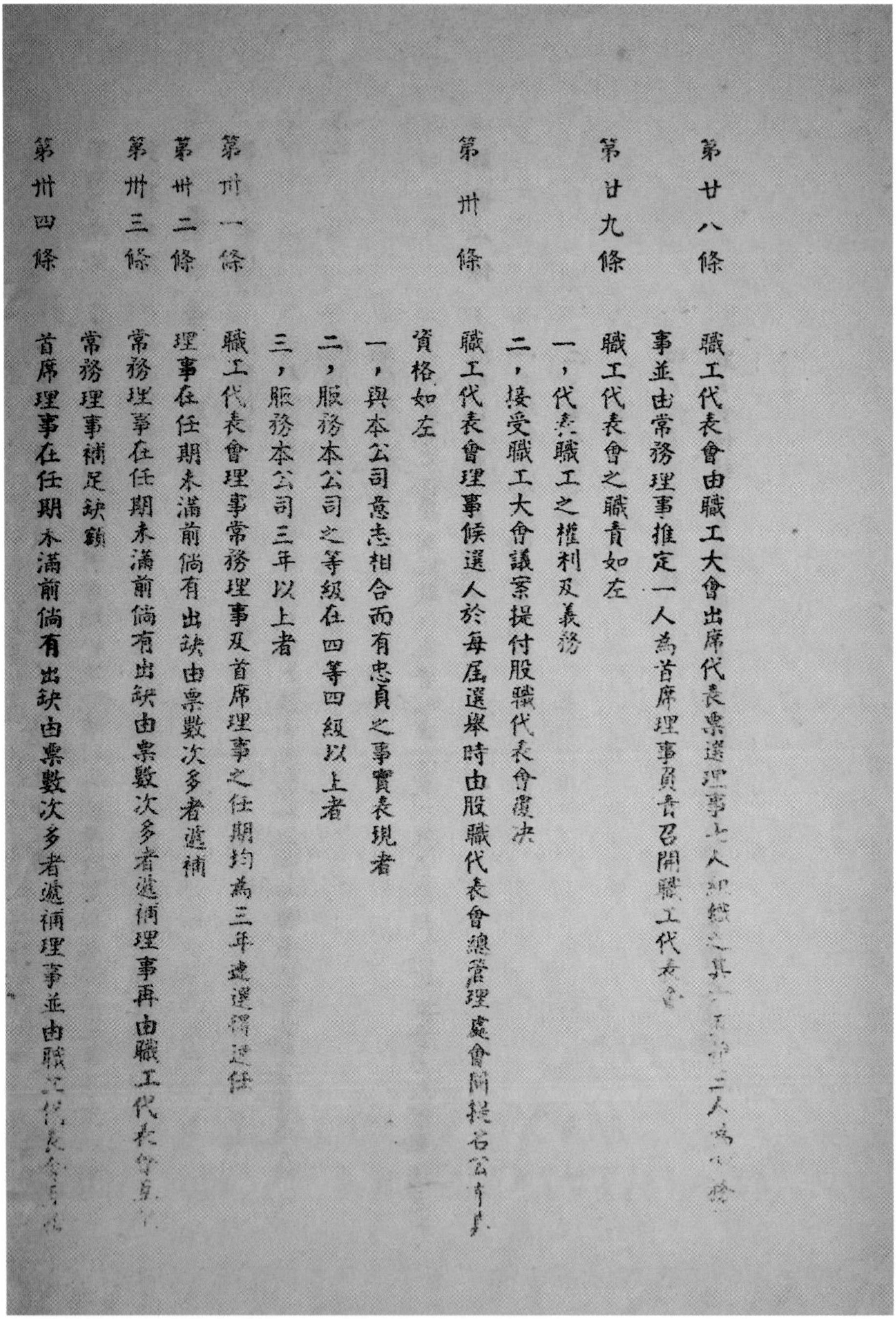

第廿八條　職工代表會由職工大會出席代表票選理事七人組織之其中互推二人為常務
事並由常務理事推定一人為首席理事負責召開職工代表會
第廿九條　職工代表會之職責如左
一，代表職工之權利及義務
二，接受職工大會議案提付股職代表會覆決
第卅條　職工代表會理事候選人於每屆選舉時由股職代表會總管理處會同提名公布
資格如左
一，與本公司意志相合而有忠貞之事實表現者
二，服務本公司之等級在四等四級以上者
三，服務本公司三年以上者
第卅一條　職工代表會理事常務理事及首席理事之任期均為三年連選得連任
第卅二條　理事在任期未滿前倘有出缺由票數次多者遞補
第卅三條　常務理事在任期未滿前倘有出缺由票數次多者遞補理事再由職工代表會互選
常務理事補足缺額
第卅四條　首席理事在任期未滿前倘有出缺由票數次多者遞補理事並由職工代表會互選

起草于1946年的宝元通兴业股份有限公司章程系列材料（十）。（资料提供／杨晓渝）

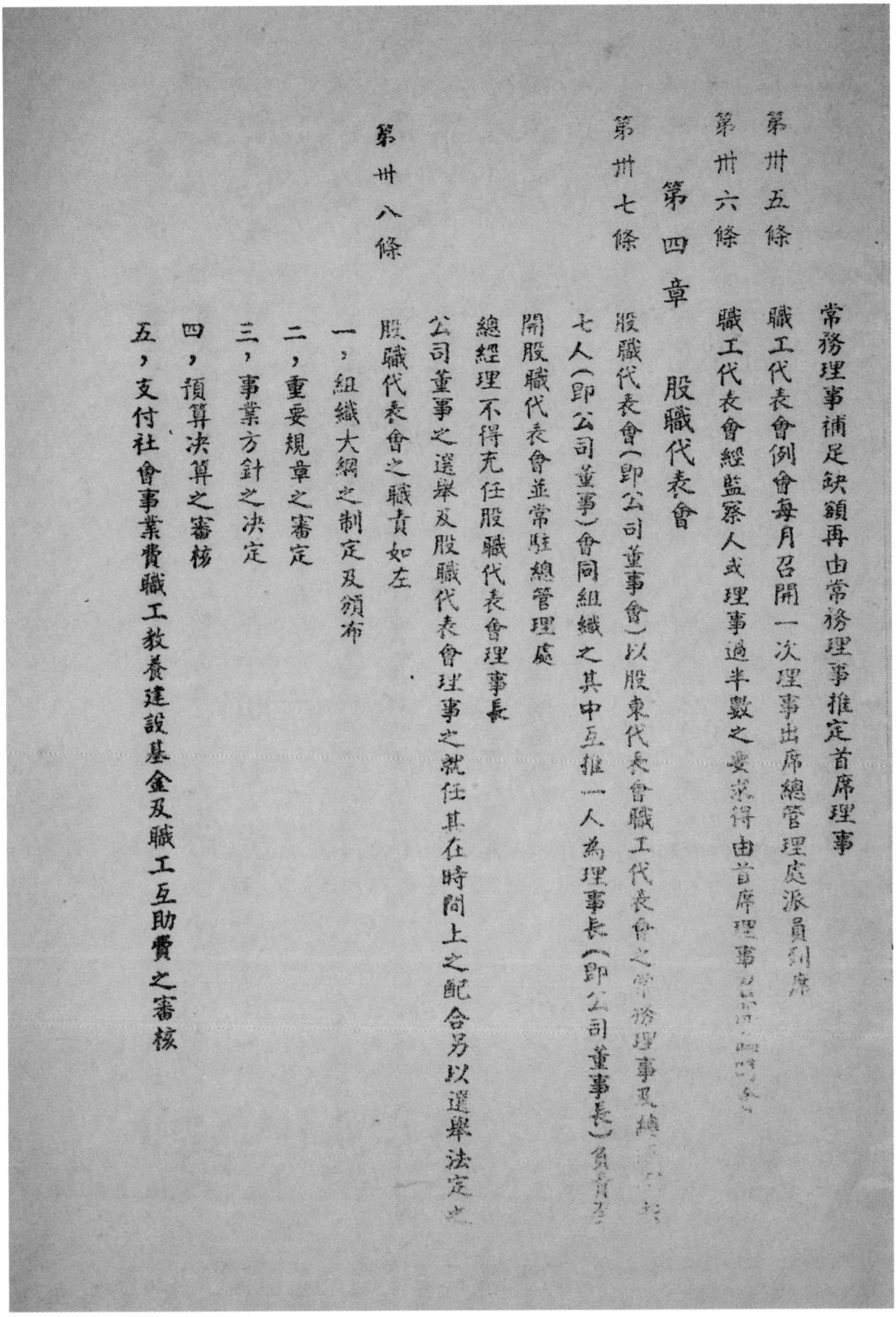
常務理事補足缺額再由常務理事推定首席理事

第卅五條　職工代表會例會每月召開一次理事出席總管理處派員列席

第卅六條　職工代表會經監察人或理事過半數之要求得由首席理事召開臨時會

第四章　股職代表會

第卅七條　股職代表會（即公司董事會）以股東代表會職工代表會之常務理事及總[illegible]七人（即公司董事）會同組織之其中互推一人為理事長（即公司董事長）負責召開股職代表會並常駐總管理處

總經理不得充任股職代表會理事長

公司董事之選舉及股職代表會理事之就任其在時間上之配合另以選舉法定之

第卅八條　股職代表會之職責如左

一，組織大綱之制定及頒布

二，重要規章之審定

三，事業方針之決定

四，預算決算之審核

五，支付社會事業費職工教養建設基金及職工互助費之審核

起草于 1946 年的宝元通兴业股份有限公司章程系列材料（十一）。（资料提供 / 杨晓渝）

六，監督總管理處執行公司事務
七，覆決總經理人選
八，覆決股東代表會職工代表會及總管理處之提案
九，維護股東職工之權利並監督其履行義務
十，裁處股東間職工間及股東職工間之糾紛

第卅九條 股職代表會理事及理事長任期均為三年連選得連任

第四十條 股職代表會理事長在任期未滿前倘有出缺由股東代表會或職工代表會遴補事並由股職代表會重行互推理事長

第四十一條 股職代表會例會每月召開一次

第四十二條 股職代表會經總管理處監察人或理事過半數之要求得由理事長召開臨時會

第五章 總管理處 分支機構

第四十三條 總管理處以總經理一人副總經理一人及經理七人組織之其組織規程另定

第四十四條 總管理處設總務人事業務審計四部各部以經理一人主持之其辦事細則另定

第四十五條 總管理處得因事業需要設立分支機構並各視其性質及事務之繁簡另定組織規程

起草于1946年的宝元通兴业股份有限公司章程系列材料（十二）。（资料提供／杨晓渝）

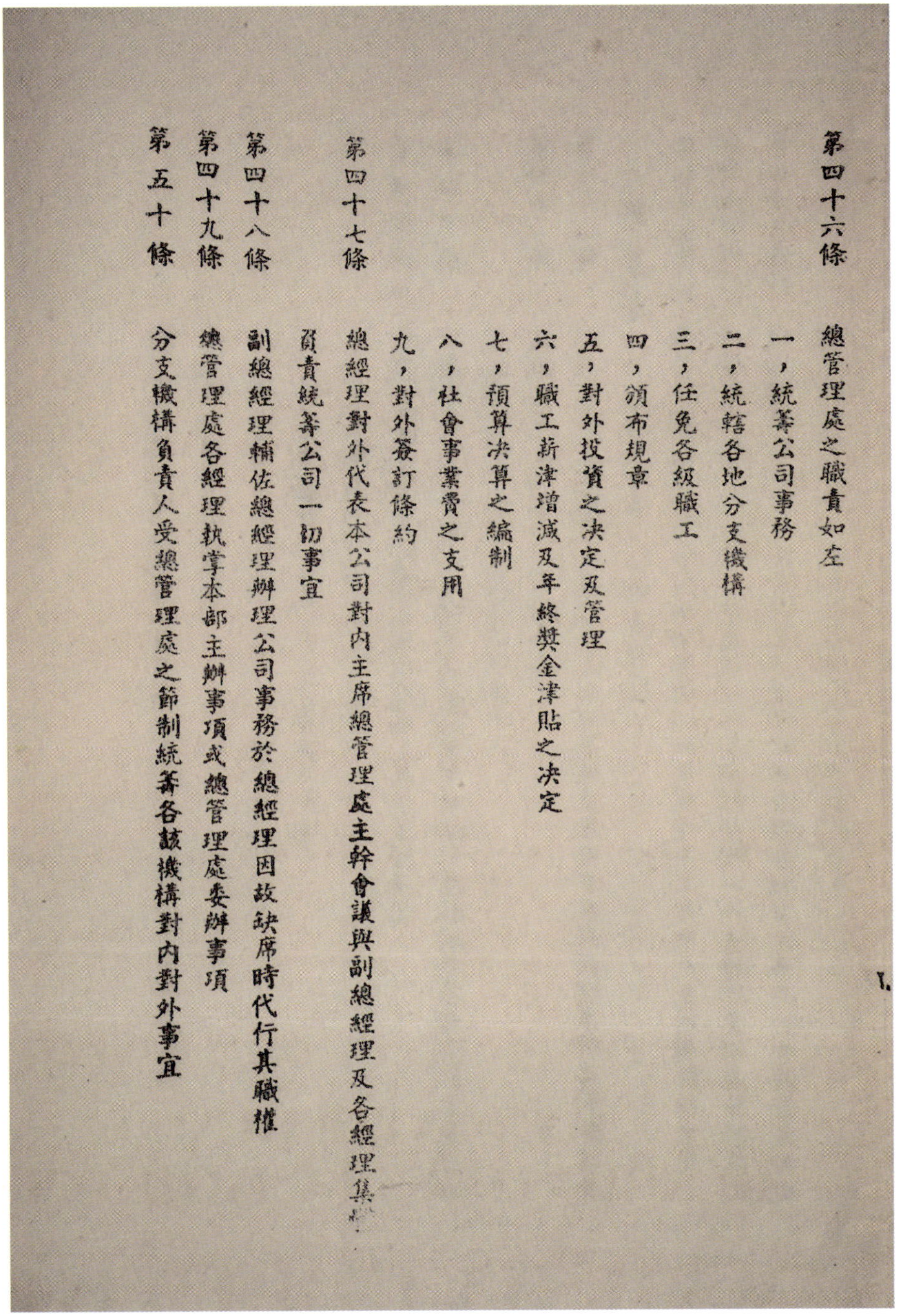

第四十六條 總管理處之職責如左

一，統籌公司事務

二，統轄各地分支機構

三，任免各級職工

四，頒布規章

五，對外投資之決定及管理

六，職工薪津增減及年終獎金津貼之決定

七，預算決算之編制

八，社會事業費之支用

九，對外簽訂條約

第四十七條 總經理對外代表本公司對內主席總管理處主幹會議與副總經理及各經理集[illegible]負責統籌公司一切事宜

第四十八條 副總經理輔佐總經理辦理公司事務於總經理因故缺席時代行其職權

第四十九條 總管理處各經理執掌本部主辦事項或總管理處委辦事項

第五十條 分支機構負責人受總管理處之節制統籌各該機構對內對外事宜

起草于 1946 年的宝元通兴业股份有限公司章程系列材料（十三）。（资料提供 / 杨晓渝）

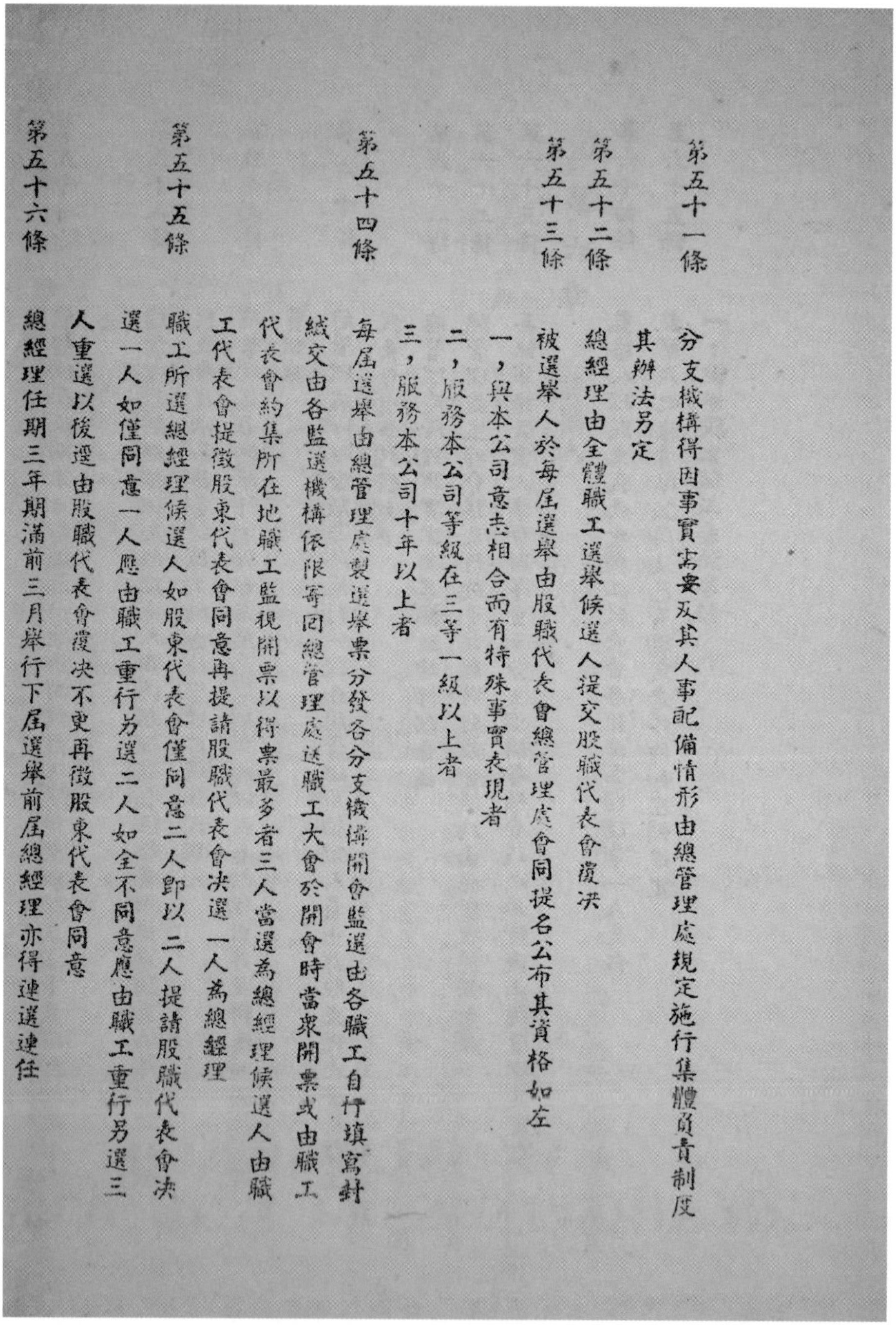

第五十一條 分支機構得因事實需要及其人事配備情形由總管理處規定施行集體負責制度
其辦法另定

第五十二條 總經理由全體職工選舉候選人提交股職代表會復決

第五十三條 被選舉人於每屆選舉由股職代表會總管理處會同提名公布其資格如左
一，與本公司意志相合而有特殊事實表現者
二，服務本公司等級在三等一級以上者
三，服務本公司十年以上者

第五十四條 每屆選舉由總管理處製選舉票分發各分支機構開會監選由各職工自行填寫封緘交由各監選機構依限寄回總管理處送職工大會於開會時當衆開票或由職工代表會約集所在地職工監視開票以得票最多者三人當選為總經理候選人由職工代表會提徵股東代表會同意再提請股職代表會決選一人為總經理

第五十五條 職工所選總經理候選人如股東代表會僅同意二人即以二人提請股職代表會決選一人如僅同意一人應由職工重行另選二人如全不同意應由職工重行另選三人重選以後逕由股職代表會復決不更再徵股東代表會同意

第五十六條 總經理任期三年期滿前三月舉行下屆選舉前屆總經理亦得連選連任

起草于 1946 年的宝元通兴业股份有限公司章程系列材料（十四）。（资料提供 / 杨晓渝）

五

第五十七條　總經理在任期未滿前倘有出缺由副總經理繼任至任期屆滿下屆總經理選出為止

第五十八條　總管理處副總經理及經理七人由總經理就合格職員中遴選開具名單提請股職代表會覆決其餘各級職工概由總管理處聘任或調充

第五十九條　總管理處每週舉行主幹會議總經理副總經理及各經理出席並得邀請或指定人員列席

第六十條　總管理處行政會議每年舉行一次由總管理處指定人員出席股東代表會及職工代表會理事均得列席

第六十一條　總管理處得因事實需要召開臨時行政會議

第六十二條　總管理處主幹會議及行政會議臨時行政會議均由總經理擔任主席

第六十三條　其他事務營業人事會計等會及分支機構各項會議之舉行概由總管理處定之

第六章　監察人

第六十四條　監察人以股東代表會職工代表會各推非常務理事一人充任

第六十五條　監察人之權責除公司法已有規定者外餘如左列規定

一，檢舉股東職工非法事件

起草于 1946 年的宝元通兴业股份有限公司章程系列材料（十五）。（资料提供 / 杨晓渝）

二，調查公司財務狀況

三，查核公司帳據

四，對於股職代表會總管理處所造送於股東大會之各種表册應核對帳據調查

實況報告其意見於股東大會

第六十六條 監察人得單獨行使監察權

第六十七條 監察人所檢舉之事件如屬行政範圍或其對象為行政機構時提交總管理處解决

其所檢舉之事件如屬職工大會職工代表會、或股東大會股東代表會權責範圍或

其對象為各該機構時其屬於股東方面者則就股東代表會或股東大會解决屬於

職工方面者則就職工代表會或職工大會解决

第六十八條 前條監察人所檢舉之事件經依法提交解决而發生爭執時得由雙方提請股職代

表會裁决

第六十九條 監察人任期三年連選得連任

本公司章程原定監察人任期一年即以連選連任之法使其屆滿三年任期後再由

股東代表會及職工代表會另行推選繼任

第七十條 監察人在任期未滿前倘有出缺即由股東代表會或職工代表會遞補理事並另推

起草于 1946 年的宝元通兴业股份有限公司章程系列材料（十六）。（资料提供 / 杨晓渝）

監察人

第七章　附則

第七十一條　本大綱經股東大會職工大會通過提請股職代表會覆决頒布後發生效力

第七十二條　本大綱之解釋權屬於股職代表會

第七十三條　本大綱如有未盡事宜得由股東大會或職工大會提議經股職代表會覆决修正之

六

起草于 1946 年的宝元通兴业股份有限公司章程系列材料（十七）。（资料提供 / 杨晓渝）

寶元通興業股份有限公司股東職工公約

三十五年十二月二十五日職工大會通過
三十六年元月三日股東大會通過
三十六年二月二十六日股職代表會覆決通過

第一章 總則

第一條 本公司為謀寶元通固有精神之持續發揚圖事業於久大特由全體股東職工共同制定本公約以資共守

第二條 本公司以經營貿易從事生產為業務發展民族經濟為目的股東職工均應協力以赴

第三條 本公司訓條為「犧牲小我顧全大我發展事業服務社會」股東職工均應一律遵守

第二章 股本 股東

第四條 本公司股本總額章程已有規定增減資本應由股東代表會提請股職代表會決定依法提付股東大會通過成立決議行之

第五條 本公司每一股東之股份限額由股東代表會提請股職代表會定之

第六條 本公司股東資格以下列三種為限

一，本公約制定前之股東

二，股東直系親屬依法得為其承繼人者

三，本公司職工經總管理處提請股職代表會認可投資者

第七條 本公司股東如有衰老病亡者其股權只能整體承受不得劃分須由該股東出具過户

起草于 1946 年的宝元通兴业股份有限公司章程系列材料（十八）。（资料提供 / 杨晓渝）

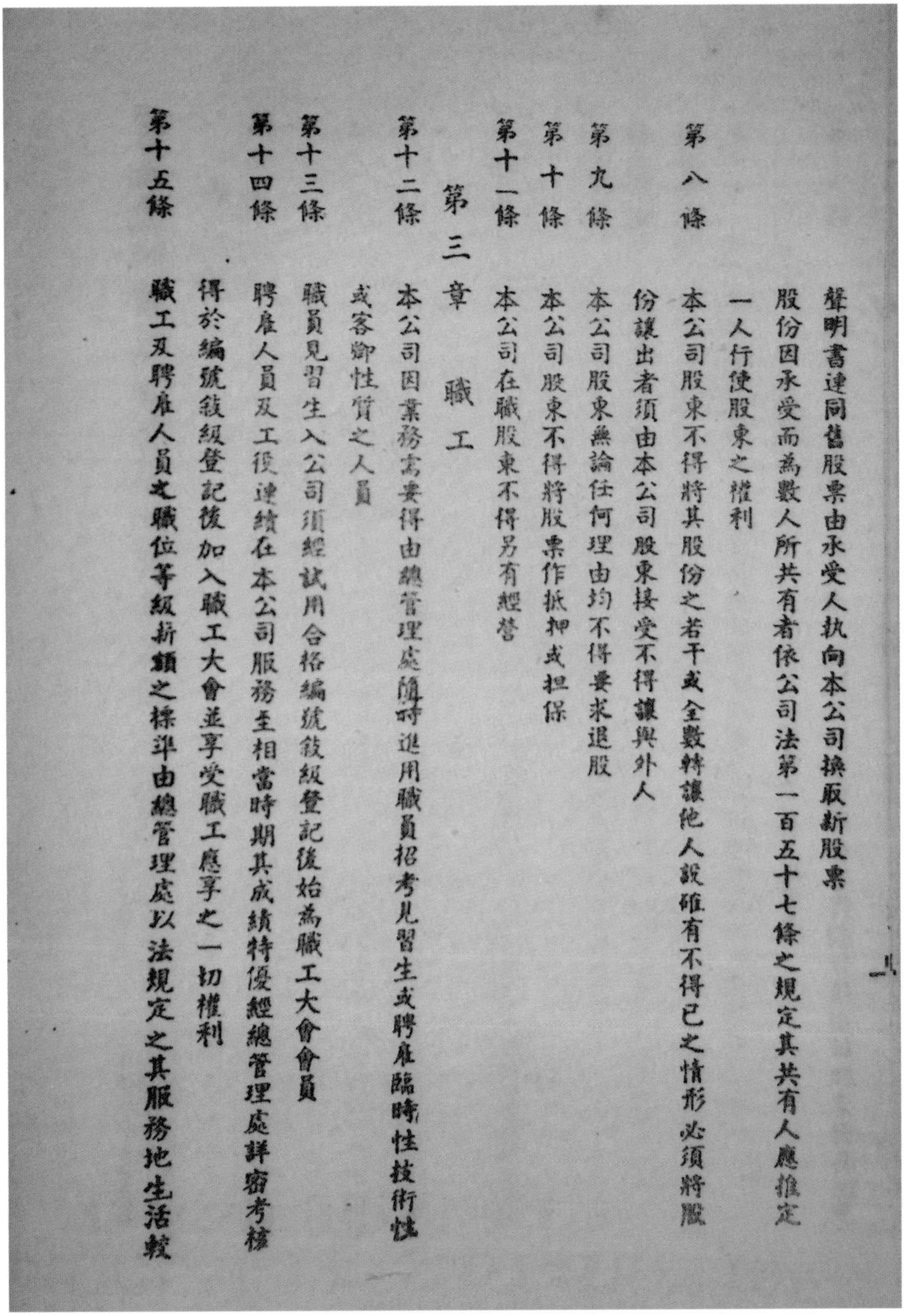

聲明書連同舊股票由承受人執向本公司換取新股票
股份因承受而為數人所共有者依公司法第一百五十七條之規定其共有人應推定
一人行使股東之權利

第八條　本公司股東不得將其股份之若干或全數轉讓他人設確有不得已之情形必須將股份讓出者須由本公司股東接受不得讓與外人

第九條　本公司股東無論任何理由均不得要求退股

第十條　本公司股東不得將股票作抵押或担保

第十一條　本公司在職股東不得另有經營

第三章　職工

第十二條　本公司因業務需要得由總管理處隨時進用職員招考見習生或聘雇臨時性技術性或客卿性質之人員

第十三條　職員見習生入公司須經試用合格編號敍級登記後始為職工大會會員

第十四條　聘雇人員及工役連續在本公司服務至相當時期其成績特優經總管理處詳密考核得於編號敍級登記後加入職工大會並享受職工應享之一切權利

第十五條　職工及聘雇人員之職位等級薪額之標準由總管理處以法規定之其服務地生活較

起草于 1946 年的宝元通兴业股份有限公司章程系列材料（十九）。（资料提供 / 杨晓渝）

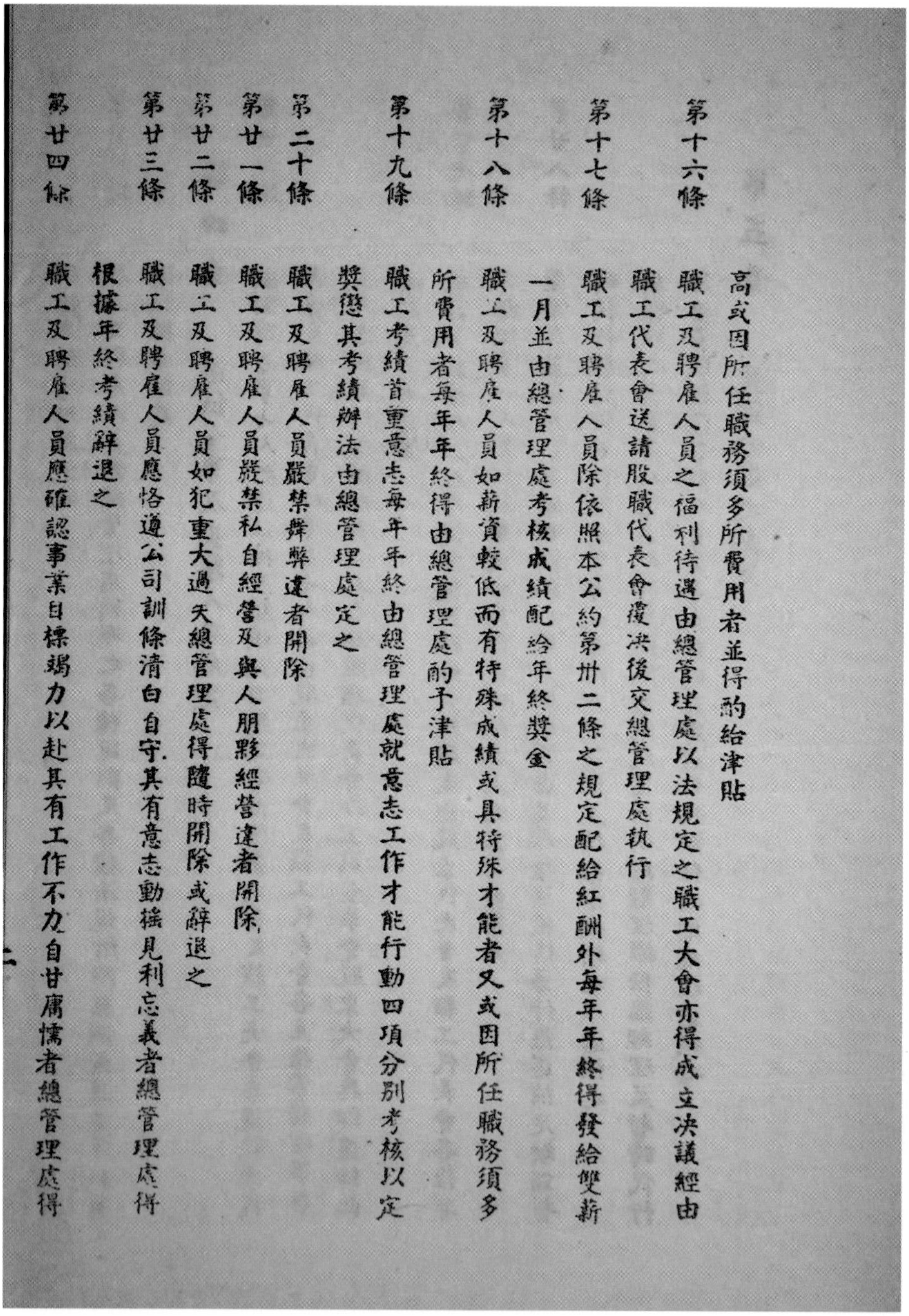
高或因所任職務須多所費用者並得酌給津貼

第十六條　職工及聘雇人員之福利待遇由總管理處以法規定之職工大會亦得成立決議經由職工代表會送請股職代表會覆決後交總管理處執行

第十七條　職工及聘雇人員除依照本公約第卅二條之規定配給紅酬外每年年終得發給雙薪一月並由總管理處考核成績配給年終獎金

第十八條　職工及聘雇人員如薪資較低而有特殊成績或具特殊才能者又或因所任職務須多所費用者每年年終得由總管理處酌予津貼

第十九條　職工考績首重意志每年年終由總管理處就意志工作才能行動四項分別考核以定獎懲其考績辦法由總管理處定之

第二十條　職工及聘雇人員嚴禁舞弊違者開除

第廿一條　職工及聘雇人員嚴禁私自經營及與人朋夥經營違者開除

第廿二條　職工及聘雇人員如犯重大過失總管理處得隨時開除或辭退之

第廿三條　職工及聘雇人員應恪遵公司訓條清白自守其有意志動搖見利忘義者總管理處得根據年終考績辭退之

第廿四條　職工及聘雇人員應確認事業目標竭力以赴其有工作不力自甘庸懦者總管理處得

起草于 1946 年的宝元通兴业股份有限公司章程系列材料（二十）。（资料提供 / 杨晓渝）

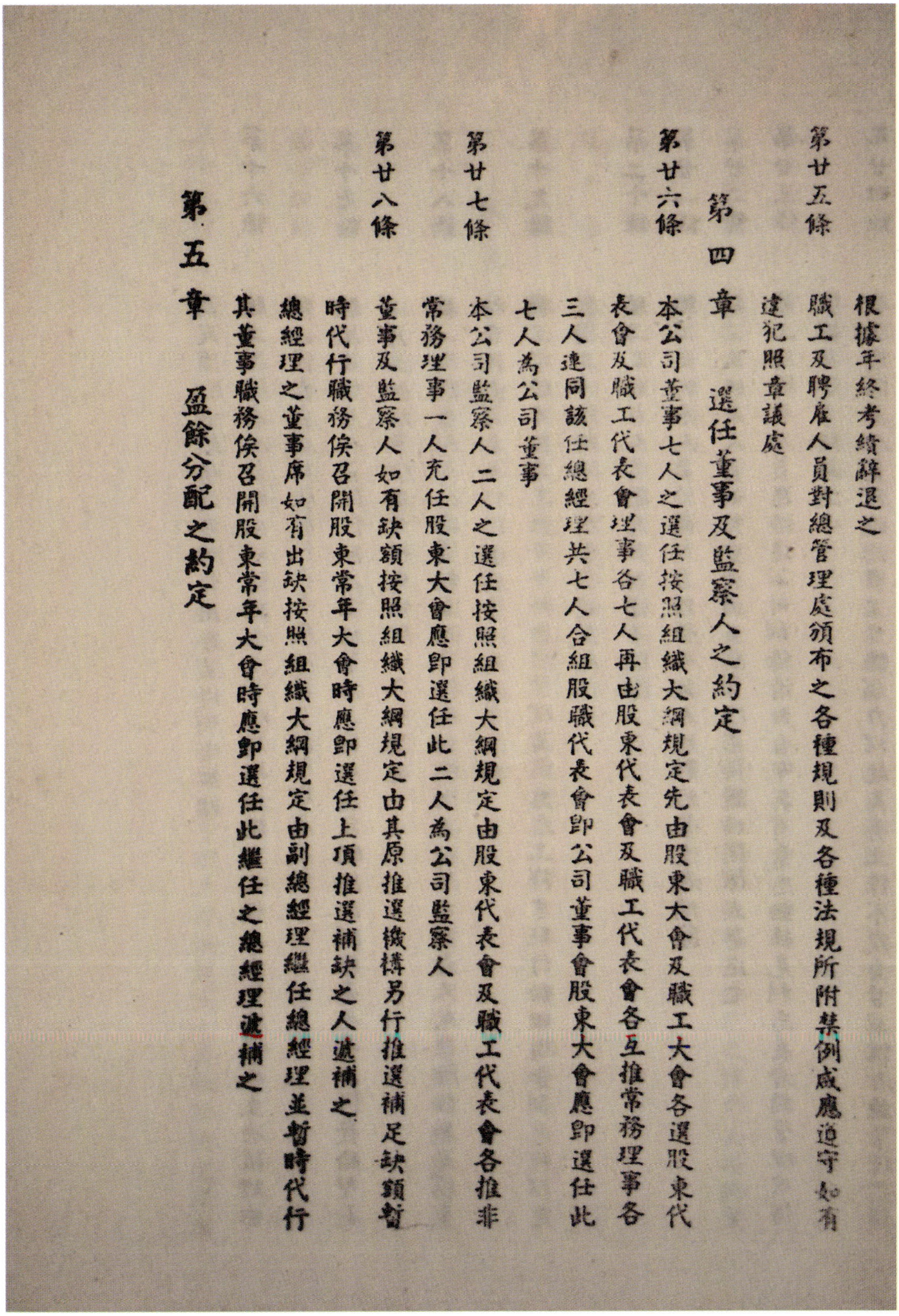

根據年終考績辭退之

第廿五條　職工及聘雇人員對總管理處頒布之各種規則及各種法規所附禁例咸應遵守如有違犯照章議處

第四章　選任董事及監察人之約定

第廿六條　本公司董事七人之選任按照組織大綱規定先由股東大會及職工大會各選股東代表會及職工代表會理事各七人再由股東代表會及職工代表會各互推常務理事各三人連同該任總經理共七人合組股職代表會即公司董事會股東大會應即選任此七人為公司董事

第廿七條　本公司監察人二人之選任按照組織大綱規定由股東代表會及職工代表會各推非常務理事一人充任股東大會應即選任此二人為公司監察人

第廿八條　董事及監察人如有缺額按照組織大綱規定由其原推選機構另行推選補足缺額暫時代行職務俟召開股東常年大會時應即選任上項推選補缺之人遞補之

總經理之董事席如有出缺按照組織大綱規定由副總經理繼任總經理並暫時代行其董事職務俟召開股東常年大會時應即選任此繼任之總經理遞補之

第五章　盈餘分配之約定

起草于 1946 年的宝元通兴业股份有限公司章程系列材料（二十一）。（资料提供 / 杨晓渝）

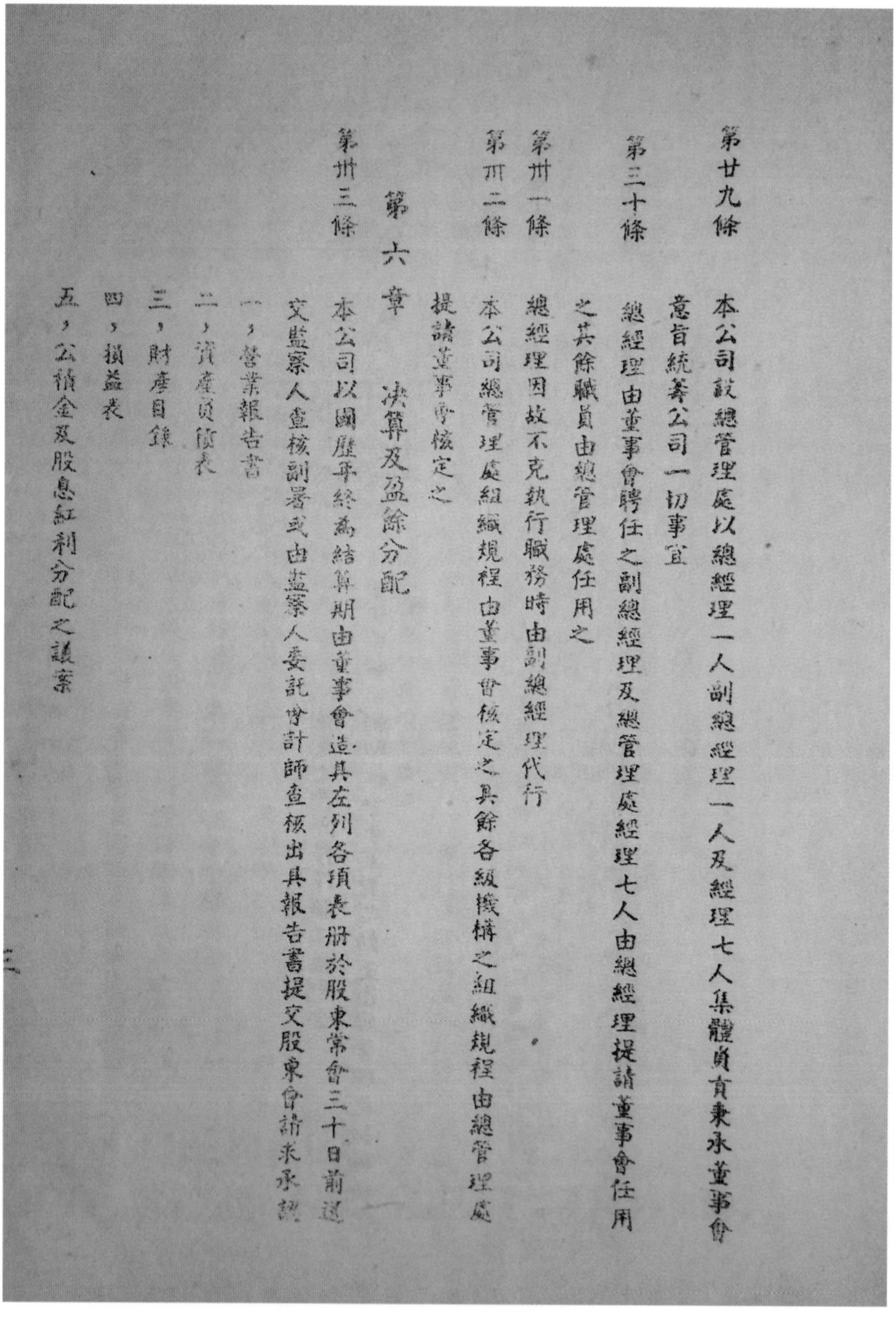

第廿九條　本公司設總管理處以總經理一人副總經理一人及經理七人集體負責秉承董事會意旨統籌公司一切事宜

第三十條　總經理由董事會聘任之副總經理及總管理處經理七人由總經理提請董事會任用之其餘職員由總管理處任用之

第卅一條　總經理因故不克執行職務時由副總經理代行

第卅二條　本公司總管理處組織規程由董事會核定之其餘各級機構之組織規程由總管理處提請董事會核定之

第六章　決算及盈餘分配

第卅三條　本公司以國歷年終為結算期由董事會造具左列各項表册於股東常會三十日前送交監察人查核副署或由監察人委託會計師查核出具報告書提交股東會請求承認

一，營業報告書

二，資產負債表

三，財產目錄

四，損益表

五，公積金及股息紅利分配之議案

三

起草于 1946 年的宝元通兴业股份有限公司章程系列材料（二十二）。（资料提供 / 杨晓渝）

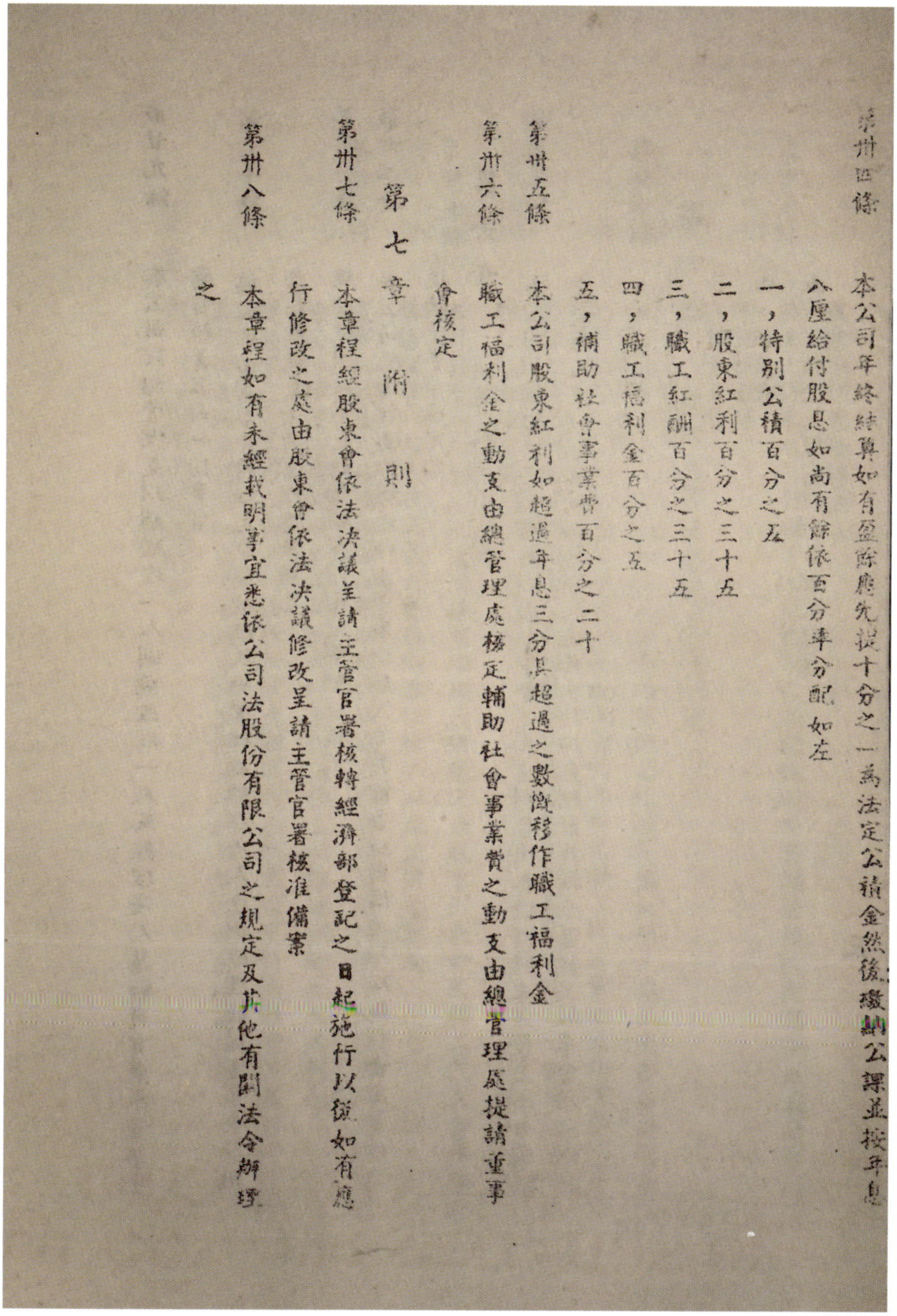

第卅四條 本公司年終結算如有盈餘應先提十分之一為法定公積金然後繳納公課並按年息八厘給付股息如尚有餘依百分率分配如左

一，特別公積百分之五

二，股東紅利百分之三十五

三，職工紅酬百分之三十五

四，職工福利金百分之五

五，補助社會事業費百分之二十

第卅五條 本公司股東紅利如超過年息三分其超過之數撥移作職工福利金

第卅六條 職工福利金之動支由總管理處核定輔助社會事業費之動支由總管理處提請董事會核定

第七章 附則

第卅七條 本章程經股東會依法決議呈請主管官署核轉經濟部登記之日起施行以後如有應行修改之處由股東會依法決議修改呈請主管官署核准備案

第卅八條 本章程如有未經載明事宜悉依公司法股份有限公司之規定及其他有關法令辦理之

起草于 1946 年的宝元通兴业股份有限公司章程系列材料（二十三）。（资料提供 / 杨晓渝）

编者注：

宝元通的精神如何体现？1946年陆续公布的《宝元通兴业股份有限公司章程》《宝元通兴业股份有限公司组织大纲》和《宝元通兴业股份有限公司股东职工公约》三大根本规章是宝元通企业管理制度的重要组成部分。

《宝元通兴业股份有限公司股东职工公约》提出“图事业于久大”，本着“唯大于微，图难于易，自近而远，自卑而高”的原则，提出了宝元通的宗旨是“以百货贸易为过程，从事生产为目的，发展民族经济为终极”，宝元通职工必须遵守的训条是“牺牲小我、顾全大我，发展事业、服务社会”，他们自称宝元通为“团体”“事业”，把十六字的训条称为“号训”。

《宝元通兴业股份有限公司股东职工公约》规定公司股份“不得让与外人”“无论任何理由均不得要求退股”“不得将股票作抵押或担保”，如“确有不得已之情形，必须将股份让出者，须由本公司股东接受”。

《宝元通兴业股份有限公司组织大纲》规定了必要的会议制度，以保证全体股东和职工对企业的检查监督，调整上下级间的关系，集思广益，调动所有人员的积极因素。企业的重大决策，在会议上职工人人均有发表意见和提出批评的机会。

这些总称为“宝元通精神”或“团体精神”。

卢作孚对宝元通的评价

且比我們公司的靑年們的精神好多了。他們的工作時間，比較我們的時間長得多，從早晨七點鐘起，一直到九點多鐘，有時候到十點鐘，十一點鐘，以至十二點鐘都還沒有睡。他們的工作，眞是駭人，但是他們的報酬，却非常的少，簡直太少了。從練習到經理，都少得來使我很驚異。他們在上海有一個經理，每月才幾塊錢的報酬。有一次那位經理從上海轉來，找我們介紹他搭船。我就問他「是房艙嗎？」他說「統艙才是我們坐的」。這裏足見他們的節省。

寶元通是行的三，三，三，一制。以百分之三十爲股東紅息，以百分之三十爲職工紅酬，以百分之一十爲公積金，奇怪，却覺，以百分之三十來幫助社會公益事項。

我這回在寶元通所看見的，都像是第一次才見著的。恐怕有人要說寶元通是世界上的一個獃子，拿這許多錢來助社會公益，但像他這樣的獃子，現在還找不出一兩個來。在以前我說有兩弟兄：民生公司，寶元通。可是現在，兄弟到前進了，這老哥子還落在後面哪！以前寶元通總想把民生公司的精神，輸送過去，現在我們倒要把寶元通的精神運輸過來了。

第二，就是到廣安。在那里有一種現象最使我驚異的，就是街上找不到一個坐轎子的來。在頭兩天，還不覺怎樣，後來才聽說從軍長以下，都沒有坐轎子的。還有一件，就是沒有那一個帶勤務兵。像這樣的辦法，豈不是又像一些獃子嗎。我敢說，中國現在的社會，正需着這樣的獃子，越多越好。聽說，他們的待遇，低到極點，最多

《新世界》第 23 期，1933 年 6 月 1 日。（资料提供 / 上海图书馆）

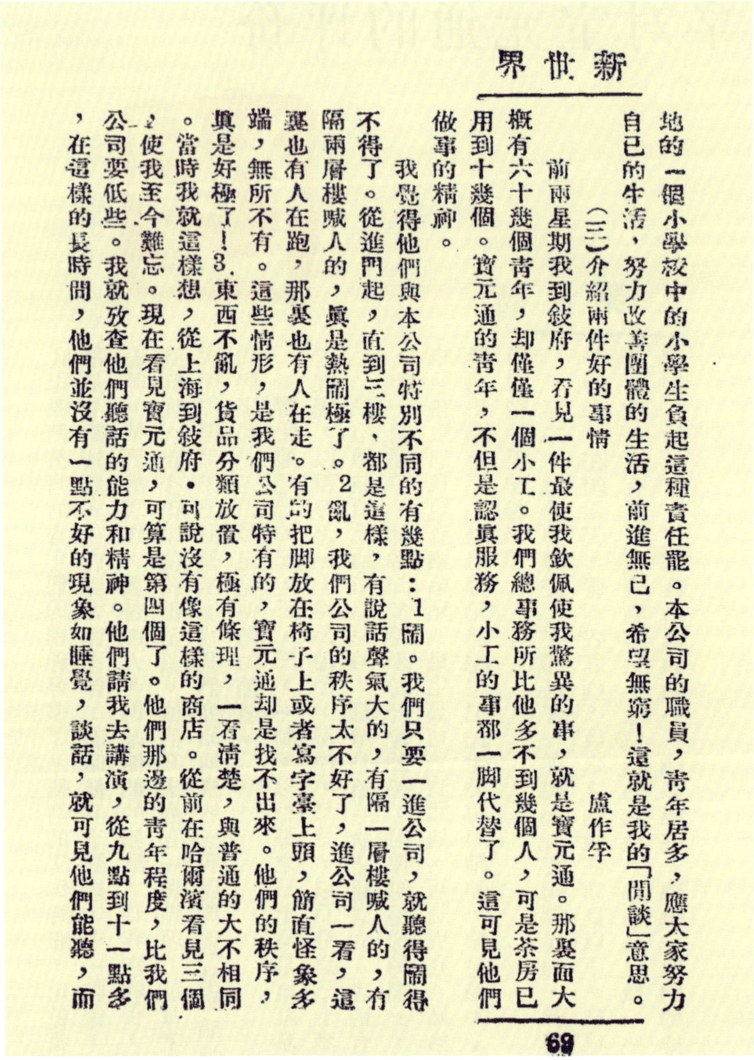

新世界

勉的一個小學校中的小學生負起這種責任罷。本公司的職員，青年居多，應大家努力自己的生活，努力改善團體的生活，前進無已，希望無窮！這就是我的「閒談」意思。

（三）介紹兩件好的事情　　盧作孚

前兩星期我到敍府，看見一件最使我欽佩使我驚異的事，就是寶元通。那裏面大概有六十幾個青年，却僅僅一個小工。我們總事務所比他多不到幾個人，可是茶房已用到十幾個。寶元通的青年，不但是認真服務，小工的事都一脚代替了。這可見他們做事的精神。

我覺得他們與本公司特別不同的有幾點：1鬧。我們只要一進公司，就聽得鬧得不得了。從進門起，直到三樓，都是這樣，有說話聲氣大的，有隔一層樓喊人的，有隔兩層樓喊人的，眞是熱鬧極了。2亂，我們公司的秩序太不好了，進公司一看，這裏也有人在跑，那裏也有人在走。有的把脚放在椅子上或者寫字臺上頭，簡直怪象多端，無所不有。這些情形，是我們公司特有的，寶元通却是找不出來。他們的秩序，眞是好極了！3.東西不亂，貨品分類放置，極有條理，一看清楚，與普通的大不相同。當時我就這樣想，從上海到敍府•可說沒有像這樣的商店。從前在哈爾濱看見三個，使我至今難忘。現在看見寶元通，可算是第四個了。他們那邊的青年程度，比我們公司要低些。我就攷查他們聽話的能力和精神。他們請我去講演，從九點到十一點多，在這樣的長時間，他們並沒有一點不好的現象如睡覺，談話，就可見他們能聽，而

69

《新世界》第 23 期，1933 年 6 月 1 日。（资料提供 / 上海图书馆）

编者注：

这是一段卢作孚在民生公司内部会议上的发言，后被转载到公司内刊上。

1933 年，民生公司还处于草创阶段，卢作孚先生非常留意社会上的新兴企业，自然也关注到了“宝元通”，并以民生公司的口吻亲切地称其为“小兄弟”。虽是“小兄弟”，却发展很快，字里行间，卢先生有鼓励民生公司向宝元通学习的意思，并期盼着民生公司和宝元通相互鼓励，共同进步发展。

《宝元通志概》

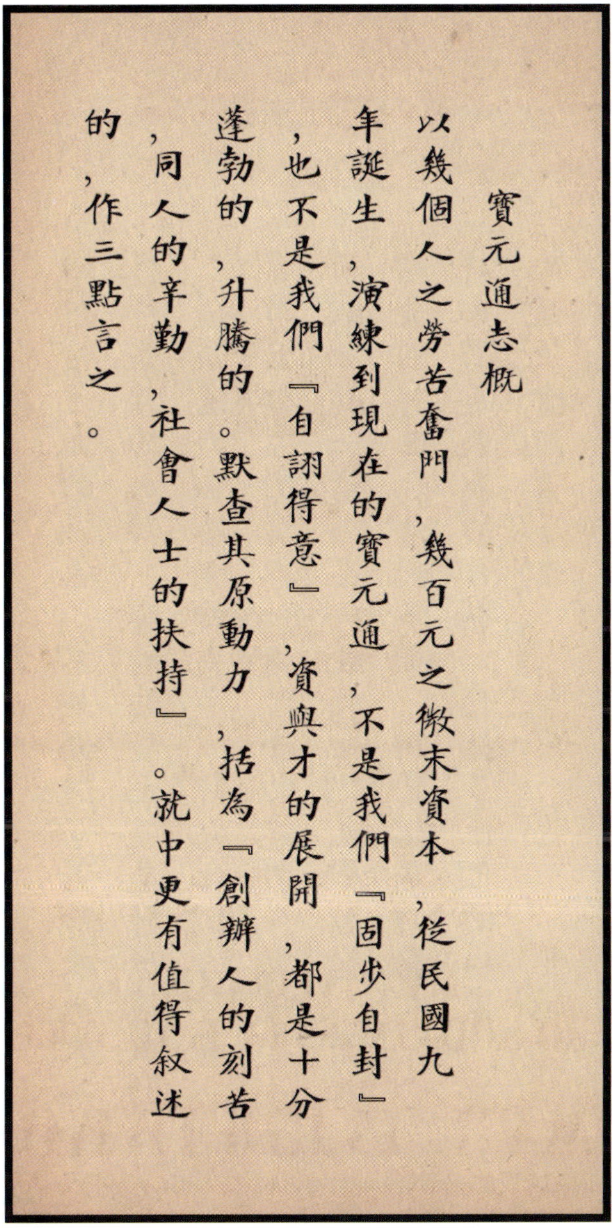

寶元通志概

以幾個人之勞苦奮門，幾百元之微末資本，從民國九年誕生，演練到現在的寶元通，不是我們『固步自封』，也不是我們『自詡得意』，資與才的展開，都是十分蓬勃的，升騰的。默查其原動力，括為『創辦人的刻苦，同人的辛勤，社會人士的扶持』。就中更有值得敘述的，作三點言之。

《宝元通志概》（一）。（资料提供／宜宾市档案馆）

過去

回溯寶元通的過去，不知経過了若幹次失敗而獲得些須的成功。那時的寶元通是什麼搆成的？僅僅是幾個落魄的青年，評完他們的力量，集得了六百的資本，所経營的范圍，亦僅是負販土鐵一樁而已，純賴他們互勵苦幹，簡衣縮食的律己。薄利多銷，辦貨認真的對人。當時如果是狹義的自私，佔據了他們的心裏，寶元通便會流產了！

《宝元通志概》（二）。（资料提供 / 宜宾市档案馆）

現在

過去離不掉是私人事業，既為時代所不許更為潮流所不容，于是寶元通便改了過去的态度，要求職工入股了！要求勞資協作了！向共同生產共同消費的道上作競賽。而事業也就猛進突飛的推動了！同時在社會公益事業方面，更乐于盡量區協助。

《宝元通志概》（三）。（资料提供 / 宜宾市档案馆）

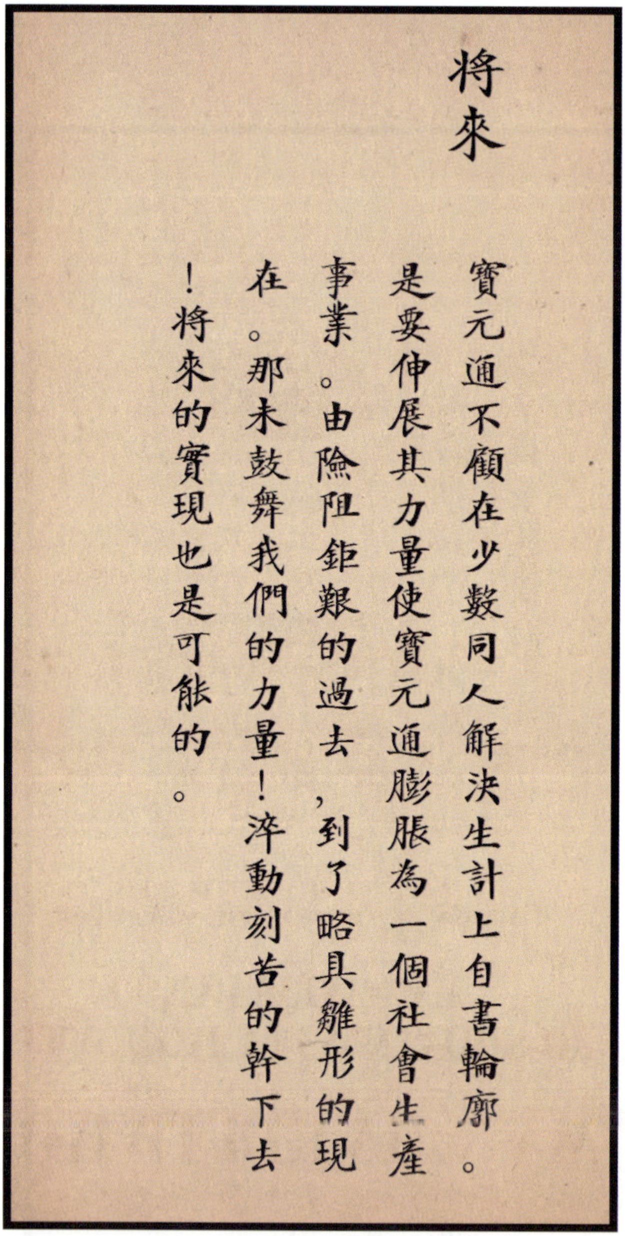
將來

寶元通不顧在少數同人解決生計上自書輪廓。是要伸展其力量使寶元通膨脹為一個社會生產事業。由險阻鉅艱的過去，到了略具雛形的現在。那末鼓舞我們的力量！淬動刻苦的幹下去！將來的實現也是可能的。

《宝元通志概》（四）。（资料提供 / 宜宾市档案馆）

编者注：

1947 年，宜宾宝元通曾经计划编辑《宝元通志》，但因局势变动，编志工作最终未遂，只留下几页纸的《宝元通志概》。

宝星纺织厂相关档案

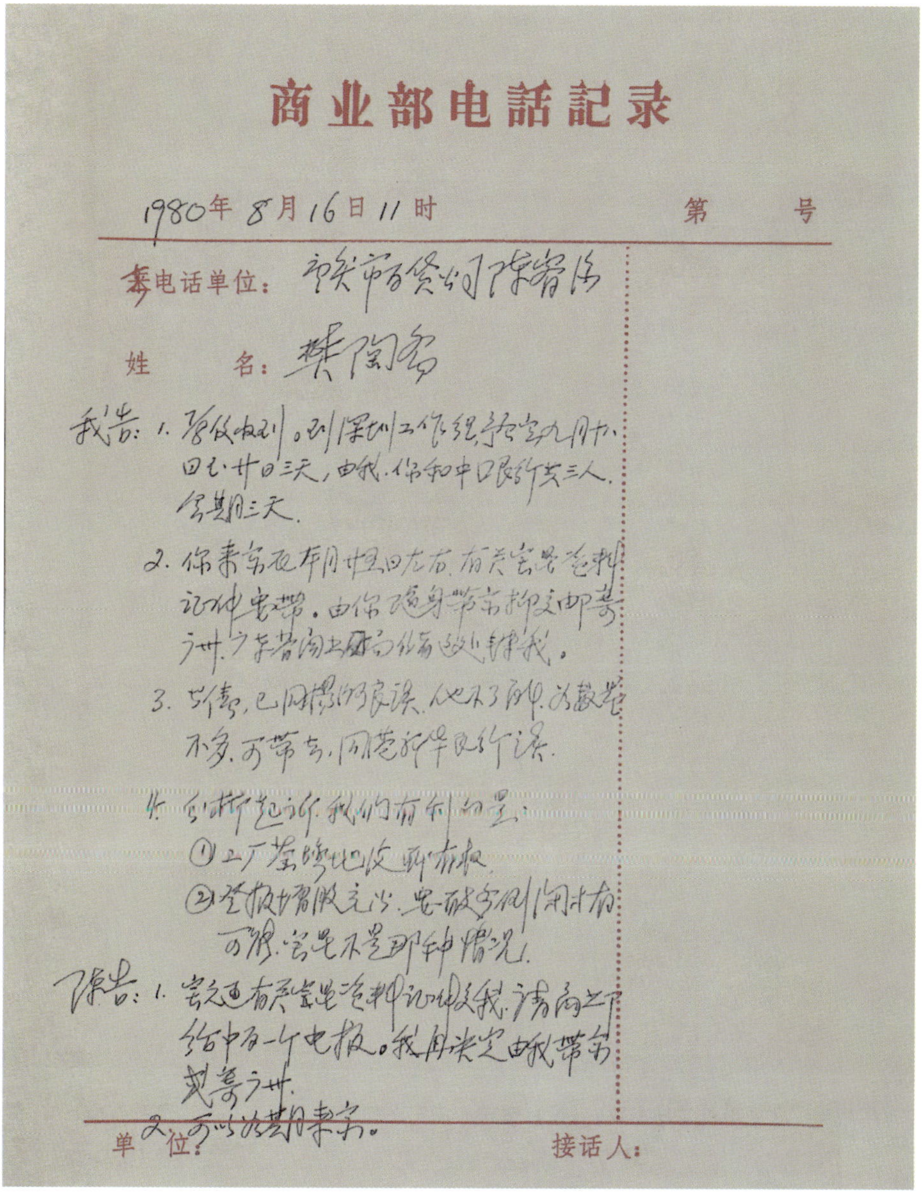

商业部电話記录

1980年 8月16日11时　　　第　　号

来电话单位：

姓　　名：

单　位：　　　　　　　　　　接话人：

宝星纺织厂交涉相关文件（一）。（资料提供 / 渝中区档案馆）

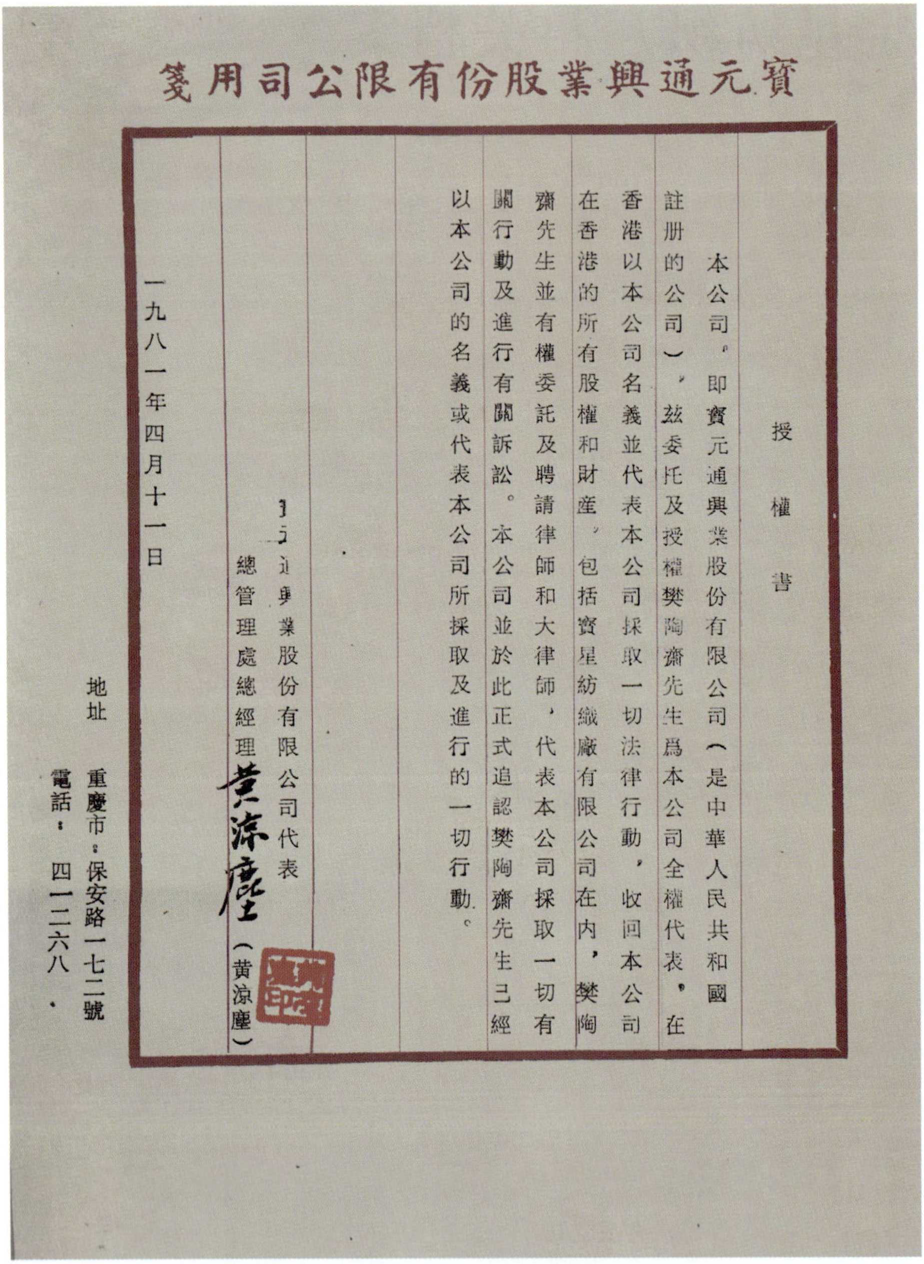
寶元通興業股份有限公司用箋

授權書

本公司，即寶元通興業股份有限公司（是中華人民共和國註冊的公司），茲委托及授權樊陶齋先生爲本公司全權代表，在香港以本公司名義並代表本公司採取一切法律行動，收回本公司在香港的所有股權和財產，包括寶星紡織廠有限公司在内，樊陶齋先生並有權委託及聘請律師和大律師，代表本公司採取一切有關行動及進行有關訴訟。本公司並於此正式追認樊陶齋先生已經以本公司的名義或代表本公司所採取及進行的一切行動。

寶元通興業股份有限公司代表
總管理處總經理 黃涼塵（黃涼塵）

一九八一年四月十一日

地址 重慶市：保安路一七二號
電話：四一二六八。

宝星纺织厂交涉相关文件（二）。（资料提供 / 渝中区档案馆）

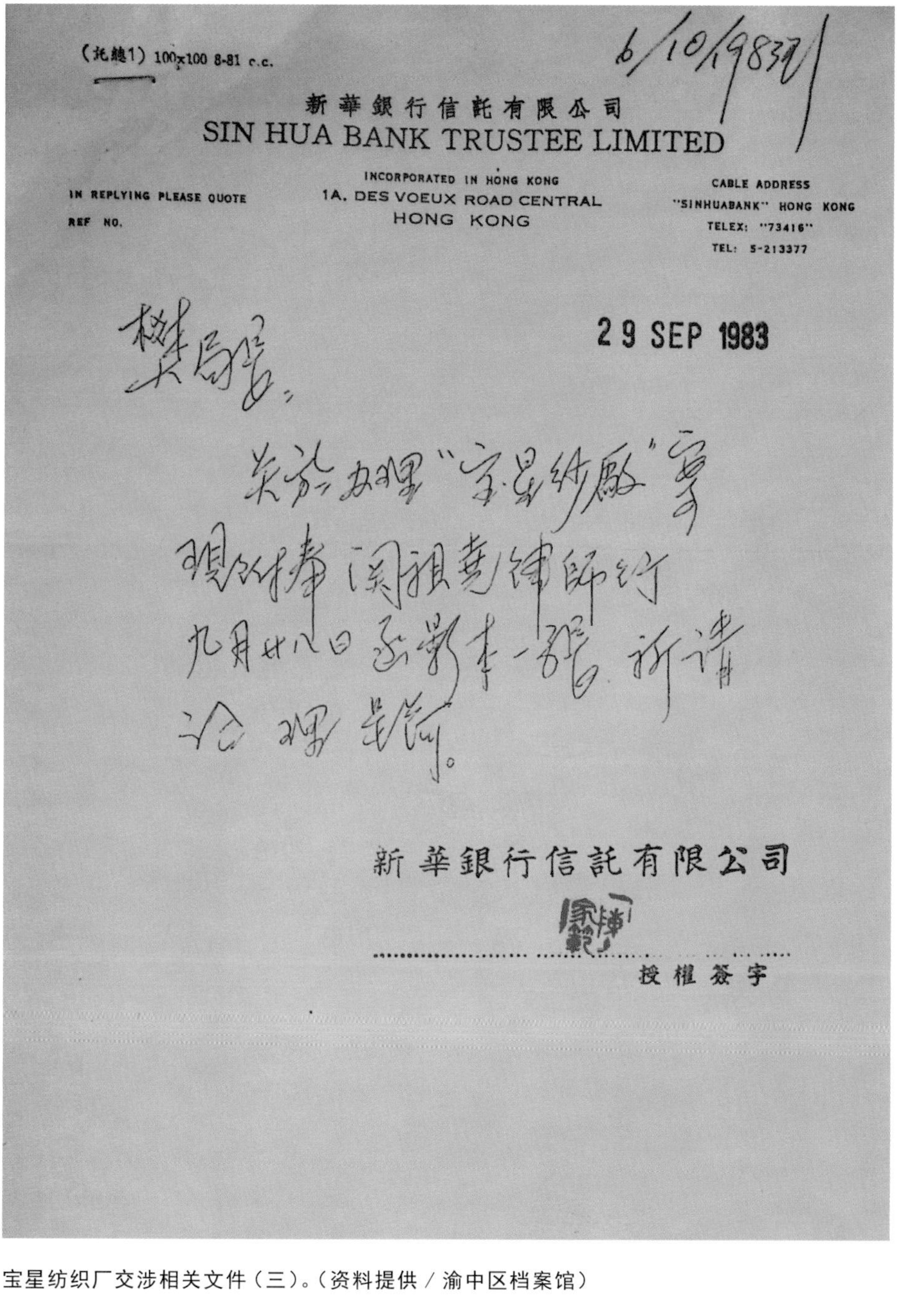

(托總1) 100x100 8-81 c.c.

6/10/1983

新華銀行信託有限公司
SIN HUA BANK TRUSTEE LIMITED

IN REPLYING PLEASE QUOTE
REF NO.

INCORPORATED IN HONG KONG
1A. DES VOEUX ROAD CENTRAL
HONG KONG

CABLE ADDRESS
"SINHUABANK" HONG KONG
TELEX: "73416"
TEL: 5-213377

29 SEP 1983

樊局长：

关于办理"宝星纺厂"事，现附奉关祖尧律师行九月廿八日函影本一纸，祈请洽理是荷。

新華銀行信託有限公司

授權簽字

宝星纺织厂交涉相关文件（三）。（资料提供／渝中区档案馆）

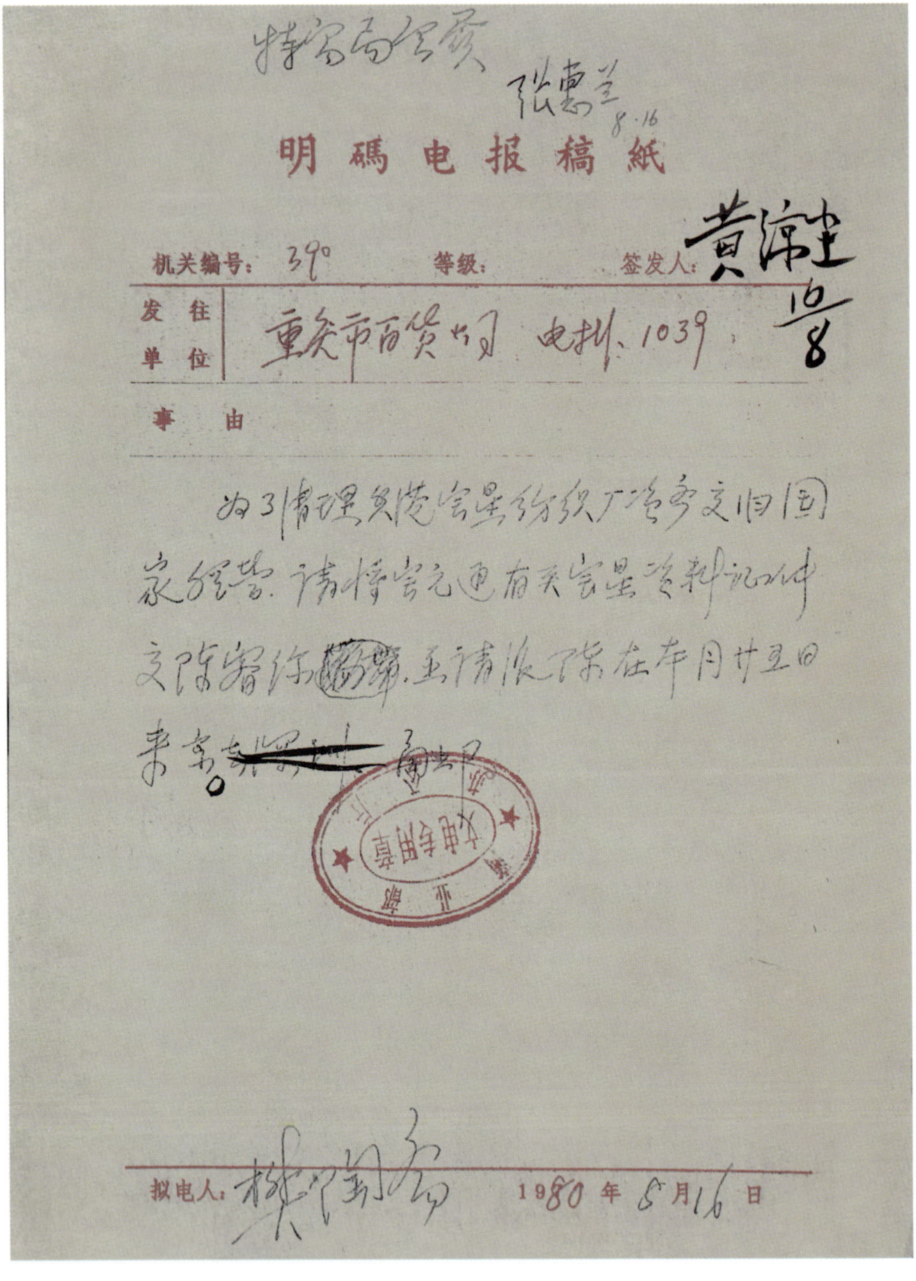

明碼电报稿紙

机关编号：390　　等级：　　签发人：黄济生

发往单位	重庆市百货公司 电报 1039
事由	

为了清理原港宝星纺织厂资产交回国家经营，请将宝元通有关宝星资料证件文件密件，并请派人在本月廿五日来京。

拟电人：　　1980 年 5 月 16 日

宝星纺织厂交涉相关文件（四）。（资料提供 / 渝中区档案馆）

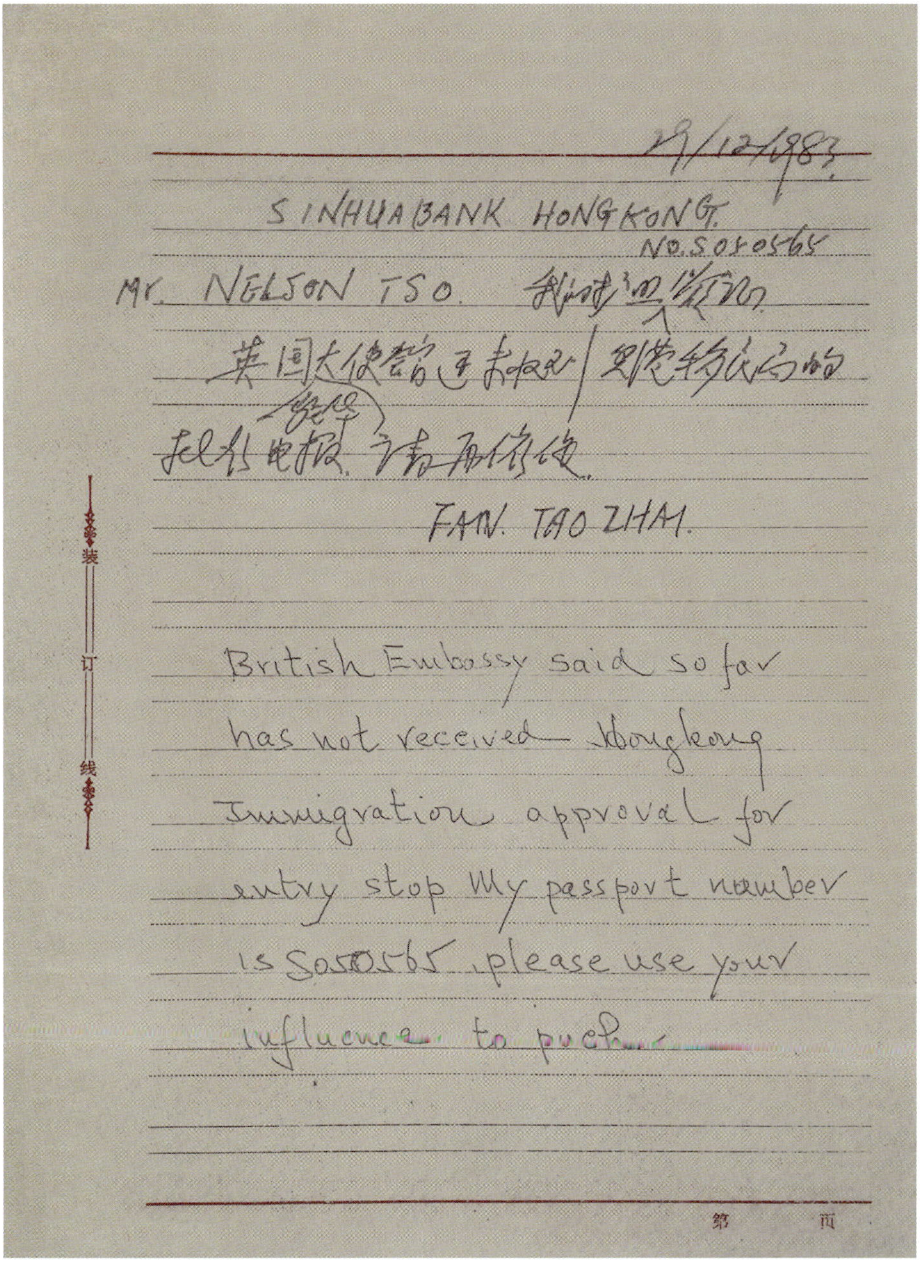

29/12/1983

SINHUABANK HONGKONG.

NO.S050565

Mr. NELSON TSO. 我们经过询问

英国大使馆还未收到香港移民局的

批准电报。请再催促。

FAN. TAO ZHAI.

British Embassy said so far has not received Hongkong Immigration approval for entry stop My passport number is S050565 please use your influence to push

宝星纺织厂交涉相关文件（五）。（资料提供 / 渝中区档案馆）

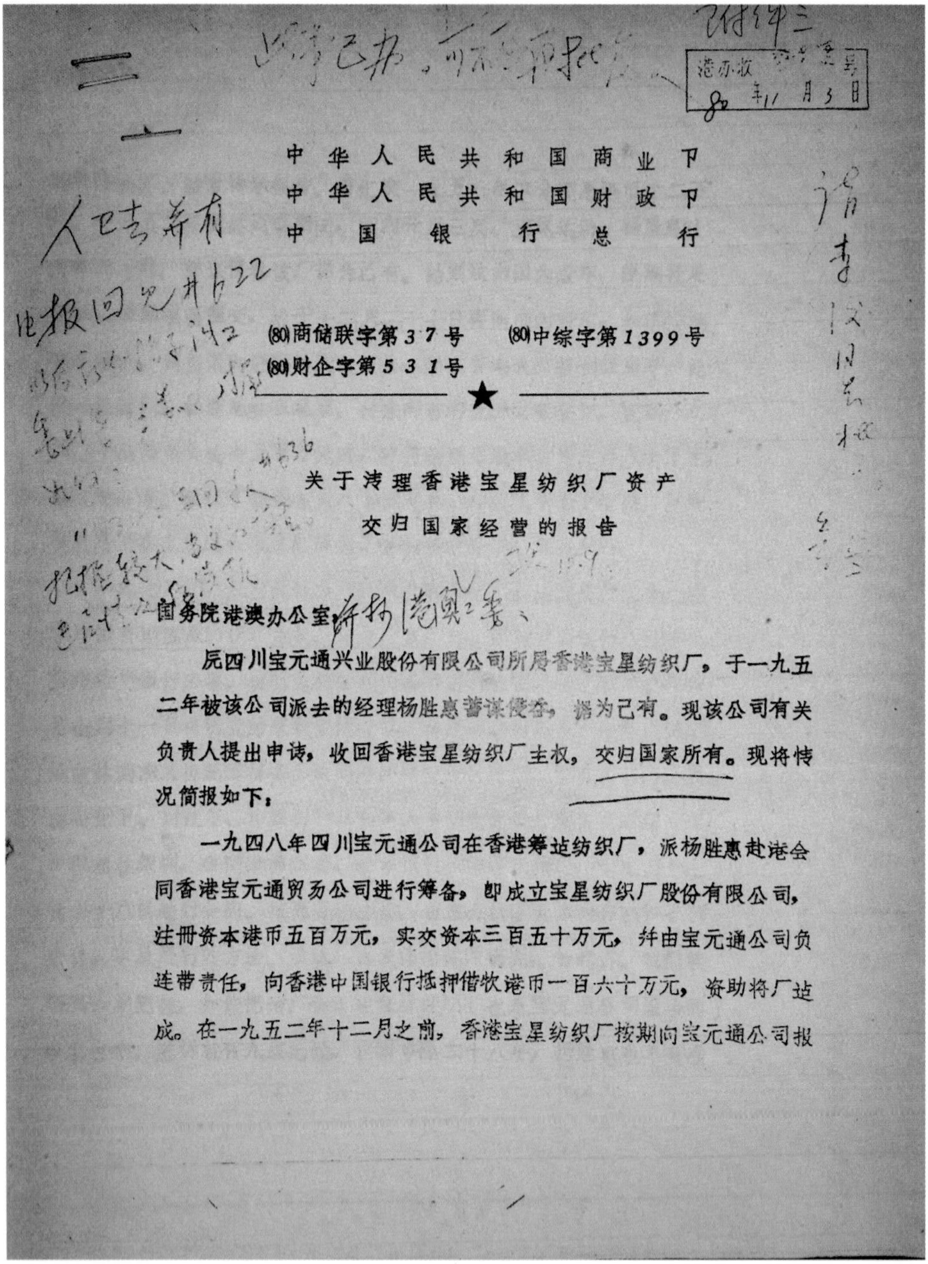
中华人民共和国商业部
中华人民共和国财政部
中国银行总行

(80)商储联字第37号　(80)中综字第1399号
(80)财企字第531号

关于清理香港宝星纺织厂资产
交归国家经营的报告

国务院港澳办公室：

原四川宝元通兴业股份有限公司所属香港宝星纺织厂，于一九五二年被该公司派去的经理杨胜惠营谋侵吞，据为己有。现该公司有关负责人提出申请，收回香港宝星纺织厂主权，交归国家所有。现将情况简报如下：

一九四八年四川宝元通公司在香港筹建纺织厂，派杨胜惠赴港会同香港宝元通贸易公司进行筹备，即成立宝星纺织厂股份有限公司，注册资本港币五百万元，实交资本三百五十万元，并由宝元通公司负连带责任，向香港中国银行抵押借款港币一百六十万元，资助将厂建成。在一九五二年十二月之前，香港宝星纺织厂按期向宝元通公司报

宝星纺织厂交涉相关文件（六）。（资料提供 / 渝中区档案馆）

送年终决算，经常请示报告，曾汇交一九五一年部分股息港币十二万元。一九五二年朝鲜战争期间，国内开展三反、五反运动，杨胜惠认为有机可乘，蓄谋侵吞该厂据为己有。始则致函国内股东，限期补足股款；继则来函催交，后于十二月二十七日再函国内股东，如不按期交足股款，则将国内股东的股权没收，并在香港大公报刊登启事。此后一段时期，杨胜惠还在观望，并未向香港政府改变登记。直到一九六〇年改为实收资本五百万元时，才将杨胜惠股本改为二百八十万元，副理张洁庵、襄理苓德美各为八十六万元。并将董事全部改换，从此杨胜惠侵吞宝元通公司主权据为己有的手续完成。直到现在。

一九七八年，原宝元通公司有关负责人向王震同志书面报告，请求请回香港宝星纺织厂主权，转归国家所有。嗣经中国银行总行委托香港新华银行办理，该行约请张伟伦律师进行研究。由港澳工委在今年七月十一日将研究结果致函商业部，并提出进行意见。今年八月，姚依林同志又将此案批交王震同志阅转财政部处理。经有关部门协商，由商业部、财政部、中国银行总行派人与原宝元通公司负责人组成工作组前往深圳，会同港澳工委、新华银行和律师张伟伦，于九月十七日至十八日进行会商。按照香港法律，着重分析了此案的有利和不利条件，以及进行的方法、步骤。据张伟伦律师研究，如起诉，我们胜诉有六成把握，如能把该厂会计主任唐仰明（也是宝元通公司派去的）争取过来，胜诉就有九成把握。但因事隔二十八年，杨胜惠也早有准

宝星纺织厂交涉相关文件（七）。（资料提供 / 渝中区档案馆）

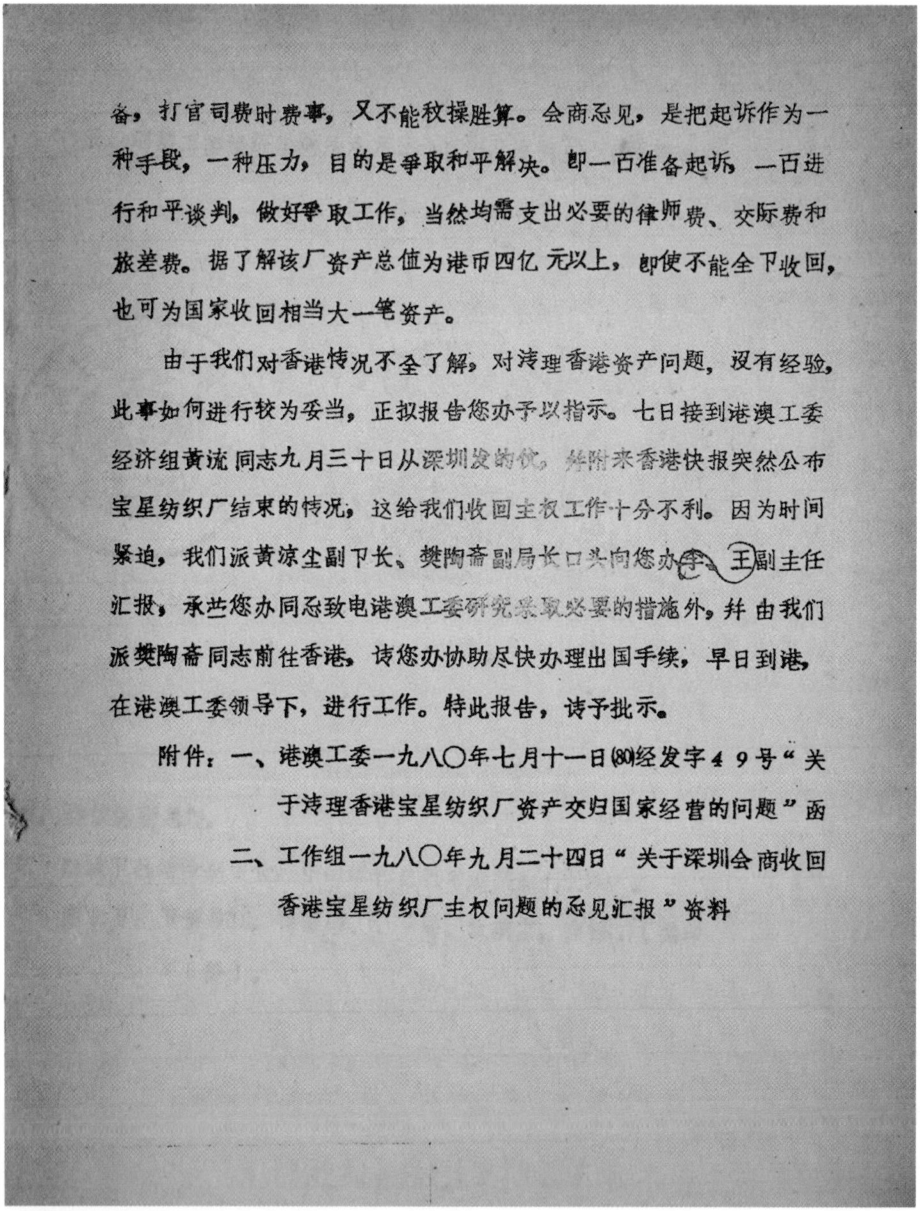
备，打官司费时费事，又不能稳操胜算。会商意见，是把起诉作为一种手段，一种压力，目的是争取和平解决。即一百准备起诉，一百进行和平谈判，做好争取工作，当然均需支出必要的律师费、交际费和旅差费。据了解该厂资产总值为港币四亿元以上，即使不能全下收回，也可为国家收回相当大一笔资产。

由于我们对香港情况不全了解，对处理香港资产问题，没有经验，此事如何进行较为妥当，正拟报告您办予以指示。七日接到港澳工委经济组黄流同志九月三十日从深圳发的信，并附来香港快报突然公布宝星纺织厂结束的情况，这给我们收回主权工作十分不利。因为时间紧迫，我们派黄凉尘副下长、樊陶斋副局长口头向您办李、王副主任汇报，承蒙您办同意致电港澳工委研究采取必要的措施外，并由我们派樊陶斋同志前往香港，请您办协助尽快办理出国手续，早日到港，在港澳工委领导下，进行工作。特此报告，请予批示。

附件：一、港澳工委一九八〇年七月十一日(80)经发字49号“关于处理香港宝星纺织厂资产交归国家经营的问题”函

二、工作组一九八〇年九月二十四日“关于深圳会商收回香港宝星纺织厂主权问题的意见汇报”资料

宝星纺织厂交涉相关文件（八）。（资料提供／渝中区档案馆）

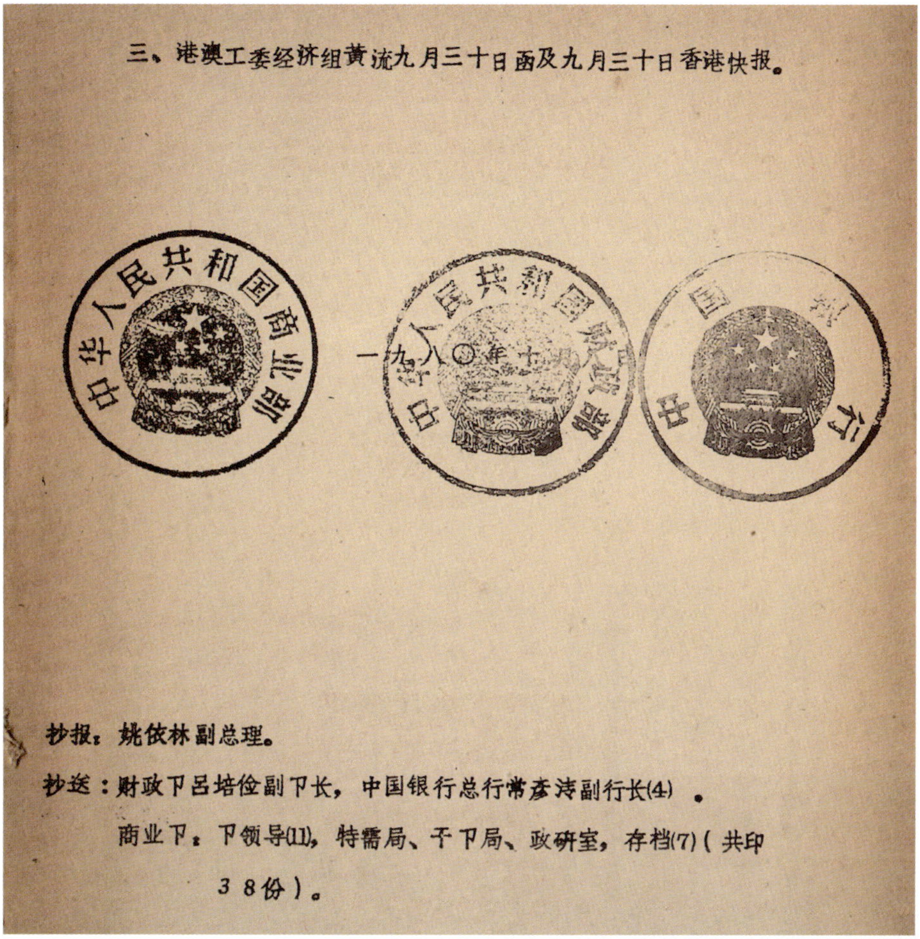

三、港澳工委经济组黄流九月三十日函及九月三十日香港快报。

中华人民共和国商业部　中华人民共和国财政部　中国银行

一九八〇年十

抄报：姚依林副总理。

抄送：财政卩吕培俭副卩长，中国银行总行常彦涛副行长(4)。

商业卩：卩领导(11)，特需局、予卩局、政研室，存档(7)（共印38份）。

宝星纺织厂交涉相关文件（九）。（资料提供 / 渝中区档案馆）

编者注：

20 世纪 80 年代，宝元通在香港的资产宝星纺织厂，涉嫌被前员工吞并，口述历史过程中，也多次提及此事。

2020 年 7 月，在北京的一场旧书拍卖中，有宝星纺织厂的相关资料出现，我们旋即买下此套资料，累计 216 页，摘录几页于书中，佐证这一事件。

文件（一）是商业部樊陶斋与重庆市百货公司陈霁凉的通话记录，樊交代陈相关工作事宜；文件（二）是商业部黄凉尘为证明宝元通和樊陶斋身份提供的文件；文件（三）是事情进展过程中的交涉文件；文件（四）是黄凉尘给重庆市百货公司的电报，要求配合陈的工作；文件（五）是事情进展过程中的交涉文件；文件（六）（七）（八）（九）是 1980 年中华人民共和国商业部、中华人民共和国财政部、中国银行《关于清理香港宝星纺织厂资产交归国家经营的报告》。

宝元通参与航空运输部分资料

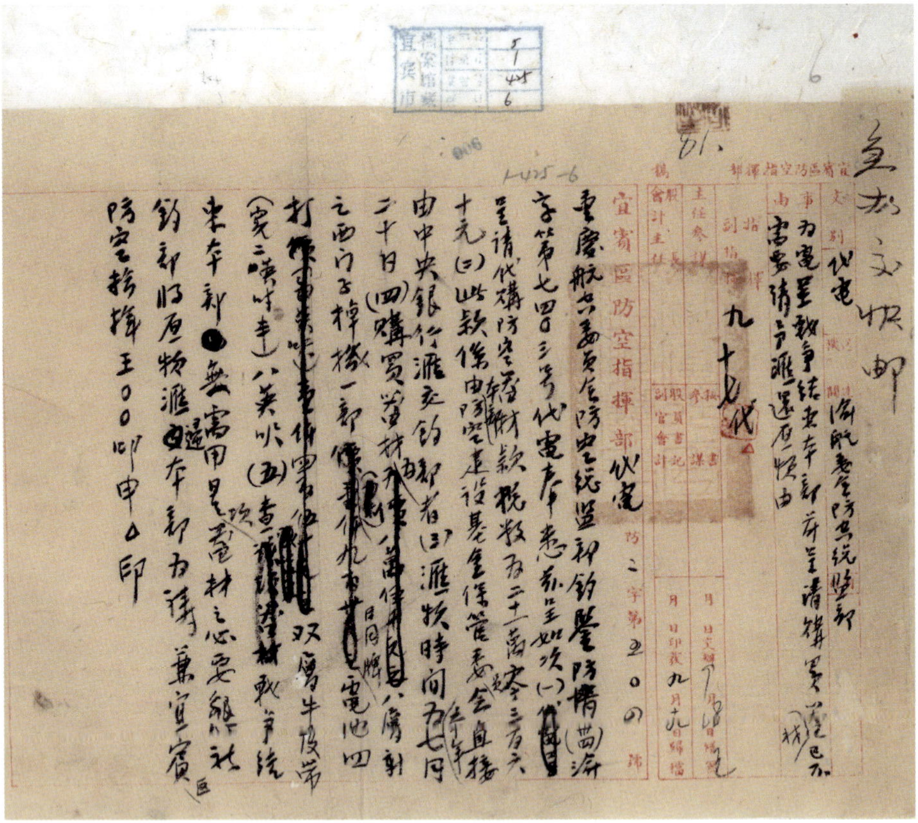
宜賓區防空指揮部代電
防二字第五〇〇號

抗战期间，宜宾宝元通人员往返重庆、宜宾之间，参与了部分航空零部件的运输工作（一）。（资料提供 / 宜宾市档案馆）

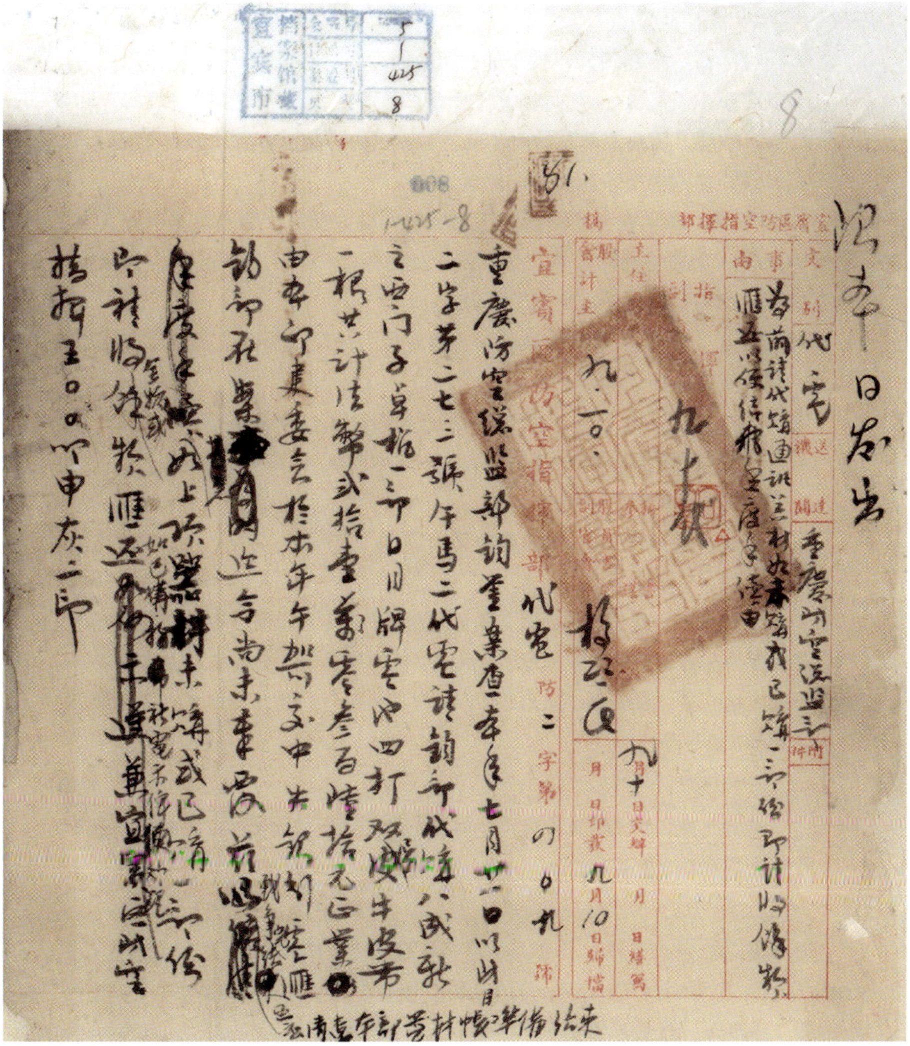

抗战期间，宜宾宝元通人员往返重庆、宜宾之间，参与了部分航空零部件的运输工作（二）。（资料提供／宜宾市档案馆）

宝元通与华润公司股份转让合同

在1950年初，华润的又一批干部调回国内。麦文澜也不能留在香港了。

人员在减少，可是，中央对华润的要求却更高。此时，我党正在筹划和平解放西藏，华润"贸易支前"的脚步要从东南沿海转到西南部地区。

和平解放西藏需要华润公司的配合。

1949年底，我党在考虑西藏和平解放的大政方针时，除政治军事等重大议题外，还有一个关键性的议题，那就是：如何保障西藏人民的生活。为西藏运送生活和生产物资的任务就交给了华润。

1950年初，杨琳、李应吉领导的"港管委"决定：派麦文澜去印度和巴基斯坦，开辟新的业务。

在中央的统一安排下，一项公司间的股份转让工作开始实施。

我们在档案馆查到这样一份合同文本，签约时间是1950年4月17日。

甲方：宝元通兴业股份有限公司

乙方：华润公司

宝元通兴业股份有限公司总管理处因集中全力经营国内贸易，决定将所属国外贸易部分即香港注册之宝元通兴业有限公司全部转让，并由全权代表人潘陶齐、周书元与宝元通兴业有限公司新股东代表杨廉安、麦文澜议定转让办法如次：

公司改组：

香港注册之宝元通兴业有限公司及其印度分公司所有牌名商誉登记执照等全部无偿转让与乙方。

香港宝元通兴业有限公司于1946年9月23日在香港注册，英文名称为：Pao Yuen Tung Trading Company Limited，股东包括黄凉尘、潘陶齐、郑星恒、周书元、易仲邪。背景不详。

股东转让后，新股东包括杨廉安、张显惠、麦文澜、巢克林、黄美娴、毛纹、刘锡恩、吕虞堂、柳立坚，此外还有六个小股东。

1950年宝元通兴业股份有限公司与华润公司签订股份转让合同，原文载于2010年4月1日中华书局出版的《红色华润》。

主要参考文献

1. 宝元通的组织管理及其转向国营的经过［M］//中国人民政治协商会议全国委员会，文史资料研究委员会．工商经济史料丛刊：第二辑．北京：文史资料出版社，1923：145-161.

2.“宝元通”二、三事［M］//中国人民政治协商会议四川省宜宾市委员会，文史资料研究委员会．宜宾文史资料：第四辑总第十三辑．内部发行，1985：1-11.

3.“宝元通”经营成功之道［M］//政协成都市青羊区委员会，文史与学习委员会．少城文史资料：第十一辑．内部发行，1988：33-38.

4. 我所知道的宝元通百货公司［M］//中国人民政治协商会议全国委员会，文史资料研究委员会．文史资料选辑：合订本第二十六册总七十五—七十七．北京：中国文史出版社，1981：139-159.

5. 陈霁凉．我所知道的宝元通百货公司［M］//四川省政协文史资料委员会．四川文史资料集粹：第三卷．成都：四川人民出版社，1996：335-364.

6.“宝元通”的艰难起步［M］//宜宾市翠屏区政协学习文史委员会．文史资料汇编：第九辑总第三十七集．内部发行，2011：170-178.

7. 张卫．壮美的甲子：纪念重百大楼诞生 60 周年全景纪实［M］．重庆：重庆大学出版社，2011：7-21.

8. 宜宾市档案局（馆）．宜宾抗战记忆［M］．成都：天地出版社，2015：66-68.

9. 自豪的“宝元通”人［M］//《工商渝中》编辑委员会．工商渝中（下）——重庆市渝中区原工商业者口述史．重庆：重庆出版社，2017：61-66.

10. 宜宾市档案局（馆）．宜宾近代民族工商业档案研究［M］．成都：天地出版社，2018：195-213.

后记

浓墨重彩讲好重庆故事

聊起“宝元通”，大家可能比较陌生。不过在20世纪三四十年代，走在今天重庆解放碑一带，“请君来打油，送君一盏灯”的宝元通广告语十分醒目，吸引着来往行人的注意力；能够在宝元通上班，那是一件很“提劲”（编者注：重庆方言，意即很自豪）的事情。

宝元通作为可与民生公司媲美的重庆近现代知名民族工商企业，其辉煌事迹很多。中华人民共和国成立初期，宝元通成了重庆第一家转为国营的企业，1950年，中共中央西南局西南商贸部就在宝元通百货公司的基础上成立了西南区百货公司门市部，这就是渝商典范——重庆百货股份有限公司（编者注：今重庆商社集团有限公司）的雏形。

历史文献显示，20世纪20年代，五位志同道合的创业青年在宜宾挂起了“宝元通”的牌匾，开始经营一些民生民用产品，后来不断发展壮大，逐渐在成都、泸州、江安等地区设立分公司。30年代，宝元通在重庆渝中区设立总公司即总管理处，并在此发展壮大，同时还在巴基斯坦、印度等地设立分公司，成为抗战时期中国爱国民族工商企业的佼佼者。

虽然中华人民共和国成立初期宝元通转为国营之后的影响力

慢慢消失，并逐渐淡出人们的视野，但是宝元通的历史却是重庆母城历史和近现代重庆工商业历史的一个组成部分，其从创业、发展壮大到转折，以及创办民生公司的著名爱国民族企业家卢作孚先生取经宝元通的历史故事都十分精彩，所形成的发展理念、经营管理模式，带头支持新中国进行资本主义工商业社会主义改造等，都值得浓墨重彩地书写。

渝中区政协党组高度重视并将宝元通历史研究纳入文史资料履职工作重点：拟通过深入挖掘宝元通的来龙去脉，采访宝元通经营管理者、员工及其遗孀、子女或研究者等相关知情人士，收集口述资料，建立宝元通口述史影像数据库；以口述历史的形式翔实展现宝元通在成立时期、抗战时期、新中国成立初期等重要时期的历史发展情况，为社会提供近现代重庆民族工商业发展历史方面的史料，以古鉴今，鉴往知来。同时，由于宝元通的业务辐射重庆、成都、宜宾、泸州等区域，凸显了重庆长江上游经济枢纽的历史地位，故宝元通的发展史也是成渝地区双城经济合作的历史典型案例，对当前成渝双城经济圈建设具有一定的启示和借鉴意义。

2020年虽然新冠疫情形势严峻，但是在渝中区档案局（馆）、重庆渝商博物馆吉俊春、宜宾市档案馆贾世益、重庆市规划和自然资源局付强、重庆商社集团淡治国、重庆和成都宝元通“二代”陈慧中、陈慧明等单位和个人的大力支持下，我们仍然冒着严寒、酷暑和疫情防控的压力，用了近一年时间，找寻、梳理重庆、成都、宜宾等地采访线索，确定采访对象，克服多数被采访人年事已高、居住地分散等重重困难，分别在重庆渝中区和宜宾、成都等地收集文献资料，并通过口述历史形式及影像记录的方式，认真采访收录了29位与宝元通历史相关的亲历、亲闻、见证者和研究者的口述资料，历经艰辛，终于完成了《重庆老商号——宝元通口述历史》——《重庆渝中区文史资料》第30辑的撰稿、编辑和出版工作。本书稿除署名稿件外，其余口述基础材料均由知行文库团队采写。书稿中图片未注明出处者，均由采访对象本人、家属或单位提供。

《重庆老商号——宝元通口述历史》，共分百年传承、重庆："大本营"寻踪、成都：发展地觅迹、宜宾：创始地溯源、附录等五部分，约30万字，装帧精美、图文并茂地通过宝元通的经营管理者、员工遗孀、"宝二代"或研究者这个群体的公众记忆，努力借助他们的独特视角，真实、系统、多角度地记录"宝元通"这个特殊而具有历史研究价值、当代借鉴意义的民族工商企业，让人们通过一个个熟悉或陌生的名字、面孔，一张张珍贵的图片和文献资料，一睹重庆20世纪20年代至50年代的知名老商号由勤劳经营走向发展壮大的历史和精彩故事，并借此警醒我们今天的民营企业，应该如何走好未来的路。

虽然在采编过程中，我们始终坚持辩证唯物主义和历史唯物主义观点，既尽量还原历史，又做到去粗取精、去伪存真，发挥政协文史资料存史、资政、团结、育人的独特社会作用。但是，我们知道，口述历史提供的信息由于主客观原因多少会存在一定误差，因此，如本书出现慧眼遗珠之憾，恳请观者多多指正，我们也将在后续相关工作中加以改进。

戴　伶

庚子年丁亥月戊午日